에드문트 후설의 『데카르트적 성찰』

에드문트 후설의 『데카르트적 성찰』

- 현상학 입문 -

에드문트 후설 지음

김기복 옮김

서광사

이 책은 후설 전집(Husserliana) 1권으로 출간된『데카르트적 성찰과 파리 강연』
(*Cartesianische Meditationen und Pariser Vorträge*, Martinus Nijhoff, 1973) 안
에 실린 "B. Cartesianische Meditationen"을 기본 대본으로 삼아 번역한 것이다.

이 저서는 2022년도 가천대학교 교내연구비 지원에 의한 결과임.
(GCU-202300250001)

에드문트 후설의『데카르트적 성찰』
– 현상학 입문 –

에드문트 후설 지음
김기복 옮김

펴낸이 | 이숙
펴낸곳 | 도서출판 서광사
출판등록일 | 1977. 6. 30.
출판등록번호 | 제 406-2006-000010호

(10881) 경기도 파주시 회동길 77-12 (문발동)
Tel: (031) 955-4331 | Fax: (031) 955-4336
E-mail: phil6161@chol.com
http://www.seokwangsa.co.kr | http://www.seokwangsa.kr

제1판 제1쇄 펴낸날 ― 2023년 12월 30일

ISBN 978-89-306-1512-9   93160

: 차 례

제4성찰 초월론적 자아 자체의 구성적 문제의 전개

제5성찰 초월론적 존재 영역을 모나드론적인 상호주관성으로서 드러냄

결론

옮긴이 해제

후설 자신이 『데카르트적 성찰』에 붙인 부제인 〈현상학 입문〉이라는 말에서 알 수 있듯이, 이 저술은 현상학의 전체 개요를 보여준다는 목적을 가지고 쓰여졌다. 특히 이러한 목적을 가지고 저술된 것들 가운데 간략하면서도 발생적 현상학을 비롯한 후설의 후기 사상이 포함되어 있기에 후설 사상에 대한 전체적인 조감도를 얻고자 하는 독자들에게 가장 적합한 저술이라고 할 수 있다. 방법적 측면에서는 초월론적 환원, 형상적 환원, 초월론적 반성, 지향적 분석, 순수 심리학, 발생적 현상학 등, 내용적 측면에서는 지향성, 종합, 구성, 시간, 지평, 습관성, 명증, 발생, 연상, 타자 경험, 상호주관성 등 초월론적 현상학의 근본 개념들이 이 저술 안에 총망라되어 있다.

하지만 『데카르트적 성찰』을 이해하는 것은 상당히 어렵다. 초월론적 현상학의 중요 개념들이 숨 돌릴 틈 없이 가파르게 제시되고 있으며, 각 개념을 이해하는 데 필요한 설명은 간략하게만 제시되어 있기 때문이다. 더구나 이 설명 또한 후설의 구체적인 현상학적 분석에 대한 이해를 전제하지 않고서는 따라가기 힘들다. 『데카르트적 성찰』이라는 가파른 산을 오르는 독자들에게 도움이 되기를 바라면서 미약하나마 해제를 덧붙인다.

『데카르트적 성찰』은 1929년에 후설이 프랑스 학계에 초청받아 파리의 소르본 대학과 스트라스부르에서 했던 강연에 기초해 쓰여진 것이다. 후설은 프랑스에서의 강연 후에 프랑스 학계의 환대와 강연의 성공에 고무되어 프랑스 독자들을 위해 강연 원고를 독립적인 작품으로 완성했으며, 이는 레비나스(I. Levinas)를 비롯한 프랑스 현상학자들에 의해 1931년 프랑스어로 번역 출간되었다. 이후 후설은 독일에서 『데카르트적 성찰』을 출간하고자 하였다. 특히 당시 자신의 초월론적 현상학이 학계에서 제대로 이해되지 못하고 도리어 오해되고 있다는 생각이 동기가 되어 이 저술을 초월론적 현상학의 핵심을 체계적으로 담아낼 저술로 확장 발전시키려고 하였다. 원고는 지속적으로 수정되고 보완되어 갔지만 후설의 시도는 끝내 완수되지 못하였다. 후설은 또 하나의 필생의 대작인 『유럽 학문의 위기』에 마음과 시간을 빼앗긴 상태에서 『데카르트적 성찰』의 출판을 계속 유보했다. 결국 원고 형태로만 남아 있던 『데카르트적 성찰』은 후설 사후 프랑스에서의 강연 원고들과 함께 1950년에 슈트라서(S. Strasser)에 의해 후설 전집(Husserliana) 1권으로 출간되었다.

『데카르트적 성찰』은 어떤 저술도 출판하지 않고 오직 강의와 연구 활동에 왕성하게 매진했던 『이념들 1』(1913) 이후의 오랜 시간의 사유 결과를 담아내고 있다. 그것은 『이념들 1』과 같이 초월론적 현상학을 체계적으로 제시하고자 하는 목적으로 쓰여졌다. 후설 자신의 구분에 의거하면, 초월론적 현상학에 이르는 길에는 세 가지, 즉 데카르트적 길, 현상학적 심리학을 통한 길, 생활 세계를 통한 길이 있다. 이 가운데 『데카르트적 성찰』은 초월론적 현상학에 이르는 '데카르트적 길'을 따라 자신의 전체 철학의 체계를 구축했던 저술들의 계열에 속한다.

'데카르트적인 길'은 인식비판에 근거한 환원의 길을 말한다. 인식비판을 통해 세계의 존재는 인식론적으로 의심 가능하기 때문에 판단중지의 대상이 되며, 대신 초월론적 자아와 그의 체험 영역을 의미하는 초월론적 주관성은 인식비판을 통과하여, 그것의 존재가 의심될 수 없는 절대적인 영역으로 파악된다. 그 결과 초월론적 주관성이 세계를 포함한 모든 존재자의 구성의 근원이 된다. 이러한 '데카르트적 길'은 『데카르트적 성찰』에서 가장 원숙한 형태에 도달한다.

『데카르트적 성찰』은 서문과 다섯 개의 성찰 그리고 결론부로 구성되어 있다.

서문

서문에서 후설은 자신의 저술에서 데카르트를 소환하는 이유를 해명한다. 우선 그에 의하면 초월론적 현상학의 형성 과정에서 데카르트가 그의 『성찰』에서 수행했던 '방법적 의심'과 '나는 생각한다(ego cogito)'로의 전환이 근본 모티브가 되었다. 후설의 초월론적 현상학은 데카르트를 따라 기존의 학문들에 대한 가장 철저하고 급진적인 전복이고자 하고, '나는 생각한다'에 대한 순수한 탐구를 철학과 학문의 절대적인 토대로 삼고자 한다.

그러나 후설은 여기서 그치지 않고, 자신의 시대가 왜 다시 데카르트의 초월론적 주관주의로 돌아가야 하는지를 현대 유럽의 학문과 철학이 놓여 있는 암울한 문화-역사적 상황에서 찾고 있다.

우선 현대의 실증 학문들, 즉 과학들은 소박한 객관주의에 빠져 자신들의 탐구가 전제하는 근본적인 토대에 대해 무관심하다. 이러한 자신들의 토대에 대한 성찰의 결여 덕택에 오히려 해당 분야에서 엄청난 성과를 낼 수 있었고, 자신들이 이룩한 획기적인 성과 덕분에 토대에 대한 무관심이 정당화되었을 것이다. 하지만 현대의 실증 학문들은 근본적 토대에 대한 성찰의 결여 때문에 발전이 저해되고 있다는 불안을 스스로 점차 강하게 느끼게 되었다.

또한 후설은 현대의 암울한 학문적 상황을 다음과 같이 진단한다. 르네상스 시기에 시작된 근대 학문 안에는 인간이 전통적인 선입견이나 종교적 믿음에서 벗어나 자신의 문화를 자기 책임하에 자율적으로 형성해 가는 주체가 될 수 있으리라는 희망이 놓여 있었다. 바로 자율적이고 주체적으로 수행되는 학문이 근대 문화 전체를 자율적이고 주체적인 문화, 인간성이 충만한 문화로 인도하게 될 것이라는 희망이다. 하지만 현대의 학문적 현실은 이와는 거꾸로 가고 있다는 것이 후설의 진단이다. 현대 학문들은 학문들 사이의 생생한 통일성을 상실하게 되었다. 분열되고 전문화된 학문들은 그들이 서로 토론하고 의견을 공유할 공통의 장을 상실했다. 철학은 학문들 가운데 상황이 가장 암울하다. 이렇게 근대의 학문이 살아 있는 생생한 통일성을 상실하게 됨으로써, 근대의 학문은 근대의 문화를 자율적이고 주체적이며 자기 책임적인 문화로 이끌 지도력도 마찬가지로 상실하게 된 것이다.

이러한 상황에서 벗어나기 위해 필요한 것은 데카르트의 근본주의로 돌아가는 것이다. 데카르트가 『성찰』에서 시도한 것과 마찬가지로 기존의 학문을 전복시키고, 일단 완전한 무선입견(Vorurteilslosigkeit)의 상태로 돌아가는 것, 그리고 자기가 책임질 수 있고 최종적인 확신과 명증에서 길어 올리는 것 이외의 모든 것을 의심하는 것이다. 이로부터 절대적으로 확실하고 의심할 수 없는 토대를 갖는 철학을 형성하는 것이다. 자기 책임적인 태도 속에서 발견하게 되는 철학의 절대적인 정초 토대는 '나는 생각한다', 즉 초월론적 주관성이다. 초월론적 주관성을 통해 근대 학문들의 생생한 통일이 비로소 가능하게 되고 학문과 문화의 근본적 혁신이 가능하게 될 것이라는 것이 후설의 생각이다.

1성찰의 말미에서 제시될 것이지만, 유념해야 할 것은 후설은 데카르트의 초월론적 전환이라는 근본 모티브만을 받아들일 뿐, 데카르트의 구체적인 사유는 그에 의해 철저하게 비판되고 현상학적으로 변형된다는 점이다. 이미 『이념들 1』에서 후설은 데카르트의 '방법적 의심'은 여전히 세계에 대한 믿음의 한 변양에 불과하다는 점에서 철저하지 못하다고 보았다. 『데카르트적 성찰』에서 후설은 데카르트가 순수자아를 신과 세계를 추론하기 위한 전제로 삼았다는 점에서 데카르트의 순수자아는 여전히 세계 속의 한 존재자, 즉 영혼(Seele)에 불과하다고 보았다. 또한 데카르트는 새로운 엄밀한 철학을 구축함에 있어 여전히 수학이나 기하학과 같이 연역 체계를 따라 구조화된 학문들을 학문적 이상으로 삼음으로써 전통적인 선입견으로부터 빠져나오지 못했다. 이렇듯 데카르트는 초월론적 주관성으로의 길을 열었지만, 초월론적 주관성에 정초한 엄밀한 학문으로서의 철학을 제시하는 데에는 실패했다는 것이 후설의 생각이다.

제1성찰

1성찰에서는 데카르트적 길을 따라 초월론적 주관성을 철학의 출발점이자 정초 토대로서 제시한다. 이를 위해 초월론적 판단중지, 초월론적 환원이 다루어진다.

데카르트적 길을 따라 초월론적 주관성을 획득해 나가는 구체적인 과정은 1) 학문의 목적 이념의 규정 2) 인식비판의 기준으로서의 필증적 명증에 대한 논의 3) 초월론적 판단중지 및 환원의 순서로 진행된다. 이어 4) 초월론적 주관성에 대한 초월론적 인식비판의 문제가 다루어진다.

1) 후설은 데카르트를 따라 철학을 절대적으로 정초된 학문으로 다시 세우고자 한다. 이때 가장 우선적으로 문제가 되는 것은 철학이 절대적으로 정초된 학문이어야 한다는 사실을 어떻게 정당화할 수 있는가이다.

후설은 학문이 절대적으로 정초된 학문이어야 한다는 생각은 사실적으로 존재하는 학문들로부터 공통점을 추출해서는 정당화될 수 없다고 본다. 그것은 이미 존재하는 학문들을 전제하는 것이기 때문이다. 후설이 택한 길은 학문을 외적으로 관찰하는 것이 아니라, 학문하는 활동, 학문적인 삶 안으로 들어가는 것이다. 학문하는 삶으로 들어가 반성해 보면, 학문하는 삶은 그것이 가진 고유한 내재적인 지향 안에 학문을 절대적으로 정초하려는 동기를 가진다는 것을 알 수 있다. 즉, 학문적인 삶 안에는 절대적으로 정초된 학문이라는 이념을 향한 지향이 있다는 것이다.

2) 후설은 초월론적 판단중지에 앞서 인식에 있어서의 명증의 문제를 다룬다. 여기에서 주목할 점은 초월론적 판단중지를 위한 인식비판의 기준으로서 충전적 명증(adäquate Evidenz)이 아니라 필증적 명증(apodiktische Evidenz)이 제시되고 있다는 점이다. 명증은 사물에 대해 의향(Vermeinen)이 사물 자체에 대한 경험과 일치하는 것, 즉 의향이 충족된 것을 말한다. 충전적인 명증이란 의향된 것의 어느 한 부분도 충족되지 않은 부분이 없는 명증을 말한다. 『이념들 1』에서 후설은 충전적인 명증을 절대적으로 완전한 명증의 자격을 갖춘 것으로 간주했으며, 이 명증을 인식비판의 기준으로 삼아 초월론적 환원을 수행하고 초월론적 주관성을 획득한다. 하지만 『데카르트적 성찰』에서는 필증적 명증을 충전적 명증보다 더 권위 있는 명증으로 내세우는데 이는 판단된 것에 대해 어떠한 의심도 허용하지 않는 명증, 즉 차후에 행해지는 어떠한 비판적인 반성을 통해서도 판단된 것에 대한 어떠한 의심도

불가능한 명증을 말한다. 『데카르트적 성찰』에서는 이 명증을 인식비판의 기준으로 삼아 초월론적 환원을 수행하고 초월론적 주관성을 획득한다.

3) 초월론적 판단중지 및 환원

그렇다면 무엇이 철학의 체계를 떠받치는 최초의 명증이자 필증적 명증으로서 제시될 수 있는가? 우선 세계가 후보로 나설 수 있다. 하지만 세계 속의 개별적인 존재자들은 우리의 일상적인 경험이 말해주듯 언제든지 가상으로 변화할 수 있다. 또한 이러한 존재자들을 대상으로 하는 학문들 역시 언제든지 의심 가능하다. 그렇다면 개별적인 존재자들의 터전인 세계 자체는 의심 가능한가? 후설은 세계를 경험하는 경험 연관의 전체가 일관된 꿈이 될 수 있다는 생각, 따라서 세계가 과연 존재하는지에 대해 의심해 볼 수 있다는 생각을 막을 수 없다고 본다.

이렇게 세계 내의 존재자들만이 아니라, 세계 자체의 존재 역시 필증적 명증을 소유하고 있지 않은 한에서, 세계는 판단중지된다. 세계는 타당한 것이 아니라, 타당성의 현상으로 이해되어야 한다. 여기에서 주의해야 할 것은 세계가 판단중지되고 타당성 밖에 놓이고, 단순한 현상이 된다는 것은 세계의 존재가 부정되거나 가상이 된다는 것을 말하는 것도 아니고, 세계의 존재가 의심스럽다고 말하는 것도 아니다. 이와 달리 판단중지는 그것의 타당성을 그대로 지속하도록 놔둔 채 그것을 괄호 안에 넣는 것, 즉 세계를 타당한 것으로 정립시키는 작용에서 손을 떼는 것, 즉 단지 중지하는 것을 말한다. 세계는 원래 그대로의 모습으로 남아 있다. 다만 그것은 현상이 될 뿐이다.

세계의 존재가 판단중지되면 이제 무엇이 필증적 명증으로서 철학의 체계를 떠받치는 최초의 명증이 될 수 있는가? 후설에 의하면 세계를 의심하고 판단중지하는 체험까지 포함하여 세계에 대한 체험들 전체가 이러한 최초의 명증이며, 최초의 정초 토대가 된다. 즉, 세계의 존재를 의심하는 체험까지 포함하여 의식 체험들의 존재는 결코 의심 가능하지 않다. 그것을 의심하더라도 의심하는 의식 체험이 또 있어야 하는 한에서, 그것은 절대로 의심 불가능하며, 그러한 한에서 의식 체험은 필증적인 명증에서 주어진다. 세계를 괄호 안에 넣어 무력화하는 초월론적 판단중지가 최종적으로 세계의 근거로서의 초월론적 주관성의 획득으로 이끌어 갈 때, 이를 초월론적 환원이라고 한다.

4) 초월론적 인식비판의 문제

『데카르트적 성찰』에서 초월론적 인식비판의 문제가 갖는 중요성은 그가 세 번에 걸쳐서(1성찰의 9절, 2성찰의 13절, 결론부의 63절) 이에 대해 논의하고 있다는 사실을 통해 알 수 있다.

『데카르트적 성찰』에서 환원을 이끄는 인식비판의 기준은 필증적 명증이었다. 이 기준에 의거해서 초월론적 주관성이 의심 불가능한 필증적인 영역으로 획득된다. 하지만 초월론적 주관성 자체가 필증적으로 주어진다는 것이 곧바로 초월론적 주관성의 모든 체험들에 대한 인식의 필증성을 보장하지는 못한다. 초월론적 주관싱의 모든 체험들은 시간 지평 속에서 흘러가는데 예를 들어 과거 지평 속에 있는 체험에 대한 경험, 즉 회상이 과거의 체험을 필증적으로 경험한다고는 결코 말할 수 없기 때문이다.

후설에 의하면 초월론적 주관성 자체가 필증적으로 주어진다는 것이 곧바로 초월론적 주관성의 모든 체험들에 대한 인식의 필증성을 보장하지는 못하지만, 초월론적 주관성 자체의 필증성은 초월론적 경험과 인식들에 지속적으로 영향을 미치고 초월론적 경험과 인식들을 관통하고 있다. 따라서 중요한 것은 초월론적 주관성 자체의 필증성이 초월론적 경험과 인식의 어디에까지 이르는지에 대한 검사, 즉 필증성의 유효범위에 대한 비판을 통해 필증적인 초월론적 인식을 획득해 가는 것이다.

하지만 본격적인 현상학적 탐구를 시작하는 2성찰에서 후설은 초월
론적 인식에 대한 비판의 문제를 유보한다. 대신 초월론적 현상학적 탐
구를 두 단계로 나누어 진행할 것을 제안하고 있다.

1단계: 자연과학자가 소박한 경험 관찰을 통해 자연을 탐사하고 그
것으로부터 일반적인 법칙을 발견해 나가듯이 초월론적 현상학자는 초
월론적 경험의 소박한 명증들, 즉 지각, 기대, 파지, 기억 등등에 기반
하여 초월론적 주관성을 탐사하고 그것의 일반적인 구조를 제시하는
것을 할 수 있다. 이때 필증적인 명증이라는 까다로운 조건을 삼가면서
탐구가 진행되어어 한다.

2단계: 위의 탐구를 기초로 필증적인 명증이라는 기준을 가지고 초
월론적 경험에 대한 비판을 수행하고, 이를 통해 필증적인 명증 속에서
주어지는 초월론적 주관성의 본질 구조를 제시해야 한다.

이렇게 두 단계로 나눈 이유는 초월론적 주관성이라는 현상학적 탐
구의 광대한 신천지가 필증적인 명증이라는 요구 조건 때문에 오히려
불모지로 바뀌는 일이 없도록 하기 위해서이다. 데카르트가 초월론적
주관성이라는 신대륙을 발견했음에도, 초월론적 주관성 자체를 구체적
으로 탐사하거나 경험하지 않고 단지 몇몇의 본유 관념을 추론의 전제
로 삼는 우를 범한 이유 역시 기하학이나 수학의 학문성에 견줄 수 있
는 철학을 세우려고 했기 때문이다. 후설은 필증적인 명증에 기초한 엄
밀한 학문성에 기반한 철학의 요구를 포기하지 않으며, 초월론적 주관
성을 이러한 학문적인 철학의 정초 토대로 삼았다. 또한 초월론적 주관
성의 본질 구조가 필증적인 명증 속에서 주어질 수 있다고 보았다. 하
지만 다른 한편 후설은 초월론적 주관성의 영역을 일차적으로 다양한
경험 명증에 개방함으로써, 그것이 선사하는 풍요로움을 바탕으로 초
월론적 주관성의 본질 구조를 밝히고자 한다.

제2성찰

2성찰에서는 초월론적 주관성의 일반적인 구조를 제시하고 이를 기초로 초월론적 구성 이론의 전체 체계를 제시하는 것을 목표로 삼고 있다. 이것에 상응하여 초월론적 반성과 같은 현상학적 방법의 고유한 성격이 제시된다. 지향성, 종합, 노에시스-노에마 상관관계 분석, 지평, 현행성과 잠재성, 지향적 분석, 초월론적 구성 이론의 체계 등 초월론적 현상학의 근본 개념이 숨 돌릴 틈 없이 가파르게 제시된다. 초월론적 현상학과 순수 심리학의 관계, 자연적 반성과 구별되는 초월론적 반성 역시 2성찰의 빼놓을 수 없는 내용들이다.

2성찰에서 제시된 초월론적 현상학의 근본 개념들은 무엇 하나 중대한 의의를 갖지 않는 것이 없지만, 역자가 보기에 무엇보다도 지향성, 종합, 지평으로 이어지는 지향성 개념의 단계적인 심화의 스토리를 읽어내는 것이 중요하다. 이에 상응하여 현상학적 작업 도구로서의 지향적 분석의 단계적 심화 과정 역시 함께 읽어낼 수 있다.

첫째, 후설은 종합(Synthesis)이야말로 대상에 관한 의식이라는 지향성의 참된 실상임을 제시하고 있다. 그에 의하면 지향성이란 체험 흐름의 다양체로서의 의식이 동일자로서의 대상과 연관을 맺을 수 있다는 사태를 가리킨다. 이러한 연관이 가능한 이유는 다양체이자 흐름인 의식 체험들 사이에 잇따름이나 단순한 연관을 넘어 종합이 일어나기 때문이다. 지향성의 실상이 이렇게 종합으로 이해되면서 지향적 분석은 지향적 체험의 평면적인 유형학에 불과한 기술적 심리학적 분석을 넘어 대상 유형에 상응하는 초월론적 의식의 종합 유형을 해명하는 초월론적 구성 이론으로 심화된다.

둘째, 종합의 구조는 종합의 현행적인(aktuell) 진행 안에 필연적으로 포함되어 있는 잠재성, 즉 지평(Horizont)을 통해 비로소 그 전체 모습이 드러난다. 대상이 구성될 때 등장하는 현출(Erscheinung)들은 임의적으로 등장하는 것이 아니라 이미 지향적으로 지시된 예기의 지평 위에서 등장한다. 예를 들어 주사위의 앞면이 현출하면, 이미 현출한 앞면으로부터 우리는 그다음 현출할 옆면이 어떠한 성격을 가질지를 미리 예기(Antizipation)한다. 새로운 현출은 이러한 앞선 예기의 지평 속에서 비로소 등장할 수 있다. 그리고 단지 옆면만이 아니라 아직 현출하지 않은 주사위의 면 전체에 대해서도 우리는 예기한다는 점에서, 예기의 지평은 연속적인 계열을 이루면서 현재의 현행화된 체험의 핵을 둘러싸고 있다. 더 나아가 이미 지나간 현출들 역시 과거의 지평 속에 남아 마찬가지로 현재의 현행화된 체험의 핵을 둘러싸고 있다.

종합에 반드시 수반되는 이러한 지평 구조는 대상 측면에서도 좀 더 심도 깊은 이해를 요구한다. 대상은 단지 현행적인 의식들 간의 종합만으로 구성되지 않는다. 대상의 의미 안에는 아직 규정되지는 않았지만 나름의 규정성의 구조를 가진 지평들이 속한다. 따라서 대상의 의미에 대한 해명은 현행적인 의식에 현출한 것을 넘어 지평 속에 함축된 잠재적인 의미를 해명하는 것을 통해 비로소 완전해질 수 있다. 오히려 대상은 일차적으로 이러한 지평들의 동일성의 극이며, 대상의 구성이란 이러한 지평을 현실화하는 것, 즉 지평 속에 함축되어 있던 것을 드러내는 것이라고 보는 것이 종합 수행의 실상에 더 가깝다.

이렇게 지평 개념이 지향성 개념 안으로 들어오게 되면서 지향적 분석 역시 이에 상응하여 한 단계 더 심화된다. 지향적 분석은 이제 지향적 대상에 상관되어 있는 눈앞에 발견될 수 있는 지향적 체험을 제시하는 것을 넘어 현행적인 지향적 종합의 경과가 잠재적으로 함축하고 있는 대상 구성의 잠재적 지평을 드러내는 것에 이르게 된다.

지향적 분석에 대한 이러한 심화된 이해는 핑크(E. Fink)가 지적한 바와 같이 소박한 현상학적인 분석과 참다운 현상학적 분석 사이의 중요한 차이가 어디에 놓여 있는지를 보여준다. 지향적 분석은 경험적 심리학과 유사하게 지향적 체험을 심리적 자료로 다룰 위험을 안고 있다. 이러한 일이 소박한 현상학적 분석에서 일어난다. 소박한 현상학적 분석은 반성의 대상을 단지 반성을 통해 눈앞에 발견되는 지향적 체험으로 제한한다. 하지만 그것은 눈앞에 발견된 지향적 체험이 사실은 익명적이고 잠재적인 위치에 놓여 있는 무수한 지향적 체험에 대한 지향적 지시를 함축하고 있다는 사실을 놓치고 만다. 지향적 분석은 눈앞에 발견되는 지향적 체험을 파악해야 할 뿐만 아니라, 대상의 구성 과정에서 작동하는 익명적이며, 잠재적인 지향적 체험, 즉 '기능하는 지향성(fungierende intentionalität)'을 드러내야 한다. 이것이 지향적 분석의 본령이다.[1]

이러한 지향적 분석에 대한 이해에 기초해서 초월론적 구성 이론의 전체 체계가 간략히 그려진다. 지향적 분석이란 대상 구성에 참여하는 현행적이고 잠재적인 지향적 체험들을 드러내면서, 이러한 지향적 체험들의 종합이 어떻게 하나의 동일한 대상을 구성하는지를 드러내는 것을 의미한다. 하나의 동일한 대상 구성에 참여하는 지향적 체험들이 종합되는 방식에는 변화하지 않는 구조적인 유형이 있다. 따라서 지향적 분석은 대상 유형에 상응하는 지향적 체험들의 종합이 갖는 일정한 구조적인 유형을 드러내는 작업이다. 이를 후설은 노에시스-노에마 상관관계에 기초한 대상 유형들에 대한 초월론적 구성 이론이라고 부른다. 초월론적 현상학이란 대상 유형들에 상응하는 종합의 유형을 제시하는 초월론적 구성 이론에 다름 아니다. 후설은 초월론적 실마리로 주어지는 대상 유형에 기초하여 초월론적 구성 이론의 대략적인 체계를 그린다.

---

1 Eugen Fink, "Das Problem der Phänomenologie Edmund Husserls", *Studien zur Phänomenologie 1930-1939*, Martinus Nijhoff, 1966, p. 218 이하 참조.

제3성찰

3성찰은 다섯 개의 성찰 가운데 가장 짧고 간략하다. 여기에서 후설은 명증(Evidenz) 이론을 다룬다. 후설은 진리가 초월론적 현상학적 구성의 문제라는 것을 우선 밝히고, 이어 명증 개념에 기초하여 이 문제를 현상학적으로 해명한다.

후설에 의하면 대상의 진리, 즉 대상의 현실성과 상관하는 의식 체험은 명증이다. 명증이란 대상이 의식에게 '자체로 주어진다(selbstgegeben)'는 것을 의미한다. 여기에서 오해하지 말아야 할 것은 대상 자체란 칸트적 의미에서 '물자체(Ding an sich)'와 같은 사물의 본체를 의미하는 것도 아니고, 소박한 실재론의 입장에서 말하는 의식과 무관한 대상의 즉자 존재를 가리키는 것도 아니라는 사실이다. 현상학적인 관점에서 대상이 자체로 주어진다는 것은 대상이 의미 지향(Bedeutungsintention)을 넘어 직관(Anschauung)된다는 것을 말한다. 따라서 대상 자체의 주어짐이 무엇인지는 의미 지향과의 대립 관계 속에서 이해되어야 한다.

또한 후설에 의하면 명증은 의식 삶의 우연적인 사실이 아니라, 의식 삶의 본질 안에 함축된 근본 경향과 연관되어 있다. 물론 명증은 사실적으로는 의식 체험 안에서 때때로 일어나는 사건으로서, 명증적으로 대상을 획득하는 것은 우연적이지만, 명증적으로 대상을 획득하려는 노력은 자아의 지향적 삶의 우연적 사실이 아니라 자아의 근본 경향이라는 것이다.

후설은 명증의 일반이론에 이어 특별한 위상을 갖는 명증 하나를 제시하고 있는데, 습관적인 명증(habituelle Evidenz)이 그것이다. 습관적 명증은 후설의 명증 개념의 확장 및 발전을 잘 보여주고 있다. 비록 대상의 현실성이 그때마다의 개별적인 명증 체험에만 의존한다면, 그것은 우리가 매일 그 안에 거주하고 있는 견고한 현실적인 세계는 아직 아니다. 후설에 의하면 현실적인 대상을 정립한 명증 체험은 비록 과거로 침전되더라도 "머물러 있는 가짐(bleibende Habe)"이라는 방식으로 존속한다. 이렇게 명증 체험이, 구성된 대상의 현실성을 계속해서 붙들고 대상이 습관성으로 존속하는 한에서, 나는 언제든지 다시 과거의 명증 체험으로 되돌아가 대상의 현실성을 재설립할 수 있는 가능성을 가진다. 이것이 바로 참된 의미의 대상의 현실성, 즉 즉자적 진리로서의 현실성을 구성하는 명증 체험이다. 3성찰에서의 습관성에 대한 논의가 대상과 연관된 것이라면, 4성찰에서 독자는 초월론적 자아와 연관된 습관성을 다시 만나게 될 것이다.

제4성찰

4성찰은 초월론적 자아의 자기 구성의 문제를 다룬다. 2성찰과 3성찰에서 다루었던 초월론적 구성은 세계의 구성이었다. 초월론적 자아는 배경에 머물러 있었다. 4성찰에서 비로소 초월론적 자아의 자기 구성의 문제가 다루어진다.

우선 초월론적 자아의 자기 구성의 해명은 크게 세 단계로 진행되는 것으로 보인다.

1) 우선 후설은 완전한 구체성 속에서 파악된 순수자아 곧 초월론적 모나드(Transzendentale Monade)를 형식적으로 규정한다. 그것은 그 안에서 다시 동일성의 극으로서의 자아, 습관성의 자아, 완전한 구체성 속에서 파악된 모나드의 순서로 단계적으로 상승해 간다. 이 세 단계 간의 관계를 이해하는 것이 굉장히 중요하지만 정확한 이해는 실로 까다롭다.

모나드란 자기 완결적인 폐쇄성과 독립성 그리고 개별성을 가진 주관성을 말한다. 극으로서의 자아는 자신의 체험을 자기를 중심으로 극화하기 때문에 모나드의 중심이 될 수 있다. 하지만 충분하지 못하다.

그 이유는 자아를 중심으로 극화된 체험은 참된 의미의 자아의 것이 되지는 못하기 때문이며, 극으로서 자아는 자신의 체험에 대해 아직 외면적이고 익명적이기 때문이다. 습관성의 자아, 즉 자신의 체험을 타당성에서 붙들고 체험의 대상을 타당한 대상으로 붙잡고 있는 자아의 단계에서야 체험과 대상은 자아의 것이 되고, 자아는 인격적이고 모나드적 자아가 된다. 완전한 구체성 속에서 파악된 모나드란 이러한 습관성의 자아를 매개로 자신의 체험과 체험의 대상을 자기 것으로 소유하는 주관성, 자신만의 친숙한 세계를 갖는 주관성, 이를 통해 그 안에서 자아, 의식 체험, 세계 사이의 연관이 살아 있는 구체적인 연관으로 존재하고 이로써 참된 의미의 자기 완결적인 폐쇄성과 독립성을 가진 주관성을 가리킨다.

2) 이제까지 배경 속에 머물러 있던 현상학의 방법론, 즉 형상적 환원을 명시적으로 제시한다. 『데카르트적 성찰』에서의 형상적 환원은 이미 『이념들 1』과 같은 중기 서술 속에서 등장하는 형상적 환원, 즉 상상적인 자유 변경을 통한 본질 직관과 내용적으로 대동소이하다. 다만 초월론적 자아의 자기 구성의 문제에 상응해서, 형상적 환원은 개별적인 체험의 형상들을 넘어 그것들 모두를 포괄하는 형상-자아(Eidos ego)를 획득하는 방법으로 재규정된다.

여기서 형상-자아에 대해 잠시 주목할 필요가 있다. 개별적인 체험 본질은 고립적으로 존재하는 것이 아니라 항상 다른 체험 본질과의 연관 속에 놓여 있다. 각각의 체험 본질들은 각기 자신을 중심으로 한 외적 지평을 가지고 있다. 그리고 이러한 외적 지평들의 전체 체계이자 모든 개별적인 체험 본질들을 포괄하는 전체 통일성이 곧 형상-자아이다. 이러한 의미에서 형상적 환원이란 가장 철저하고 근원적인 의미에서 사실-자아를 형상-자아로 환원하는 것이다. 그리고 이 형상-자아가 곧 모든 개별적인 본질들을 포괄하는 보편적인 형상이다. 완전한 구체성 속에 파악된 모나드의 자기 구성의 현상학은 최종적으로 바로 이러한 형상-자아의 획득을 목표로 하는 것 이외의 다른 것이 아닐 것이다.

3) 완전한 구체성 속에서 파악된 모나드 안에서의 체험 유형들의 발생적 연관이 제시된다. 초월론적 모나드는 이를 통해 역사적, 발생적 통일체로 규정되고, 앞에서 형식적으로 규정되었던 초월론적 모나드의 개별성이 내용적이고 구체적으로 규정된다. 이 부분 역시 상당히 이해하기 까다롭다.

후설에 의하면 초월론적 모나드는 대상을 구성하는 체험 유형들의 체계로 파악된다. 그리고 이러한 체험 유형에 대상의 유형이 상응한다는 의미에서 초월론적 모나드는 체험 유형들과 그에 상응하는 대상 유형들의 상관관계의 체계로 파악된다. 이것이 2성찰에서 다루었던 노에시스-노에마 사이의 상관관계에 기초한 초월론적 구성 이론이다. 거기에서 체험 유형들이 서로 간에 가지는 연관은 대상 유형들 사이의 존재론적 연관에 기초하였다. 그리고 대상 유형들 사이의 존재론적 연관에 기초한 체험 유형들이 서로 간에 가지는 연관들의 체계가 초월론적 구성 영역의 전체 체계였다.

하지만 이제 체험 유형들의 연관이 대상의 방향에서가 아니라, 자아의 방향에서 재규정된다. 이때 후설에 의하면 체험 유형들 사이의 연관은 대상 유형들 사이의 존재론적 연관에 기초한 연관이 아니라, 자아적인 체험 흐름 안에서의 시간적 연관이 된다. 체험 유형들이 시간적인 연관 속에 존재한다는 것은, 하나의 체험 유형은 초월론적 모나드의 삶의 시간적 순서에서 임의로 등장할 수 있는 것이 아니라, 다른 체험 유형이 등장한 다음에야 비로소 등장할 수 있다는 것을 말한다. 이를 후설은 라이프니츠에게서 빌려온 용어를 따라 시간적인 공존과 계기의 법칙성, 즉 공가능성(Kompossibilität)의 본질 법칙이라고 불렀다. 이로부터 다음과 같은 사실이 따라 나온다. 하나의 체험 유형은 공가능성의 법칙에 따라 시간적으로 동시적이거나 계기적인 다른 체험 유형들의 지평으로 둘러싸여 있으며, 초월론적 모나드는 시간적으로 동시적이거나 계기적인 체험 유형들의 발생의 체계로서 규정될 수 있다.

이러한 초월론적 자아의 자기 구성에 대한 해명의 성과로서 기존의 현상학에 새로운 현상학이 추가되는데 이것이 발생적 현상학이다. 후설은 초월론적 자아의 자기 구성을 체험 유형들 사이의 발생적 연관의 질서로 이해했는데, 이를 체험 흐름 일반의 보편적인 동기 연관으로 확장함으로써 발생적 현상학을 획득한다. 이 안에서 다시 능동적 발생과 수동적 발생이라는 두 개의 발생의 원리가 구별되고 수동적 발생의 원리로서 연상(Assoziation)이 제시된다.

마지막으로 초월론적 자아의 자기 구성의 해명의 성과로서 초월론적 현상학은 참다운 의미의 초월론적 관념론으로 규정된다. 후설에 의하면 초월론적 자아의 자기 구성은 세계 구성 옆에 병렬되어 있는 두 번째 구성이 아니다. 세계 구성은 초월론적 자아의 자기 구성의 일부에 불과하며, 초월론적 현상학은 초월론적 자아의 자기 해석, 즉 '나는 생각한다(ego cogito)'에 대한 자기 해석에 다름 아니다. 따라서 초월론적 자아의 자기 해석으로서 현상학은 내재적이든 초재적이든 존재자들이 체험 흐름들의 종합 속에서 어떻게 구성되는지, 그리고 이러한 종합들이 어떠한 체계적인 연관 속에 구축되어 있는지를 때로는 정적으로, 때로는 발생적으로 해명하고 해석하는 학문이다. 이러한 의미에서 현상학은 철학으로서 초월론적 관념론이고, 철학은 도대체가 현상학적 의미에서의 초월론적 관념론 이외의 다른 것일 수 없다. 초월론적 현상학은 철학으로서 세계 구성에 있어 초월론적 자아와 그의 체험 이외의 다른 어떤 것도 참조할 필요 없는, 자기 완결적이고 절대적인 초월론적 관념론으로 규정된다.

제5성찰

5성찰은 『데카르트적 성찰』의 전체 분량 가운데 거의 절반을 차지할 정
도로 분량이 많다. 5성찰에 대한 해제 역시 길어질 수밖에 없다.

『데카르트적 성찰』은 후설의 저술 가운데 상호주관성의 문제를 가장
체계적으로 서술한 저술로 남아 있다.

초월론적 현상학은 초월론적 주관성에 절대적으로 정초하고 있는 초
월론적 관념론이다. 이는 외관상 초월론적 현상학이 유아론(Solipsis-
mus)에 불과하며, 세계의 객관성을 구성할 수 없으리라는 오해를 줄
수 있다. 5성찰을 통해 후설은 초월론적 현상학은 초월론적 상호주관성
을 정초할 수 있고 세계의 참된 객관성에 이를 수 있다는 것, 더 나아가
오직 초월론적 현상학을 통한 길만이 유일하게 이를 성취할 수 있다는
것을 보여주고자 한다.

우선 후설이 5성찰에서 제시하고 있는 상호주관성의 현상학은 정적
현상학적 관점에서 서술되어 있다는 점에 주목해야 한다. 5성찰 안에
부분적으로 발생적 현상학적 분석들이 포함되어 있는 것은 사실이지만
타자 경험이 나의 초월론적 경험의 타당성에 정초하고 있다는 점에서
상호주관성 탐구의 큰 틀은 정적 현상학적 관점을 취한다는 점에서는
이견이 있을 수 없다. 따라서 후설이 상호주관성의 문제에 대해서 가지
고 있었던 보다 풍부한 사유의 결과들, 발생적 현상학적 관점에서의 해
명들이 여기에서는 생략되어 있는 것 또한 사실이다. 이러한 의미에서
『데카르트적 성찰』을 통해 후설의 상호주관성의 현상학을 이해한다는
것은 한편으로는 상호주관성의 문제에 접근하는 가장 체계적인 길이기
는 하지만, 많은 것들이 유고들을 통해 보완되어야 한다는 점 또한 유
념해야 한다.

후설에 의하면 상호주관성에 대한 초월론적 현상학적 분석의 실마리
는 일상적인 자연적 경험 속에서 주어지는 타자이다. 그것을 존재론적

으로 분석해 보면 크게 세 가지 층위로 나뉘어 있다. 우선은 자연 사물과 같은 층위가 있고, 그다음은 신체와 결합된 심리물리적인 대상의 층위가 있고, 마지막으로는 신체를 통해 행위하고 움직이는 주체로서의 층위가 있다. 더 나아가 우리는 이러한 존재론적인 구조를 가진 타자를 경험하되, 이를 통해 세계를 나의 주관성을 넘어선 객관성의 세계로서 경험한다.

이렇게 자연적 태도에서 일어나는 타자 및 객관적 세계에 대한 경험이 어떻게 가능한가를 보여주는 것이 초월론적 현상학적 분석이다. 그것은 나의 초월론적 경험의 타당성에 정초해서 타자에 대한 경험 및 객관적 세계의 경험이 어떻게 가능한가를 보여주는 것이다. 이때 이 분석이 견지해야 할 대원칙은 앞선 성찰에서 제시된 것과 동일하다. 즉, 현상학적 분석은 분석의 대상이 무엇이든 간에 그것을 나의 자아의 현행적이거나 잠재적인 지향적 체험 및 이 체험들의 종합으로부터 구성해야 한다는 것이다.

상호주관성에 대한 초월론적 분석은 크게 다음과 같이 나뉜다.

1. 타자 경험(Fremderfahrung).

어떻게 나의 초월론적 영역 안에서 나와 동일한 존재론적인 위상을 가지는 또 하나의 초월론적 자아가 경험될 수 있는가를 분석한다. 이를 위해 원초적 환원이 수행되고, 간접 현전(Appräsentation)이 타자를 경험하는 지향적 체험으로서 드러나게 된다.

첫째, 타자 경험을 획득하기 위한 방법적 조치로서 원초적 환원이 수행된다. 이것은 나의 초월론적인 경험 영역 안에서 타자와 직간접적으로 관련된 모든 지향적 수행을 배제하고, 나의 고유 영역(Eigenheitssphäre)만을 남기는 조치이다.

원초적 환원(primordiale Reduktion)이 가지는 주목할 만한 성격은 크게 네 가지이다. 1) 원초적 환원은 나의 초월론적 영역 가운데 타자와 연관된 영역을 잘라내는 추상화 작업으로서 나의 고유 영역만을 남기는 환원, 즉 주제화하는 환원이다. 2) 원초적 환원은 초월론적인 태도 내부에서 수행되는 환원이다. 원초적 환원은 일상적인 의미의 타자 배제, 나를 고독하게 함을 의미하는 것이 아니라 초월론적인 삶의 구조 가운데 한 부분을 잘라내는 것이다. 이러한 의미에서 원초적인 환원에서 비로소 타자 및 객관적 세계 전체가 갖는 효력이 사라지게 된다. 3) 원초적인 환원을 통해 획득한 나의 고유한 영역은 그 자체로 통일되어 있으며, 다른 것으로부터 분리된 폐쇄된 영역이며, 그 자체로 완결된 개별성을 가진다. 4) 원초적 환원은 정적 현상학적 관점에서의 방법적 조치에 해당된다. 원초적 환원을 통해 획득된 나의 고유한 영역은 상호 주관적인 객관적인 세계의 정초 토대로 기능하는 층이다.

둘째, 원초적 환원에 이어 타자 경험이 분석되는데 이것은 다시 세 개로 나누어 제시된다. 1) 타자 경험의 일반적인 구조가 간접 현전으로 특징지어진다. 후설은 간접 현전의 고유한 지향적 구조를 '유비적 통각(analogische Apperzeption)'과 '짝짓기(Paarung)'를 통해 해명한다. 2) 유비적 통각에서 충족 종합이 어떻게 일어나는지를 해명함으로써 한갓 된 의미로서의 타자를 넘어 현실적 존재로서의 타자의 구성을 해명한다. 3) 타자 경험 분석의 마지막 단계는 타자를 자신만의 독자적인 원초적인 세계의 기능 중심으로서 경험하는 것이 어떻게 가능한지를 해명하는 것인데, 이는 '내가 거기에(타자의 자리에) 있었다면(wenn ich dort wäre)'이라는 허구적인 상상 경험을 통해 가능하다. 마지막 3)에 대해서는 약간의 보충적인 설명이 필요하다. 타자 경험이 '내가 거기에 있었다면'이라는 허구적인 상상 경험을 중심축으로 하고 있다는 사실 때문에 후설 현상학에서 타자가 허구적 상상의 산물에 불과하다는 의심을 갖는 사람들이 있다. 하지만 '내가 거기에 있었다면'을 통해 변양되는 것은 타자가 아니라 나의 현실성이다. 그리고 이 변양된 나의 현실성이 타자의 현실성과 나의 현실성을 매개하는 역할을 하고 있다. 따라서 나를 허구적인 상상물로 변양시키는 것은 나의 현실성을 타자의 현실성으로 전이시키는 중간 단계를 의미할 뿐이다. 이렇게 허구적인 변양을 매개로 나의 현실성이 타자의 현실성으로 전이되는 것이고, 타자는 철저히 그것의 현실성에서 경험된다. 타자는 허구 속의 인물이 아니다. 하지만 타자로 넘어가기 위해서는 나는 우선 나를 허구 속의 인물인 것처럼 변양시킬 수 있어야 한다는 것이 후설의 본의이다.

2. 상호주관적 자연의 구성.

타자 경험에 대한 분석을 통해 타자의 경험 가능성이 초월론적으로 정초되었다고 해서, 여기에서 곧바로 공동의 세계, 일차적으로 공동의 자연을 구성할 수 있다는 것이 따라 나오는 것은 아니다. 왜냐하면 타자 경험 분석은 나와 동일한 존재론적인 위상을 갖는 또 하나의 초월론적인 자아를 내가 경험할 수 있다는 것만을 입증할 뿐, 서로 분리되어 있고 각자의 독립성과 폐쇄성을 가지는 초월론적 자아들이 공동의 하모니(조화)를 이룰 수 있다는 것을 드러낸 것은 아니기 때문이다. 후설은 타자 경험 분석에서 드러난 간접 현전의 지향성을 공동화의 관점에서 새롭게 이해하면서, 어떻게 초월론적 자아들 간에 공동의 자연이 구성될 수 있는지를 드러낸다.

후설에 의하면 타자 경험 안에서 물체에 대한 현전과 타자 신체에 대한 간접 현전은 기능적 공동체(Funktionsgemeinschaft)를 이룬다. 이 두 현전은 두 개의 다른 대상이 아니라 동일한 하나의 대상을 이미 향하고 있다. 따라서 나의 원초적인 영역에 등장한 물체가 있고 그것을 지시 기호로 삼아 간접 현전되는 타인의 신체가 따로 있는 것이 아니라, 동일한 것이 나의 원초적인 영역에서는 물체로 현전하고 타자의 영역에서는 타자의 신체로 간접 현전하고 있는 것이다. 이렇게 간접 현전

자체 안에 이미 현전과의 기능적인 통일이 놓여 있으며, 이것이 나의 원초적인 자연과 간접 현전된 타자의 자연의 동일성을 가능하게 하는 것이다.

3. 상호 모나드적 공동체의 구성.

상호주관적 자연의 구성 문제에서 해명된 것은 나와 타자 사이의 공동화였는데, 이 공동화에서 나는 여전히 타자 경험의 중심점에 위치해 있으며, 나로부터 타자를 구성한다는 의미에서 타자에 비해 비대칭적으로 우월한 위치를 차지하고 있다. 이제 이보다 더 높은 단계의 공동화, 나를 타자들과 동렬에 놓는 공동화, 즉 객관적인 공동화로 올라서야 한다. 그것은 나와 타자들을 그 위치에 있어 언제든지 서로 교환 가능한 개체들로서, 인간 공동체의 구성원들로서 파악하는 것을 말한다. 이것은 어떻게 가능한가?

타자를 경험한다는 것 안에는 내가 나의 원초적 영역에 등장한 물체를 유비적 통각을 통해 타자로서 파악하는 것과 동일한 방식으로 타자역시 그의 원초적 영역에 등장한 물체를 유비적인 통각을 통해 나로서파악한다는 사실을 경험한다는 사실이 놓여 있다. 이를 통해 나와 타자가 동렬에 놓여진다. 더 나아가 내가 정립한 타자는 나 이외의 많은 물체들을 타자로서 정립하고 있다는 것도 나는 경험할 수 있으며, 내가정립한 타자가 정립한 또 다른 타자가, 다시 또 다른 타자를 마찬가지의 방식으로 정립한다는 사실을 경험한다. 그것은 계속해서 마찬가지의 방식으로 진행될 수 있다. 그리고 그것은 다시 처음의 출발점인 나에게 다시 되돌아올 수 있다. 즉, 끝없는 계열을 이루는 타자 경험 속에서 나는 누군가의 타자로 경험되고 있다는 사실을 경험한다는 방식으로. 이를 통해 나는 인간 공동체의 구성원 가운데 하나로 나를 경험할수 있으며, 나를 포함한 타자들을 그 구성원으로 포함하는 인간 공동체를 구성할 수 있게 된다. 바로 이러한 인간 공동체에 상응하면서 이를 가능하게 하는 초월론적 상호주관성이 곧 상호 모나드적 공동체이다.

4. 상호주관적인 문화 세계의 구성.

후설은 상호주관적인 문화 세계의 구성 문제에서 해명되어야 할 기본적인 것들은 앞서 해명된 것들을 통해 이미 해명된 것으로 보면서, 대신 상호주관적인 문화 세계의 구성에 특징적인 일반 구조 하나를 제시한다.

상호주관적인 자연이나 문화가 구성된다는 것은 각각의 자아가 처한 상황성을 넘어 누구에게나 타당한 객관성을 가진 자연과 문화를 구성한다는 것을 말한다. 그럼에도 문화의 상호주관적 객관성은 자연에 비해 제한적이다. 자연 속에 있는 심리물리적 각 인간과 달리 문화 세계 속의 각 인간은 특정한 문화권에 소속되어 있기 때문이다.

예를 들어 자연과 관련해서 한국인이나 독일인은 심리물리적인 인간으로서 같은 인간 공동체의 구성원들이다. 따라서 한국인과 한국인 사이의 공동화이든 한국인과 독일인 사이의 공동화이든 상호주관적 자연의 구성에서는 차이가 없다. 이와 달리 문화와 관련해서는 나는 항상 우선적으로 특정한 문화 공동체의 구성원으로 나타난다. 따라서 내가 독일인을 간접 현전을 통해 경험한다는 것은 독일인이 독일인을 간접 현전을 통해 경험하는 것과 전혀 다른 의미를 가진다. 나는 우선적으로 한국 문화권에 속한 사람으로서 한국의 문화 세계를 나의 원초적인 세계, 즉 고향 세계(Heimwelt)로 경험한다. 그리고 그것에 기초해서 독일 문화 세계를 간접 현전을 통해 이방 세계(Fremdwelt)로 경험하게 된다. 그리고 이방 세계는 내가 한국 문화에 속한 다른 타자를 경험하는 것과는 다른, 고유한 방식의 폐쇄성을 가진다. 오직 나는 항상 한국 문화를 원초적인 세계로 경험하는 한에서만 독일 문화를 간접 현전의 방식으로 경험할 수 있을 뿐이다. 이러한 의미에서 문화 세계는 항상 그것의 필연적인 하위 범주로서 고향 세계와 이방 세계 사이의 구별을 포함한다. 상호주관적인 문화 세계의 구성은 고향 세계와 이방 세계의 구별 속에서 진행되는 문화 세계들 간의 공동화를 통해서 비로소 구성될 수 있다.

결론

결론에서 후설은 이제까지의 연구 성과를 통해 형이상학을 포함한 모든 학문들이 초월론적 현상학과 그것의 보편적 존재론에 기초하고 있다는 것, 그것을 통해 거대한 학문의 나무가 체계적으로 구축될 수 있다는 것을 확인한다. 이러한 학문의 체계는 결코 데카르트 시대의 학문의 이념인 연역적인 체계가 아니다. 그것은 초월론적 주관성에 대한 자유롭고 책임 있는 숙고 자체로부터 생겨나는 체계이지, 선입견을 통해 강요된 것이 아니기 때문이다. 이러한 의미에서 후설은 아우구스티누스의 다음의 말로 자신의 성찰의 길을 마치고 있다. **"바깥에서 방황하지 말고 너 자신으로 돌아오라. 진리는 사람의 내면에 거주하니."**

*   *   *

본 역서는 후설 전집(Husserliana) 1권으로 출간된 『데카르트적 성찰과 파리 강연』(Edmund Husserl, *Cartesianische Meditationen und Pariser Vorträge*, hrsg. und eingeleitet von S. Strasser. Husserliana ; Bd. 1, Den Haag : Martinus Nijhoff, 1973) 안에 후설의 프랑스에서의 강연문과 함께 실린 "B. Cartesianische Meditationen"을 기본 대본으로 삼았다. 다만 슈트뢰커(Elisabeth Ströker)에 의해 편집된 『데카르트적 성찰』(Felix Meiner Verlag, 2012)과 케언즈(Dorion Cairns)의 『데카르트적 성찰』 영역본(Kluwer Academic Publishers, 1999) 등을 참고하여 텍스트 안의 다양한 부호나 문단 배열 등에서 약간의 필요한

변경을 가했다.

  본 역서의 주석과 해제를 작성하는 데 여러 책들을 참고하였다. 그중 중요한 것만 언급하면 다음과 같다.『데카르트적 성찰』의 성립 역사와 관련해 후설 전집 1권인 *Cartesianische Meditationen und Pariser Vorträge* (Martinus Nijhoff, 1973)의 편집자 서문과 슈트뢰커가 편집한 *Cartesianische Meditationen* (Felix Meiner Verlag, 2012)의 편집자 서문을 참고하였으며, 해제와 주석을 작성하는 데에는『사물과 공간』(에드문트 후설, 김태희 역, 아카넷, 2018),『에드문트 후설의 내적 시간의식의 현상학』(에드문트 후설, 이남인/김태희 공역, 서광사, 2020)에 실린 옮긴이 주석과 해제 그리고『현상학과 해석학』(이남인, 서울대학교 출판부, 2004), 그리고『후설의 〈데카르트적 성찰〉 읽기』(박인철, 세창미디어, 2022) 등을 참고하였다. 또한 간더(Hans-Helmuth Gander)가 편집한 *Husserl-Lexikon* (Wissenschaftliche Buchgesellschaft, 2010)도 훌륭한 참고가 되었다.

  번역을 마치는 데 감사를 표해야 할 분들이 있다. 많은 점에서 부족한 번역 원고에 대한 검토를 흔쾌히 맡아 주신 건국대 김태희 교수님께 가장 먼저 감사한 마음을 표하고 싶다. 이미 후설의 여러 저술을 번역한 후설 전문가로서 중요 번역 용어에서 결정적인 자문을 해주신 덕에 옮긴이는 많은 부담을 덜 수 있었다. 많은 오역들을 피할 수 있었던 것 역시 교수님의 꼼꼼하고 정확한 원문 검토 덕분에 가능했다. 또한 서울대 이남인 교수님께도 이 자리를 빌어 감사드리고 싶다. 김태희 교수와 공역한『에드문트 후설의 내적 시간의식의 현상학』(서광사, 2020)은 옮긴이에게 큰 참고가 되었고, 마찬가지로 번역에 많은 부담을 덜 수 있게 해주었다. 또한 옮긴이가 참여했던 이남인 교수님의『데카르트적 성찰』강독 세미나가 본 번역서의 밑바탕이 되었다는 점도 빼놓을 수 없다. 마지막으로 철학서 출판계의 어려운 상황 속에서도 본 번역서의 출판을 흔쾌히 맡아 주신 서광사에 큰 감사의 인사를 전하고 싶다.

2023년 7월 24일 옮긴이 씀

서문

§1. 자기 자신에 대한 철학적 숙고의 모범으로서 데카르트의 성찰들

프랑스 학문의 명예로운 전당인 이곳에서 초월론적 현상학(transzen-
dentale Phänomenologie)에 대해 이야기하게 된 것은 다음의 특별한
이유에서 나를 기쁨으로 가득 채운다. 프랑스의 가장 위대한 사상가,
르네 데카르트(René Descartes)는 그의 성찰들을 통해 현상학에 새로
운 동력을 부여해 주었으며, 그의 성찰들에 대한 연구는 변화 중에 있
었던 현상학이 초월론적 현상학이라는 새로운 모습으로 변모되도록 하
는 데에 아주 직접적으로 영향을 미쳤기 때문이다. 따라서 사람들이 초
월론적 현상학을 신(新)-데카르트주의라고 불러도 거의 무방하다. 물
론 초월론적 현상학은 데카르트적 사유의 단초를 철저히 전개함으로써
데카르트 철학의 유명한 교설을 거의 전부 거부할 수밖에 없을 것이지
만 말이다.

이러한 상황 속에서 내 생각으로는 영원한 의미를 가지는 『제일철학
에 대한 성찰』(이하 『성찰』)의 사유의 단초를 내 논의의 실마리로 삼고,

이것과 연결 지어 초월론적 현상학의 방법과 과제들이 생겨난 현상학의 변화와 갱신의 특징을 기술한다면, 내 논의에 여러분들이 관심을 가질 것이라고 참으로 미리 확신할 수 있는 바이다.

철학을 처음 시작하는 사람들은 모두 『성찰』의 특기할 만한 사고 순서를 알고 있다. 『성찰』을 이끌어 가는 이념을 떠올려 보자. 『성찰』의 목적은 철학을 절대적으로 정초된 학문으로 완전히 개혁하는 것이다. 데카르트에게 이것은 모든 학문들을 마찬가지 방식으로 개혁하는 것을 함축한다. 왜냐하면 그에 따르면 모든 학문들은 단지 하나의 보편적인 학문, 즉 철학의 비독립적인 분과에 불과하기 때문이다. 오직 철학의 체계적인 통일성 속에서 그것들은 참된 학문이 될 수 있다. 하지만 학문들이 역사 속에서 전개되자마자, 학문들은 절대적인 통찰에 근거한 철저하고 최종적인 정초(Begründung), 그 배후로 더 이상 되돌아갈 수 없는 최종적인 정초의 순수함을 결여한다. 따라서 절대적인 정초의 통일성 속에서 학문들의 보편적 통일을 추구하는 철학 이념을 만족시킬 수 있는 근본적인 재건축이 필요하다. 데카르트에게서 이러한 재건축의 요구는 주관으로 향하는 철학을 낳게 되었다. 이러한 주관으로의 방향 전환은 두 개의 중요한 단계로 이루어진다. 첫째, 진지하게 철학자가 되고자 하는 자는 "인생에서 한 번은" 자기 자신에게로 물러나서 이제까지 그에게 타당했던 모든 학문을 전복시키고 그것의 재건축을 스스로 시도해야만 한다. 철학—'지혜(sagesse)'—은 철학하는 자의 극히 개인적인 일이다. 철학은 '그'의 지혜로서 생겨나야 하고, 그가 스스로 획득한 앎, 보편성을 지향하는 앎으로서 생겨나야 하며, 시작 단계부터 모든 단계마다 그의 절대적인 통찰을 통해 책임질 수 있는 앎이어야 한다. 내가 만약 이러한 목표를 갖고 살기로 결심(이 결심만이 나를 철학적 사유의 과정에 진입시킬 수 있는 것인데)했다면, 이를 통해 나는 시작점에서 인식의 절대적인 궁핍을 선택한 것이다. 이러한 시작점에서 첫 번째로 해야 할 일은 우리를 참된 지식으로 이끌어 갈 수 있는 진행 방법을 어떻게 발견할 수 있는가를 숙고하는 일임이 분명하다. 따라서 데카르트의 성찰은 단지 철학자 데카르트의 사적인 일이고자 하지 않는다. 하물며 최초의 철학적 정초를 서술하는 한갓 인상적인 문학적 형식이고자 하지 않는 것은 두말할 것도 없다. 그것은 오히려 철학을 시작하는 모든 철학자가 반드시 해야 할 성찰의 원형을 보여주고 있다. 오직 이러한 성찰로부터 철학은 근원적으로 자라나올 수 있을 것이다.[1][2][3]

우리가 오늘날의 우리들에게 아주 낯선 성찰의 내용들로 방향을 돌려본다면, 거기에서는 두 번째 의미에서의 철학하는 자아, 첫 번째보다 깊은 의미에서의 철학하는 자아, 즉, 순수의식 작용[4]의 자아에로의 되

---

1 저자주 이러한 해석을 확증하기 위해 『철학의 원리』의 번역자에게 보내는 「저자의 편지」를 참조하라.
2 역자주 후설이 여기에서 말하는 글은 데카르트가 『철학의 원리』 불역판 서문으로 쓰기를 기대하면서 불역판 번역자 피코 신부에게 보낸 서한을 말하는데, 여기에는 철학에 대한 데카르트의 정의가 가장 분명하게 실려 있다는 평가를 받는다. 이 글은 국역본 『철학의 원리』(원석영 옮김, 아카넷, 2012)에 부록으로 실려 있다.
3 저자주 난외 주석. "사람들이 학문, 철학은 그럼에도 철학하는 자들의 학문적인 공동체의 공동 노동에서 생겨나며, 모든 단계에서, 오직 그 안에서만 자신의 완전성을 획득한다고 항의한다면, 거기에 대해서 데카르트의 답변은 아마도 다음과 같을 것이다. 고독하게 개별적으로 철학하는 자인 나는 다른 사람에게 많은 것에서 도움을 받을 수 있지만, 그들에게 참된 것으로 타당한 것, 그들이 나에게 소위 그들에 의해 통찰적으로 정초된 것으로 제공한 것은 나에게는 우선은 단지 하나의 주장일 뿐이다. 내가 그것을 받아들이고자 한다면, 나는 그것을 나의 완전한 통찰로부터 정당화해야만 한다. 거기에 나의 이론적인 자율성이 — 나의 자율성이자 모든 참된 학자들의 자율성이 — 놓여 있다."
4 역자주 데카르트에게서 의식 작용(cogitatio)은 자아의 의식 체험 전체를 포괄하는 표현이다. 후설은 이 강의의 많은 곳에서 초월론적 자아의 지향적 체험을 데카르트를 따라 'cogitatio'라고 부른다. 이에 상응해서 지향적 대상을 'cogitatum'(의식 대상)이라 부르고 있다. 여러 다른 곳에서는 지향적 체험을 노에시스(Noesis), 지향적 대상을 노에마(Noema)로 부른다.

돌아감이 수행되고 있다. 성찰하는 자아는 잘 알려져 있고, 매우 특기할 만한 것인 의심방법(Zweifelsmethode)을 통해 이러한 되돌아감을 실행한다. 그는 비타협적인 일관성을 가지고 절대적인 인식이라는 목적을 향하고 있기에, 떠올릴 수 있는 모든 의심에 대해 자신을 방어하지 못하는 것을 존재하는 것으로 타당하게 받아들이지 않는다. 따라서 그는 자연적인 경험과 사고 속에서 확실하다고 한 것을 의심 가능성의 관점에서 방법적으로 비판하며, 의심 가능성에 열려 있는 모든 것을 배제함으로써 절대적으로 명증적인 것들을 획득하고자 한다. 자연적인 삶의 세계가 주어지는 감각적인 경험 확실성은 이러한 방법적 비판을 견뎌내지 못하게 되며, 이에 따라 세계의 존재는 시작 단계에서 타당성 밖에 놓임에 틀림없다. 비록 이러한 세계가 없다 할지라도, 성찰하는 자는 자신의 의식 작용들의 순수자아로서의 자기 자신만을 절대적으로 의심 불가능한 것, 폐기 불가한 것으로서 남기게 된다. 이렇게 환원된 자아는 이제 일종의 유아론적인 철학함을 수행한다. 그는 자신의 순수한 내면성 안에서 객관적인 외재성이 추론되어 나올 수 있는 필증적으로 확실한 길을 찾는다. 이것은 다음과 같은 잘 알려진 방식으로 진행된다. 우선은 신의 실존과 '진실성'이 추론되고, 그다음에 이것을 매개로 객관적인 자연, 유한 실체들의 이원론이 추론된다. 짧게 말해서 형이상학과 실증과학의 객관적 토대와 형이상학과 실증과학 자체가 추론된다. 모든 추론은 순수자아에게 내재적이고, 그에게 '선천적인(eingeboren)' 원리들을 실마리로 해서 이루어지고, 또 반드시 그래야만 한다.

§2. 철학을 근본적으로 새로이 시작할 필요성

데카르트[에 대한 설명][5]은 이 정도로 하자. 우리는 이제 다음과 같이 묻는다. 이 사상의 영원한 의미를 추적하는 것이 본래 가치가 있는 것인가? 그것은 우리 시대에 여전히 생생한 힘을 불어넣을 수 있는 사상인가?

실증과학들은 데카르트의 성찰을 통해 절대적인 합리적 정초를 얻게 될 것임에도 그것에 별로 신경을 쓰지 않아 왔다는 사실은 생각할 만한 일이다. 물론 우리 시대의 실증과학들은 삼백 년 동안의 빛나는 발전 후에 자신들의 토대의 불명료성에 의해 발전이 저해되고 있다고 느끼고 있다. 하지만 그들은 토대의 새로운 구축을 시도함에 있어, 데카르트의 성찰로 되돌아가 그것을 붙잡아야 한다는 생각을 떠올리지 못한다. 다른 측면에서 이 성찰은 유일무이한 의미에서 철학에서 신기원을 이루었다는 것, 그것도 바로 '나는 생각한다'의 순수성으로의 되돌아감을 통해서 그러했다는 사실이 무게감 있게 고려되어야 한다. 사실상 데카르트는 완전히 새로운 종류의 철학을 시작했다. 철학은 전체 스타일이 변화되면서 소박한 객관주의에서 초월론적 주관주의로의 급진적인 전환을 이루었다. 그리고 이후 초월론적 주관주의는 매번 새롭지만 불충분한 시도 속에서 자신의 필연적인 최종 형태에 도달하고자 하는 것처럼 보인다. 따라서 계속 진행되는 이러한 경향성은 영원한 의미를 자신 안에 지니고 있는 것은 아니겠는가? 역사 자체에 의해 우리에게 부과된 거대한 과제, 우리 모두가 공동 작업의 소명을 받은 과제를 포함하고 있는 것은 아니겠는가?

어찌할 바를 모르고 바쁘기만 한 현대 철학의 분열상은 우리에게 생각할 거리를 준다. 서양의 철학을 학문적 통일의 관점에서 고찰해 본다면, 지난 세기 중반 이후로는 앞선 시대에 비해 퇴보했다는 사실은 확실하다. 목적 설정, 과제 설정, 방법 면에서 학문적 통일은 상실되어 버

---

5 역자주 [ ] 안의 내용은 역자가 독자의 이해를 돕기 위해 추가한 내용이다.

렸다. 근대 초기에 종교적 믿음이 점점 더 생기 없는 관습으로 외면화됨에 따라, 지성인들은 새로운 거대한 믿음, 자율적인 철학과 학문에 대한 믿음에 의해 고양되었다. 전체 인간 문화는 학문적인 철학에 의해 인도되고, 빛이 비추어졌으며, 이를 통해 새로운 자율적인 문화로 개혁될 것이 기대되었다.

하지만 그 사이에 이러한 믿음 또한 진실되지 못하게 되었고, 쇠약해지고 말았다. 이유가 없는 것이 아니다. 통일적이고 생생한 철학 대신에 우리는 무제한적으로 증가하지만 거의 연관성이 없는 철학적인 문헌들을 갖게 되었다. 서로 대립하는 이론들 사이의 진지한 대결은 서로간의 내적인 상호 귀속성, 근본적인 확신의 공통성과 참된 철학에 대한 확고한 믿음을 알려주는 것인데, 바로 이러한 이론들 사이의 진지한 대결 대신에, 우리는 사이비 논평과 사이비 비판, 진지하게 함께 그리고 서로를 위해 철학하고 있다는 가상만을 갖게 되었다. 여기에 진지한 공동 작업의 정신 그리고 객관적으로 타당한 결과를 얻고자 하는 정신하에서 이루어지는 책임을 자각한 상호적인 연구가 이루어지고 있다는 증거는 없다. 객관적으로 타당한 결과, 이것은 상호 간의 비판을 통해 순화되고, 모든 비판을 견디는 결과를 의미한다. 그렇게나 많은 철학자, 그리고 거의 그만큼 많은 철학들이 있는 상황에서 어떻게 진정한 연구와 진정한 공동 작업이 가능하단 말인가? 우리는 물론 철학자들이 모이는 철학 학회를 가지고 있지만, 철학들이 모이는 학회는 가지고 있지 못하다. 철학들이 서로에 대해 존재할 수 있고 서로를 향해 영향을 미칠 수 있는 정신적 공간의 통일성이 철학들에게는 없다. 물론 개별적인 '학파'나 '노선' 내부에서 상황은 더 나을 수는 있겠지만, 이들이 고립되어 분산되어 있다는 점에서, 그리고 전체의 철학적인 현재 상황을 고려해 보았을 때, 상황은 우리가 기술한 특징들과 본질적으로 같다고 할 수 있다.

우리의 이러한 불행한 현재 상황은 데카르트가 젊은 시절에 마주쳤던 것과 유사한 상황이 아닌가? 따라서 지금은 시작하는 철학자(anfangender Philosoph)로서의 데카르트의 근본주의를 다시 회복해야 할 시간이 아닌가? 그리하여 위대한 전통들, 보다 진지한 새로운 시도들, 유행하는 문학적인 활동(이것은 영향력을 기대하지, 연구를 기대하지 않는다) 등으로 뒤범벅된 무수한 철학적인 문헌들을 데카르트적으로 전복하고, 새로운 '제일철학의 성찰들'을 시작해야 할 시간이 아닌가? 결국 우리의 철학적 상황의 암울함은, 저 성찰에서 뻗어 나오는 추동력이 그 원래의 생생함을 상실했다는 사실, 그것도 철학적인 자기 책임의 근본주의 정신이 사라졌기 때문에 그 원래의 생생함을 상실했다는 사실로 소급되는 것은 아닌가? 생각할 수 있는 최후의 무선입견을 목표로 하는 철학, 진정한 자율성 속에서 최종적인 명증으로부터 형성되는 철학, 절대적으로 자기 책임적인 철학에 대한, 생각하기에 따라 터무니없는 이러한 요구가 오히려 참된 철학의 근본 의미에 속해야 하지 않을까? 생생함이 충만한 철학에 대한 동경은 최근 많은 [철학들의] 르네상스를 이끌어 왔다. 결실을 맺을 만한 유일한 르네상스는 바로 데카르트의 성찰을 다시 일깨우는 르네상스이지 않을까? 그의 성찰을 넘겨받는 것이 아니라, '나는 생각한다'에로 돌아감에 놓여 있는 그의 근본주의의 가장 심오한 의미를 무엇보다도 밝게 드러내야 하지 않을까? 그리고 더 나아가 그로부터 싹트는 영원한 가치를 밝게 드러내야 하지 않을까?

어쨌든 이상의 내용을 통해 초월론적 현상학으로 이끌었던 길이 자세히 설명되었다.

이러한 길을 이제 우리는 함께 걷고자 한다. 우리는 철저하게 처음 시작하는 철학자로서 데카르트적으로 성찰을 수행하고자 한다. 당연히 극도의 비판적인 신중함을 가질 것이며, 구(舊)-데카르트적인 것에 대해서는 필요한 모든 변형을 가할 준비가 되어 있다. 이 과정에서 우리

는 데카르트와 이후의 시대가 빠져들었던, 쉽게 유혹될 수 있는 방황을
해명하고 그것을 피해야만 한다.

제1성찰

초월론적 자아에로의 길

§3. 데카르트적인 전복과 학문의 절대적인 정초라는 주도적 목적 이념

따라서 우리는 새로이 시작한다. 우리들 각자는 스스로 그리고 자신 안에 철저하게 새로 시작하려는 철학자의 결심을 가지고 우리의 모든 학문을 포함하여 이제까지 우리에게 타당했던 모든 확신들을 우선 중지시킨다. 우리의 성찰을 주도하는 이념은 데카르트와 마찬가지로 철저한 순수성 속에서 정초될 수 있는 학문의 이념이고, 최종적으로는 보편적인 학문의 이념이리라. 그러나 이미 존재하는 어떠한 학문도 이러한 이념을 만족시키는 참된 학문의 사례로 사용할 수 없게 된 지금, 즉 어떠한 학문도 우리에게 전혀 타당하지 않게 된 지금, 이러한 이념 자체는, 절대적으로 정초될 수 있는 학문이라는 이 이념은 의심 불가능한 것인가? 이 이념은 적합한 목적 이념을, 가능한 실천의 가능한 목적을 표현해 주고 있는가? 분명 우리는 이것도 전제해서는 안 된다. 하물며 우리는 이러한 가능성을 판단해 볼 수 있는 기준이 이미 형성된 것으로

44 에드문트 후설의 『데카르트적 성찰』

간주해서도 안 된다. 심지어 참된 학문이면 반드시 당연히 지녀야 할 것이라고 짐짓 생각되는 형태가 이미 만들어져 있는 것으로 간주해서도 안 된다. 왜냐하면 이것은 결국 학문 이론으로서의 어떤 논리학 전체를 전제하는 것이기 때문이다. 반면에 논리학 또한 모든 학문의 전복 안에 포함되어야 한다. 데카르트 자신은 미리 하나의 학문 이상, 즉 기하학 또는 수학적 자연과학이라는 이상을 가지고 있었다. 그것은 숙명적인 선입견으로서 수 세기를 규정해 왔으며, 비판적으로 검토되지 않은 채 데카르트의 성찰 자체 또한 규정하고 있다. 보편적인 학문은 연역적인 체계의 형태를 가져야 한다는 것, 거기에서 학문의 전체 건축은 연역을 정초하는 공리적인 기초에 근거해야만 한다는 것이 데카르트에게는 처음부터 자명한 것이었다. 기하학에서 기하학적인 공리와 유사한 역할을 데카르트의 보편 학문에서는 자아의 절대적 자기 확실성이라는 공리와 이 자아에게 선천적인 공리적 원리들이 맡는다. 다만 이러한 공리적인 기초는 기하학의 공리적 기초보다는 훨씬 더 깊은 곳에 놓여 있으며, 기하학의 최종적인 정초에도 기여하는 임무를 맡는다.

이 모든 것이 우리를 규정해서는 안 된다. 우리는 시작하는 자로서 여전히 어떠한 규범적인 학문 이상도 타당한 것으로 가지고 있지 않다. 따라서 오직 우리가 그것을 새로이 창조하는 한에서만 우리는 그것을 가질 수 있을 뿐이다.

하지만 그렇다고 해서 우리는 절대적인 학문 정초라는 보편적인 목적을 포기하지 않는다. 이 목적은 데카르트의 성찰의 진행 과정과 마찬가지로 우리의 성찰의 진행 과정을 지속적으로 추동할 것이며, 이 과정 속에서 이 보편적인 목적은 점차적으로 구체적인 규정을 획득하게 될 것이다. 다만 우리는 우리가 [절대적인 학문 정초를] 목적으로 설정하는 방식에 유의해야만 한다. 우리는 그것의 가능성을 예단해서는 안 된다. 하지만 어떻게 목적 설정의 방식을 명료히 밝히고 그것을 확보할 수 있을 것인가?

학문의 일반적인 이념을 우리는 당연히 사실적으로 주어진 학문들로부터 얻는다. 사실적으로 주어진 학문들이 우리의 철저한 비판적 태도에서 한갓 추정적인(vermeinten) 학문[1]이 되는 것이라면, 마찬가지로 그것들의 일반적인 목적 이념 역시 같은 의미에서 단지 추정적인 것이 됨에 틀림없다. 따라서 우리는 목적 이념이 도대체 현실화될 수 있는지 아직 모른다. 하지만 추정적이며, 무규정적이고 유동적인 일반성의 형식 속에서라도 우리는 그것을 가지고 있으며, 따라서 철학의 이념 또한 그것이 현실화될 수 있는지 혹은 어떻게 현실화될 수 있는지 모르는 상태에서나마 가지고 있다. 우리는 철학의 이념을 잠정적인 추정으로서 받아들인다. 우리는 이것에 시험 삼아 몰두할 것이고, 시험 삼아 이것이 우리의 성찰 안에서 우리를 이끌어 가도록 할 것이다. 어떻게 그것이 가능성으로서 생각 속에 떠오를 수 있는지, 그다음 어떻게 그것이 현실화될 수 있는지 숙고해 보자. 우리는 물론 우선은 낯선 상황 속으로 빠져들게 된다. 하지만 우리의 근본주의가 공허한 제스처로 남는 것이 아니라, 실행되어야 한다면, 어떻게 이런 상황을 피할 수 있단 말인가? 따라서 인내심을 가지고 앞으로 나가보자.

§4. 노에마적인 현상으로서의 학문 안으로 침잠해 들어감을 통해 학문의 목적 의미를 드러냄

명백히 우리가 지금 처음으로 해야 할 일은 처음 우리에게 막연한 일반성에서 떠오른 주도 이념을 명료하게 만드는 것이다. 당연하게도 이것

---

1 역자주 타당성이 확증되지 못했고, 단지 타당하리라고 추정되는 학문.

은 사실적인 학문들을 기초로 그것들을 비교하여 추상화하면서 학문 개념을 형성하는 것이 아니다. 우리의 고찰 전체의 의미에는 문화 사실로서의 학문과 진실되고 참된 의미에서의 학문이 같은 것이 아니라는 점이 놓여 있다. 혹은 사실로서의 학문은 자신 안에 자신의 사실성을 넘어, 단순한 사실성 안에서는 이미 충족되었다고 입증될 수 없는 하나의 권리 주장을 포함하고 있다는 점이 놓여 있다. 바로 이러한 권리 주장 안에 참된 학문의 이념, 이념으로서의 학문이 '놓여 있다.'

이것이 어떻게 해명될 수 있으며 파악될 수 있는가? 사실적인 학문의 타당성(그것이 주장하는 타당성), 따라서 이들 이론들의 진실성, 이와 상관적으로 이들의 이론화하는 방법의 실효성에 대해서 우리가 어떠한 태도도 취하지 못한다고 하더라도, 우리가 이들의 학문적인 노력과 행위에 '침잠해 들어가는 것(einleben)'을, 이를 통해 원래 그러한 노력과 행위가 도달하려고 의욕한 것이 무엇인지를 명석하고 판명하게 드러내는 것을 방해하는 것은 없다. 이렇게 학문적인 노력의 지향 속으로 계속해서 침잠해 들어가게 되면, 참된 학문의 일반적인 목적 이념을 구성하는 계기들이 우리에게 펼쳐질 것이며, 우선은 그것이 처음으로 구별될 것이다.

이를 위해서는 무엇보다도 먼저 판단하는 행위와 판단 자체를 **직접적인 판단과 간접적인 판단** 사이의 차이를 가지고 해명하는 것이 필요하다. 간접적인 판단에는 다른 판단들과의 의미 관련이 놓여 있다. 따라서 간접적인 판단에서 판단하는 믿음은 다른 판단들의 판단하는 믿음을 '전제한다.' 즉 이미 믿어진 것 때문에 [지금] 믿는다. 더 나아가 정초된 판단들을 얻으려는 노력 혹은 정초하는 행위에 대한 해명이 필요한데, 이런 노력 혹은 행위에서는 판단의 올바름 내지는 '참'(혹은 실패하는 경우에는 판단의 올바르지 못함 내지는 거짓)이 입증되어야 하는 것이다. 이러한 입증은 간접적인 판단에서는 간접적인 입증이며, 이는 그의 판단 의미에 포함되어 있는 직접적인 판단의 입증에 기반을 두고 있으면서 직접적인 판단의 정초도 구체적으로 자신 안에 포함한다. 일단 한 번 이루어진 정초로, 혹은 거기에서 입증된 진리로 우리는 언제든 '다시 되돌아갈 수 있다.' 이 진리를 하나이자 동일하게 의식된 진리로서 [언제든] 다시 현실화시킬 수 있는 자유 덕분에 이 진리는 지속하는 획득물 혹은 점유물인 것이며, 이를 사람들은 인식이라고 부른다.

(여기에서는 당연히 넌지시 제시하고 있을 뿐이지만) 우리가 이러한 방식으로 계속 나아간다면, 우리는 곧장 정초 혹은 인식의 의미에 대한 더 정확한 해석을 통해 **명증**(Evidenz)[2]이라는 관념에 도달하게 된다. 참된 정초를 통해 판단은 '올바른 것'으로서, 일치하는 것으로서 입증된다. 즉, 참된 정초란 판단과 판단연관(사태 혹은 사태연관)[3] 자체와의 일치이다. 정확히 말하면 판단함은 의향함(Meinen)이고, 일반적으로는 어떤 것이 이러이러할 것이라는 한갓 의향함(Vermeinen)이다. 이때에는 판단(판단된 것)은 한갓 의향된 사태 혹은 한갓 의향된 사태연관, 혹은 사태 의향, 사태연관 의향이다.[4] 그러나 경우에 따라서 이와 대립된 특출난 성격을 갖는 의향함, 판단하는 의향함(판단하면서 이러저러한 것을 의식해 가짐(Bewußthaben))이 있다. 그것을 명증이라고 한다. 명증 속에서 사태는 그것으로부터 한갓 먼 의향함의 방식에서가 아니

---

2 역자주 명증이란 대상이 그것 자체로 주어지는 것, 자체 소여되는 것(selbstgegeben)을 말한다. 후설은 대상이 그것 자체로서 주어지는 지향적 체험을 직관(Anschauung)이라고 한다. 직관과 대립되는 것이 한갓 의향함(Vermeinen) 혹은 의향함(Meinen)인데, 의향함 속에서 대상은 그것 자체로 주어지지 않으며, 다만 빈 채로 공허하게(leer), 한갓 그 의미만이 표상된다. 대상을 한갓 의향하는 것으로부터 대상의 그것 자체로 주어짐, 즉 명증으로 이행하는 것이 곧 인식함이다.
3 역자주 판단함이 지향적으로 관계하는 대상성을 후설은 사태연관(Sachverhalt), 판단연관(Urteilsverhalt), 혹은 사태(Sache)라고 한다.
4 역자주 사태 의향(Sachmeinung), 사태연관 의향(Sachverhaltsmeinung)에서 '-의향(-meinung)'은 여기에서 -의향함이 아니라, -의향된 것을 말한다.

라, '그것 자체'로 현전되며, 사태연관도 그것 자체로 현전되며, 따라서 판단하는 자는 그것 자체를 자각한다.[5] 따라서 한갓 의향하는 판단은 상응하는 명증으로의 의식적인 방식의 이행을 통하여 사태 자체, 사태 연관 자체를 향한다. 이러한 이행은 한갓된 의향의 충족, 일치하는 합치의 종합이라는 성격을 가지며, 충족은 앞서 사태에서 멀었던 의향의 올바름을 명증적으로 자각함이다.

우리가 이러한 식으로 생각해 나간다면, 그 즉시 모든 학문적인 행위를 지배하는 목적 이념이 등장하게 된다. 예를 들어 학문하는 자는 단지 판단하고자 할 뿐만 아니라, 자신의 판단을 정초하고자 한다. 더 정확히 말하면, 그는 어떤 판단을 완전히 정초하고 그다음에는 이 정초로 자유롭게 돌아가 반복할 수 있음으로써 언제든지 그리고 끝까지 정당화할 수 없다면, 자기 자신이나 다른 사람 앞에서 이 판단을 '학문적 인식'으로서 타당한 것으로 허용하지 않을 것이다. 물론 실제로는 이것이 한갓된 권리 주장으로서 놓여 있는 것에 불과할 테지만, 어쨌든 그 안에는 이념적인 목적이 놓여 있다.

하지만 하나가 더 추가적으로 강조되어야겠다. (존재 의향이라는 가장 넓은 의미에서의) 판단과 명증을 우리는 선술어적인 판단, 선술어적인 명증과 구별해야만 한다. 술어적인 명증은 선술어적인 명증을 포함한다. 의향된 것 혹은 명증적으로 직관된 것은 [술어적인] 표현(Ausdruck)에 이르며, 학문은 표현을 통해 판단하고자 하며, 판단, 진리를 표현된 판단, 표현된 진리로서 고정시켜 유지하고자 한다. 그러나 표현 자체는 의향된 것에, 그 자체로 주어진 것에 잘 들어맞을 수도 있고 그렇지 못할 수도 있다. 따라서 표현은 술어화(Prädikation)에 포함되는 그것 고유의 명증과 비명증을 가진다. 따라서 표현은 최종적으로 정초

---

5 역자주 자각함(inne sein)은 명증적으로 의식함과 같은 의미로 사용되었다.

되고 정초되어야 할 술어적인 사태연관으로서의 학문적인 진리의 이념을 함께 규정한다.

§5. 명증과 참된 학문의 이념

이러한 방식과 방향으로 계속 성찰해 가면서, 시작하는 철학자인 우리는 데카르트적인 학문 이념, 그리고 결국 절대적인 정초와 정당화에 근거한 보편 학문의 이념은 모든 학문 안에서, 그리고 보편성을 얻고자 하는 그것의 노력 안에서 지속적으로 주도하고 있는 이념 이외의 다른 것이 아니라는 사실을 인식한다. 물론 이념의 사실적인 현실화가 어떤 상황에 있는지는 상관없이.

명증은 가장 넓은 의미에서, 존재자, 이러저러한 성격의 존재자에 대한 하나의 '경험', 즉 바로 그것 자체를 정신적으로 봄이다. 명증이 제시하는 것, 경험이 제시하는 것과의 갈등은 명증의 부정태(혹은 부정적인 명증)를 낳으며, 그것의 내용으로서 명증적인 거짓을 낳는다. 일상적인 더 좁은 의미에서 모든 경험이 사실상 속해 있는 명증은 더 완전할 수도 있고 덜 완전할 수도 있다. 완전한 명증과 그것의 상관자인 순수하고 참된 진리는 인식을 향한 노력, 즉 의향하는 지향의 충족을 향한 노력 안에 내재해 있는 이념으로서 주어진다. 혹은 그러한 노력 안에 침잠해 들어가는 것을 통해 이끌어 낼 수 있는 이념으로서 주어진다. 참과 거짓, 비판 및 명증적으로 주어진 것과의 비판적인 일치는 일상적인 주제이며, 이미 선학문적인 삶 안에서 지속적으로 작동하고 있다. 이처럼 변화하고 상대적인 목적을 가진 일상적인 삶에서는 상대적인 명증과 진리로 충분하다. 하지만 학문은 영원히 모두에게 타당하고 지속적으로 타당한 진리를 추구하며, 따라서 [상대적인 진리와는 다른] 새로운 종류의 확증, 최종적인 것에까지 완수된 확증을 추구한다. 결국은 학문 자신이 깨달아야만 하는 것이지만, 비록 학문이 실제로는 절대적인 진리의 체계를 현실화하는 것을 달성하지 못하고, 자신의 '진리들'을 항상 다시 변화시킬 수밖에 없다 할지라도, 학문은 절대적인, 혹은 학문적으로 참된 진리의 이념을 뒤따르며, 따라서 그것에 점점 더 가까이 다가가려는 노력의 무한한 지평 속에 산다. 이를 통해 학문은 일상적인 인식과 자기 자신을 무한히 능가할 수 있다고 생각한다. 또한 독립된 개별적인 학문 영역에서든, 하나의 철학이 가능하고 문제가 되는 경우 미리 전제되는 존재자 일반의 전체 통일의 영역에서든, 인식의 체계적인 보편성을 목표로 삼음을 통해서 학문은 일상적인 인식과 자기 자신을 무한히 능가할 수 있다고 생각한다. 따라서 그 의도에 있어서 학문과 철학의 이념에는 **그 자체로 앞선 인식에서 그 자체로 나중의 인식으로 나아가는 인식의 질서**가 속한다. 따라서 궁극적으로 여기에는 자의적으로 선택될 수 있는 것이 아니라 사태 자체의 본성에 근거하는 [인식에서의] 시작과 그 이후의 진행이 속한다.

따라서 이러한 방식으로 우리는 일반적인 학문적 노력 안으로 침잠해 들어가 숙고하는 것을 통해 학문적인 삶을 우선은 막연하게 지배하고 있는 참된 학문의 목적 이념의 근본 부분을 드러냈다. 이 과정에서 우리는 참된 학문의 가능성이나 자명하다고 여겨지는 학문 이상을 예단하지 않았다.

사람들은 여기에서 "이와 같은 탐구들과 확언들을 가지고 성가시게 하는 이유가 무엇인가? 이것들은 지금이나 나중에나 자명한 것으로 사용될 수 있는 일반적인 학문 이론 혹은 논리학에 속하지 않는가?"라고 말해서는 안 된다. 바로 이러한 자명성에 대항해 우리는 우리 자신을 지켜내야 한다. 우리는 앞에서 데카르트와 대립하면서 말했던 것, 즉 앞서 주어진 모든 학문과 마찬가지로 논리학 또한 일반적인 전복을 통해 타당성 밖에 놓아야 한다는 것을 강조한다. 우리는 철학의 시작점에서 생겨나는 모든 것을 처음으로 우리 스스로 획득해야 한다. 나중에 전통적인 논리학과 같은 참된 학문이 우리에게 생겨날 것인지에 대해서 우리는 아직 아무것도 모른다.

우리는 방금 이루어진,—명료하게 상술되기보다는 대략적으로 넌지시 제시된—예비 작업을 통해, 우리의 앞으로의 전체 진행을 위해 필요한 **첫 번째 방법적인 원리**를 확정할 수 있을 만큼의 명료함을 얻었다. 나는 철학을 시작하는 자로서—참된 학문이라는 가정적인 목표에 도달하려 하므로, 내가 명증으로부터, 즉 해당 사태와 사태연관이 '그것 자체'로서 나에게 현전되는 '경험들'로부터 길어내지 않은 판단을 내리거나 그런 판단의 타당성을 허용해서는 안 된다는 것은 명백하다. 물론 그럴 때라도 나는 항상 그때그때의 명증을 반성해야 하고, 그것의 유효범위를 검토해야 하며 명증의 완전성과 사태의 현실적인 자기 소여가 어느 정도에 이르는지를 명료히 해야 한다. 이것이 결여된 곳에서 나는 어떠한 최종적 타당성도 주장해서는 안 되며, 판단을 기껏해야 최종적 타당성에 이르기 위한 가능한 중간 단계로서 고려해야 한다.

학문은 선술어적으로 직관된 것을 완전하게 그리고 명증적인 적합성에서 표현하는 술어화에 도달하고자 하기 때문에, 당연히 학문적 명증의 [표현] 측면에도 관심을 가져야 한다. 일상적 언어는 유동적이고 다의적이며 그 표현의 완전성에 있어 지나치게 느슨하기 때문에, 이러한 일상적 언어의 표현 수단들을 사용하기는 하더라도, 학문적으로 생겨난 통찰들을 근원적 준거로 삼아서 그 [일상적 언어의 표현 수단들의] 의미들을 새로 정초하고 그것들을 이 의미들 안에서 고정하는 일이 필요하다. 우리는 이것 역시 명증이라는, 이제부터 일관되게 규정하는 방법적 원리 안에서 고려할 것이다.

하지만 이러한 원리와 이제까지의 우리의 성찰이 우리에게 현실적으로 시작할 수 있는 손잡이, 즉 참된 학문의 이념을 현실화하는 길로 나가게 해주는 손잡이를 제공하지 않는다면, 무슨 소용이 있겠는가? 이러한 이념에는 인식들—참된 인식들—의 체계적인 질서라는 형식이 속하기 때문에, 보편적인 인식의 단계 구조 전체를 뒷받침해야만 하고, 뒷받침할 수 있는 첫 번째 인식들에 대한 물음이 **시작의 물음**(Frage des Anfangs)으로서 생겨난다. 우리의 가정적인 목적이 실천적으로 가능한 목적이 되기 위해서는, 학문적인 인식의 완전한 궁핍 속에 있는 우리 성찰하는 자들은, 모든 가능한 나머지 명증들에 선행하는 명증으로서 인식될 수 있다는 점에서 이러한 [첫 번째 인식들로서의] 임무를 부여받은 명증들에 접근할 수 있어야 한다. 그러나 최종적으로 타당한 인식 체계라는 이념하에서—이 이념에 가정적으로 속하는 무한성에서—이들[첫 번째 명증들]로부터 시작하여 하나의 학문이 계속 진척되고 건립되는 것이 어떤 의미를 가질 수 있으려면, 이들이 선행한다는 [사실 자체의] 명증도 어떤 완전성 혹은 절대적 확실성을 지녀야 한다.

§6. 명증의 구분. 필증적이고 그 자체로 첫 번째인 명증에 대한 철학적 요구

이제 이러한 결정적인 시작점에서 우리는 성찰하면서 더 깊이 파고들어야 한다. **절대적인 확실성**이라는 말, 혹은 같은 말이지만 **절대적인 의심 불가능성**이라는 말은 해명을 필요로 한다. 해명을 통해 이 말에 더 정확히 해석을 가해보면 이상적으로 요구된 명증의 완전성은 [여러 종류로] 구분된다는 점이 주목된다. 지금의 철학적 성찰의 초입에서 우리는 무제한으로 무한히 많은 선학문적인 '경험들', 명증들을, 완전성에서 정도 차이를 가지는 명증들을 가진다. 불완전성은 여기에서 일반적으

로 사태나 사태연관의 자체 소여에서의 불충분성, 일면성, 상대적인 불
명석성, 비판명성, 즉 **충족되지 않은 미리-의향함**(Vormeinung)**과 함
께-의향함**(Mitmeinung)**의 요소들**이 경험에 부착되어 있음을 의미한
다. 이 경우 완전하게 함은 일치하는 경험의 종합적인 진행의 방식으로
일어나며, 이 속에서 함께 의향함이 충족된 현실적인 경험으로 변화한
다. 완전성에 상응하는 [명증의] 이념은 '충전적 명증(adäquate Evi-
denz)'의 이념일 것이다. 물론 충전적 명증이 원리적으로 무한히 진행
되는지 아닌지는 열려 있는 문제일 것이다.

 비록 이 이념이 학자들의 지향을 지속적으로 인도하고 있을지라도,
(우리가 학자들의 지향 속에 침잠해 들어감으로써 포착했듯이) 그들에
게는 [충전적 명증과는] 다른 종류의 명증의 완전성, 즉 **필증성**(Apo-
diktizität)의 완전성이 더 높은 권위를 가진다. 물론 이것은 경우에 따
라서는 충전적이지 못한 명증에서도 등장할 수 있다. 이것은 완전히 특
정하고 고유한 의미에서의 절대적인 의심 불가능성이다. 학자들은 모
든 '원리들'이 이러한 절대적인 의심 불가능성을 갖기를 기대한다. 이것
의 우월한 가치는 학자들의 노력에서, 즉 그 자체로 이미 명증적인 정
초들을 원리들로 돌아감으로써 한 번 더 그리고 더 높은 단계에서 정초
하고, 이들[명증적인 정초들]에게 필증성이라는 가장 높은 권위를 부여
하기 위한 학자들의 노력에서 [우리에게] 알려진다. 이러한 필증성의
근본 성격을 아래와 같이 제시할 수 있다.

 모든 명증은 존재자 혹은 이러저러한 규정 내용을 갖는 존재자에 대
한 그것 자체의 포착(Selbsterfassung)으로서, 이 존재에 대한 완전한
확실성에서, "그것 자체(es selbst)"의 양상에서의 포착이다. 따라서 그
것은 모든 의심을 배제한다. 그렇다고 해서 그것이, 명증적인 것이 나
중에 의심스럽게 될 수 있는 가능성, 감각적 경험의 사례들이 보여주듯
이 존재가 가상으로 드러날 수 있는 가능성을 배제하는 것은 아니다. **명**

증에도 불구하고 의심스럽게 되거나 비존재로 될 수 있는 이러한 열려진 가능성은 또한 항상 명증 수행에 대한 비판적 반성을 통해서 언제라도 미리 인식될 수 있다. 그러나 필증적인 명증은 다음과 같은 특별한 고유성을 갖는다. 그것은 단지 명증적인 사태 혹은 사태연관의 존재 확실성일 뿐만 아니라, 동시에 비판적인 반성을 통해 비존재로 결코 생각될 수 없음으로 드러난다. 따라서 그것은 미리부터 떠올릴 수 있는 모든 의심을 불필요하다고 보고 배제한다. 이때 앞서의 비판적 반성의 명증 자체도, 즉 명증적인 확실성 속에 놓여 있는 것은 결코 비존재로 생각될 수 없다는 것이 갖는 명증도 재차 이러한 필증적인 권위를 가지며, 이보다 더 높은 단계의 모든 비판적 반성도 마찬가지이다.

우리는 참된 학문의 건립을 위한 원리로서 절대적 의심 불가능성이라고 하는 데카르트적인 원리를 기억한다. 이 원리에 의하면 모든 생각할 수 있는, 그 자체로 모든 사실상의 근거 없는 의심이 배제되어야 할 것이다. 이 [원리]가 만약 우리의 성찰을 통하여 명료한 형식 속에서 우리의 것이 되었다고 한다면, 이것이 우리가 실제로 출발하는 데 도움이 될 수 있는지, 그리고 어떻게 도움이 될 수 있는지에 관한 물음이 생겨난다. 이미 앞서 말했던 것에 따라, 시작하는 철학의 첫 번째 규정된 물음이 다음과 같은 형태로 제기된다. '그 자체로 첫 번째' 명증들, 즉 모든 생각 가능한 명증들에 선행한다는 통찰을 필증적으로 수반하는 명증들, 그리고 이와 더불어 그것 자체가 필증적임도 통찰될 수 있는 명증들이 우리에게 제시될 수 있는가? 만약 그것이 비충전적이라고 한다면 인식 가능한 필증적인 어떤 내용, 즉 필증성에 힘입어 최종적으로 혹은 절대적으로 확고하게 확보되는 어떤 존재 내용을 최소한 가져야만 할 것이다. 물론 철학의 이후의 계속적 건립이 어떻게 필증적으로 확보될 수 있는지, 그리고 그런 것이 대체 확보될 수나 있겠는지는 '나중에 걱정해야' 할 일이다.

§7. 세계의 현존에 대한 명증은 필증적이지 않음. 세계 현존의 명증은 데카르트적 전복에 포함됨

그 자체로 최초인 명증에 대한 물음은 어렵지 않게 해결되는 것처럼 보인다. **세계**의 실존이 바로 그러한 것으로서 곧장 제시되지 않는가? 일상적으로 행위하는 삶은 세계에 관계하며, 또한 모든 학문들, 직접적으로는 사실 과학들, 간접적으로는 방법의 도구들로서의 선험적[6] 학문들도 세계에 관계한다. 이 모든 것에 앞서서 세계의 존재는 자명하다. 너무나 자명하기 때문에 어느 누구도 그것에 대해서 생각하지 않으며, 그것을 명시적으로 명제를 통해 진술하지 않는다. 어쨌든 우리는 이 세계가 의문스럽지 않게 존재하는 세계로서 계속해서 우리 눈앞에 놓여 있는 경험을 가진다. 하지만 아무리 이 명증이 그 자체로 세계로 향한 삶의 모든 명증, 모든 세계 학문들의 모든 명증에 선행한다 할지라도—세계가 이들을 뒷받침하는 근거로서 지속한다고 하더라도—우리는 곧장 어느 정도로 이 명증이 이러한 기능에 있어서 필증적인 성격을 주장할 수 있는지 의심을 갖게 된다. 그리고 만약 우리가 이러한 의심을 따라간다면, 세계는 절대적으로 첫 번째인 명증의 우위 또한 요구할 수 없다는 사실이 드러난다. 이것과 관련하여, 세계는 보편적인 감각 경험의 명증에서 우리에게 지속적으로 주어지지만, 이 보편적인 감각 경험이 곧바로 세계가 현실적인지 의심할 가능성이, 혹은 세계의 비존재 가능성이 절대적으로 배제되는 필증적인 명증이라고 주장될 수는 없다. 개별적으로 경험된 것이 감각적 가상으로서 그 가치가 상실될 수 있을 뿐만 아니라, 그때그때의 통일적으로 조망 가능한 경험 연관 전체 또한

---

6 역자주 'apriorisch'는 '선험적'으로 옮긴다. 명사형인 'Apriori'는 '선험적인 것'으로 옮긴다.

'일관되게 연결된 꿈'이라는 이름으로 가상으로 드러날 수 있다. 물론 가능적이며 때때로 일어나는 일인 명증의 이러한 급변을 제시하는 것이 [세계 경험의] 명증에 대한 충분한 비판이라고 주장할 필요는 없으며, 세계가 지속적으로 경험됨에도 불구하고 세계의 비존재가 생각될 수 있다는 점에 대한 완벽한 증명이라고 생각할 필요도 없다. 우리는 다만 근본적인 학문 정초를 목적으로 하는 경우 세계 경험의 명증이 지닌 타당성과 유효범위에 대한 비판이 어쨌든 필요하다는 정도의 태도를 견지할 뿐이며, 따라서 세계를 직접적으로 필증적인 것으로서 의문 없이 주장해서는 안 된다는 정도의 태도를 견지할 뿐이다. 따라서 우리에게 주어진 모든 학문들을 타당성 밖에 놓고 그것을 우리가 허용할 수 없는 선입견들로 다루는 것만으로는 충분하지 않다. 그것들의 보편적인 지반으로부터, 즉 경험 세계의 지반으로부터 소박한 타당성을 빼앗아야만 한다. 자연적 경험 명증에 근거한 세계의 존재는 더 이상 우리에게 자명한 사실이어서는 안 되며, 그 자체로 타당성의 현상일 뿐이다.

만약 우리가 이러한 태도를 유지한다면, 어떤 모종의 판단을 위한 존재 지반이 도대체 우리에게 아직도 남아 있겠는가? 하물며 보편적인 철학을 그 위에 필증적으로 정초할 수 있는 명증들을 위한 존재 지반이 남아 있겠는가? 세계는 도대체 존재자 전체에 대한 이름이 아닌가? 따라서 세계 경험에 대해 앞에서 단지 넌지시 제시하기만 한 비판을 상세하게, 그리고 첫 번째 과제로서 감행하는 것은 피해야만 하는 것이 아닌가? 만약 미리 예상된 비판의 결과가 확인된다면, 우리의 전체 철학적 기획은 좌초할 것인가? 하지만 세계가 궁극적으로는 단적으로 첫 번째의 판단 지반이 전혀 아니며, 그것의 실존이 이미 그 자체로 그것에 선행하는 존재 지반을 전제한다고 하면 어떻게 될까?

§8. 초월론적 주관성으로서 "나는 생각한다"

여기에서 이제 데카르트를 따라 거대한 전환을 실행해 보자. 이것이 올바른 방식으로 수행된다면 초월론적 주관성으로 이끌어 갈 것이다. 이 전환은 모든 철저한 철학이 그 위에 정초되어야 하는 필증적으로 확실하고 최종적인 판단 지반인 '나는 생각한다(ego cogito)'로의 전환이다.

숙고해 보자. 근본적으로 성찰하는 철학자로서 우리는 지금 우리에게 타당한 학문도, 우리에게 존재하는 세계도 가지고 있지 못하다. 세계는 단적으로 존재하는 것, 즉 경험의 존재 믿음 속에서 우리에게 자연적 방식으로 타당한 것이 아니라, 우리에게 단지 한갓된 존재 주장일 뿐이다. 세계 내부의 모든 다른 자아들의 실존도 마찬가지다. 따라서 우리는 마땅히 더 이상 의사소통하는 다수 속에서 말하지 못한다. 다른 인간들과 동물들은 나에게는 단지 그들의 물체적인 신체에 대한 감각적 경험을 통해 경험적으로 주어진 것일 뿐이며, 나는 이 타당성 역시 함께 의심스러운 것이므로 이용해서는 안 된다. 나는 다른 인간들을 상실하는 것과 더불어 당연히 사회와 문화의 모든 형성물들도 또한 상실한다. 한마디로 물체적인 자연뿐만 아니라 구체적인 생활 주위 세계(Lebensumwelt) 전체가 이제부터 나에게 존재하지 않으며, 오직 존재 현상일 뿐이다. 그러나 이러한 현상이 요구하는 현실성이 현재 어떠하더라도, 그리고 내가 언젠가 그것을 존재하는 것이라고 혹은 가상적인 것이라고 비판적으로 결정하더라도, 나의 현상으로서의 이 현상 자체는 아무것도 아닌 것이 아니라 나에게 이러한 비판적 결정을 언제나 가능하게 해주는 것이며, 따라서 이제껏 나에 대해 최종적으로 결정된 혹은 결정될 수 있는 의미와 타당성을 갖는 '참된' 존재로서의 그 무엇인가를 가능하게 해주는 것이기도 하다. 다시 말하면, 내가 자유롭게 수행할 수 있었고, 자유롭게 수행했던 것처럼, 모든 경험 믿음을 중지한다 하더라도, 그리하여 나에게 경험 세계의 존재가 타당성 밖에 놓이게 된다 하더라도, 이 중지함은 그것 그대로 존재하며, 경험하는 삶의 전체 흐름과 더불어 존재한다. 그리고 경험하는 삶의 전체 흐름은 **나에 대해서** 지속적으로 존재하고, 지속적으로 하나의 현재장을 따라 가장 근원적인 원본성을 지닌 채 그것 자체로서 지각적으로 의식된다. [경험하는 삶의 전체 흐름 가운데] 그것의 이 과거 혹은 저 과거가 기억에 의해 '다시' 의식되고 이것들은 이 [흐름] 안에 '과거 자체'로서 놓인다. 나는 반성하면서 언제든 특수하게 주목하는 시선(aufmerkende Blick)을 이러한 근원적 삶으로 향하게 할 수 있다. 현재하는 것을 현재하는 것으로서, 지나간 것을 지나간 것으로서 그것 자체가 존재하는 바대로 포착할 수 있다. 나는 이제 철학하는 자아로서 그리고 저 중지를 실행하는 자아로서 이를 행한다.

이러한 반성하는 삶 속에서 경험된 세계는 그때 어떤 방식으로든 나에게 계속해서 머물러 있으며, 이전과 똑같이 그때그때 거기에 귀속된 내용을 지닌 경험된 세계로서 나에게 계속해서 머물러 있다. 그것은 이전에 나타났던 대로 계속해서 나타난다. 다만 나는 철학적으로 반성하는 자로서 더 이상 경험에 대한 자연적 존재 믿음을 수행하지 않으며, 타당성 속에서 견지하지 않을 뿐이다. 그럼에도 존재 믿음은 여전히 거기에 함께 존재하며, 주목하는 시선에 의해서 함께 포착되어 있다. 경험하는 의향을 넘어 나의 체험 흐름에 속하는 그 밖의 모든 의향들, 즉 나의 비직관적인 표상들, 판단들, 가치 태도들, 결정들, 목적 및 수단 정립들 등등도 마찬가지이다. 특히 이런 [모든 의향들] 안에서 자연적이고 비반성적이며 비철학적인 삶의 태도에서 필연적으로 작동하는 태도 취함들(Stellungnahmen)[7]도, 바로 이것들이 언제나 세계를 전제하

---

7 역자주 태도 취함(Stellungnahme)은 소박한 믿음, 의심, 가능한 것으로 간주함, 추

고 따라서 세계와 관련한 존재 믿음을 내포하는 한에서 마찬가지이다.
[하지만] 여기서 또한 철학적으로 반성하는 자아 측면에서의 태도 취함
의 중지, 타당성 밖에 정립함은 그러한 태도 취함이 그의 경험장으로부
터 사라진다는 것을 의미하는 것은 아니다. 다시 말하지만, 해당되는
구체적인 체험은 응당 주목하는 시선이 향해지는 체험이며, 다만 주목
하는 자아는 철학적인 자아로서 자신이 직관한 것과 관련해서 중지를
실행할 뿐이다. 동일한 체험 안에서 타당성 의식 속에서 의향된 모든
것, 즉 상응하는 판단, 이론, 가치, 목적 등등 또한 모두 완전히 보존되
며 다만 '한갓된 현상들(bloße Phänomene)'로서 타당성의 변양을 겪을
뿐이다.

　주어진 객관적 세계에 대한 모든 태도 취함, 일차적으로는 (존재, 가
상, 가능적 존재, 추정적 존재, 개연적 존재 등과 관련한) 존재 태도 취
함 전체를 이처럼 보편적으로 타당성 밖에 정립함("금지함", "작용 중지
함"), 혹은 흔히 말하곤 하듯이 '현상학적 판단중지(phänomenolo-
gische ἐποχή)' 혹은 객관적 세계를 '괄호 침'은 우리를 무(無) 앞에 세
워 놓는 것은 아니다. 오히려 바로 이와 같은 것을 통해 우리에게 귀속
되는 것은, 조금 더 분명히 말하자면 성찰하는 자로서 나에게 귀속되는
것은, 자신의 모든 순수한 체험과 자신의 모든 순수한 의향되는 것을
동반하는 나의 순수한 삶, 즉 현상학적 의미에서 '현상들'의 우주 전체
이다. 또한 다음과 같이 말해질 수 있는데, 판단중지는 근본적이고 보
편적인 방법으로서, 이를 통해 나는 스스로를 자신의 순수한 의식 삶을

정함, 부정, 확신 등과 같은 지향적 체험의 믿음 성격(Glaubenscharakter)과 연관된다.
이러한 다양한 믿음 성격들은 자신이 관계하는 대상의 타당성과 부당성, 참과 거짓을
최종적으로 결정하려는 동기에 의해 이끌리는데, 이러한 과정에서 소박한 믿음은 의심
으로 변경되기도 하고, 의심을 거쳐 부정에 이르기도 하고, 재차 확신에 이르기도 한
다. 태도 취함은 대상의 타당성을 최종 결정하고, 그 결정을 확고히 고수하는 것으로
서, 대상의 존재 성격에 대한 자아의 적극적 향함을 가리킨다.

지닌 자아로 순수하게 붙잡는다. 전체 객관적 세계는 바로 이 순수한 의식 삶 안에서 그리고 이것을 통해 나에게 존재하며, 나에게 나타나는 모습대로 존재한다. 모든 세계적인 것,[8] 모든 시공간적인 존재는 나에 대해서 존재한다. 즉 나에 대해서 타당하다. 그것도 내가 그것을 경험하고 지각하고 기억하고 어떤 식으로든 사고하고 판단하고 가치 평가하고 욕구하는 등을 통해 타당하다. 이 모든 것을 데카르트는 잘 알려져 있다시피 '나는 생각한다'라는 이름을 통해 제시하고 있다. 세계는 나에 대해서 이러한 '나는 생각한다' 속에서 의식되어 존재하는 것, 나에게 타당한 것 이외의 다른 것이 전혀 아니다. 세계는 자신의 전체 의미, 보편적인 의미와 특수한 의미 및 그것의 존재 타당성을 오직 이러한 의식 작용들(cogitationes)로부터 가진다. 이 의식 작용 속에서 나의 모든 세계 삶이 경과하며, 나의 학문적으로 탐구하고 정초하는 삶 또한 거기에 속한다. 나는 내 안에서 그리고 나 자신으로부터 의미와 타당성을 갖는 세계 이외의 어떠한 다른 세계 속으로도 들어가 살 수 없고, 경험할 수 없고, 사고할 수 없고, 가치 평가할 수 없고, 행위할 수 없다. 만약 내가 이러한 전체 삶 위에 나 자신을 세우고 '이 세계'를 존재하는 것으로 소박하게 간주하는 존재 믿음의 모든 수행을 중지한다면, 그리하여 내가 나의 시선을 오직 '이' 세계에 관한 의식으로서의 이 삶 자체로 향하게 한다면, 나는 나 자신을 나의 의식 작용들의 순수한 흐름을 가진 순수한 자아로서 얻게 된다.

그리하여 실은 그 자체로 먼저인 존재로서 순수한 자아 및 그의 의식

---

8 역자주 세계적인 것(das Weltliches)이라는 용어가 우리말에서 어색하게 들릴 수 있다. 그것은 세계 혹은 세계 내에 존재하는 존재자 전체에 대한 이름으로서 초월론적 주관성과 대립된다. 물체, 동물, 인간, 문화 등 초월론적 주관성에 대해 초재하면서 초월론적 주관성에 의해 그 의미를 부여받는 모든 것들이 곧 세계적인 것들이다. 자연적으로 존재하는 것(das natürliche Seiende) 역시 세계적인 것, 세계적으로 존재하는 것 등과 동일한 의미를 가진다.

작용들의 존재가 내가 그에 대해 그때그때 말하고 말할 수 있는 세계의
자연적 존재에 선행한다. 자연적 존재 지반은 그의 존재 타당성에 있어
서 이차적이어서 초월론적인 존재 지반을 끊임없이 전제한다. 초월론적
판단중지라는 현상학의 기초 방법은 그것이 초월론적 지반으로 소급해
서 이끌어 가는 한에서 초월론적-현상학적 환원이라고 불린다.

§9. "나는 존재한다"의 필증적 명증의 유효범위

다음 물음은 이러한 환원이 초월론적 주관성의 존재에 관한 **필증적** 명
증을 가능하게 하는지이다. 오직 초월론적 자기 경험이 필증적일 경우
에만 그것은 필증적 판단의 하부 토대로서 기여할 수 있으며, 오직 그
때에만 [우리에 대해서가 아니라] 그 자체로 첫 번째 [서열인] 경험 및
판단의 장으로부터 필증적인 인식들을 체계적으로 건립할 수 있는 전
망이 철학에 존재하게 된다. 잘 알려져 있다시피, 이미 데카르트는 '나
는 존재한다(ego sum)' 혹은 '나는 생각하며 존재한다(sum cogitans)'
가 필증적으로 진술될 수 있다는 사실, 따라서 우리가 최초의 필증적
존재 지반을 토대로서 얻는다는 사실을 보았다. 그는 저 명제의 의심
불가능성을 강조했으며, '나는 의심한다'도 이미 그 자체로 '나는 존재
한다'를 전제할 것이라는 사실을 강조한다. 여기에서 데카르트에게 중
요한 것은 경험 세계를 타당성 밖에 가능적으로 의심할 수 있는 것으로
서 정립한 후에도 자기 자신을 의식하고 있는 저 자아이다. 우리의 상
세한 서술에 의하면, 초월론적 환원을 통하여 자아가 주어지는 방식인
의심 불가능성이 갖는 의미는 우리가 앞서 해석한 필증성 개념에 참으
로 상응한다는 사실은 분명하다. 물론 이것으로 필증성의 문제 및 철학
의 최초의 근거와 지반의 문제가 벌써 해결된 것은 아니다. 즉시 의심

이 촉발되는 것이다. 예를 들어, 초월론적 주관성 안에는 오직 기억을 통해서만 접근할 수 있는 그때그때의 과거가 분리할 수 없이 속해 있지 않은가? 이것에 대해 필증적 명증이 주장될 수 있는 것인가? 물론 이러한 이유로 '나는 존재한다'의 필증성을 부정하려 하는 것은 잘못된 일이다. 이러한 일은 오직 사람들이 외적으로 논변하면서 '나는 존재한다'의 필증성에 대해 건성으로 말하고 건성으로 볼 경우에만 가능하다. 하지만 그 대신에 이제 필증적 명증의 유효범위의 문제가 시급한 문제가 되어야 한다.

우리는 여기에서 명증의 **충전성**과 **필증성**이 일치할 필요가 없다는 앞서의 언급을 기억한다. 아마도 이 언급은 바로 초월론적인 자기 경험의 경우를 염두에 둔 것이다. 초월론적 자기 경험 속에서 자아는 자기 자신에게 근원적으로 접근 가능하다. 그러나 이 경험은 오직 본래적으로 충전적으로 경험되는 것이라는 어떤 핵만을 그때그때 제공할 뿐이다. 즉, '나는 생각한다'라는 명제의 문법적 의미가 표현하는 바, 살아 있는 자체 현재(lebendige Selbstgegenwart)만을 제공할 뿐이다. 반면에 이것을 넘어 무규정적으로 일반적이며 추정적인 지평이 뻗어나가고 있다. 즉 본래적으로 경험되지 않지만 필연적으로 함께 의향되는 것들의 지평이 뻗어나가고 있다. 여기에는 대개는 완전히 어두운 자체 과거(dunkle Selbstverganenheit)가 속한다. 또한 자아에게 귀속된 초월론적인 능력과 그때그때의 습관적인 속성들도 속한다. (물론 필증적이지 않은) 외적 경험도 사물에 대한 자체 경험, 즉 사물이 '그것 자체로 있는' 자체 경험이지만, 이러한 그것 자체로 있음 안에서 사물은 경험하는 자에 대하여 본래 그 자체로 지각되지 않은 것의 무한히 열려져 있는, 규정되지 않은 일반적인 지평을, 그것도 (추정으로서 있으면서) 가능한 경험을 통하여 [추후] 해명될 수 있는 지평을 갖는다. 열려진 지평의 규정되지 않은 일반성을 지닌 나의 초월론적인 '나는 존재한다'에 대한 초월론적 경험의 필증적 확실성도 이와 유사하다. 따라서 물론 그 자체로 최초의 인식 지반의 현실 존재는 절대적으로 확고하게 놓여 있긴 하지만, 그것의 존재를 더 특수하게 규정하는 것은 그렇지 못하며, 마찬가지로 '나는 존재한다'의 생생한 명증이 일어나는 동안에 그 자체로 주어지지 않고 단지 추정될 뿐인 것은 그렇지 않다. 따라서 필증적 명증 안에 함께 함축된 추정에는 그것의 충족의 가능성과 관련해서 때로는 필증적으로 제한되어야 할 그것의 유효범위에 대한 비판적 논의가 필요하다. 초월론적 자아는 자기 자신에 대해 얼마나 속을 수 있는가? 그리고 이러한 가능한 속임에도 불구하고 절대적으로 의심되지 않는 부분은 어디까지인가? 비록 우리가 필증성이라는 어려운 문제를 우선 고찰에서 뺀다고 할지라도, 초월론적 자아를 확립함과 동시에 우리는 전적으로 위험한 지점에 서게 된다.

§10. 여론(餘論). 초월론적 전환에서 데카르트의 실수

데카르트를 따라 순수자아와 그의 의식 작용을 파악하는 것은 아주 쉬워 보인다. 하지만 우리는 마치 가파른 바위산 마루에 서 있는 것과 같다. 그 위에서 조용하고 안전하게 나아가느냐가 철학적인 삶과 죽음을 결정한다. 데카르트는 철저한 선입견 없음을 향한 진지한 의지를 가졌다. 하지만 우리는 최근의 연구들, 특히 질송(Gilson)씨와 코이레(Koyré)씨의 훌륭하고 심오한 연구를 통해 데카르트의 성찰 안에 얼마나 많은 스콜라철학이 은밀하게 불명료한 선입견으로서 끼어들어 있는지 알고 있다. 하지만 이것만이 아니다. 우선 이미 위에서 언급되었던 선입견, 수학적 자연과학에 대한 경탄에서 유래하고, 오래된 유산으로서 우리 자신을 규정하고 있는 선입견을 멀리해야만 한다. 이 선입견에서는

'나는 생각한다'는 하나의 필증적 공리처럼 다루어진다. 이 필증적 공리
는 또 다른 제시되어야 할 공리들이나, 경우에 따라서는 귀납적으로 정
초되는 가설들과 결합하여, 바로 수학적 자연과학과 유사하게 연역적
으로 설명하는 세계 학문, 법칙적 학문, '기하학적 질서(ordine geomet-
rico)'를 따르는 학문에게 기초를 제공해야만 하는 것이다. 이와 연관하
여, 우리가 필증적인 순수자아를 얻음으로써 철학하는 자아에게 유일
하게 의심스럽지 않은 **세계의** 조그만 **자투리** 하나를 **건진** 것처럼 생각
하는 것, 그리고 이제 이 자아에 본유한 원리들을 따라 올바르게 추론
함으로써 나머지 세계도 도출해 내면 된다고 생각하는 것을 자명하게
타당한 것으로 간주해서는 안 된다.

안타깝게도 데카르트에서는 이와 같이 진행되었다. 그것은 눈에 띄
지 않지만 불운한 전환으로서, 자아를 '생각하는 실체(substantia cogi-
tans)', 고립된 '인간 정신 혹은 영혼(mens sive animus)'으로 만들었으
며, 그것을 인과율에 따른 추론의 출발점으로 삼았다. 짧게 말해 데카
르트는 이러한 전환을 통하여 (여기서는 아직 드러낼 수 없는) 부조리
한 초월론적 실재론의 아버지가 되었다. 만약 우리가 자기 숙고의 근본
주의, 그리고 순수직관 혹은 명증의 원리에 계속 충실하다면, 이 모든
것은 우리와는 거리가 멀다. 즉 판단중지를 통해 우리에게 열린 '나는
생각한다'의 장에서 실제적이고 우선은 완전히 직접적으로 주어지는 것
이외에 그 어떤 것도 여기에서 타당한 것으로 허용하지 않으며, 따라서
우리 자신이 스스로 '보지' 않은 그 어떤 것도 진술하지 않는다면, 이 모
든 것은 우리와는 거리가 멀다. 이 점에서 데카르트는 실책을 범했으
며, 이 점에서 그는 가장 위대한 발견 앞에 서 있었고 어떤 의미에서는
이 발견을 이미 이루었음에도 불구하고 그 발견의 본래적 의미, 즉 초
월론적 주관성의 의미를 포착하지 못했고, 따라서 참된 초월론적 철학
으로 들어가는 출입문을 넘지 못했다.

§11. 심리학적 자아와 초월론적 자아. 세계의 초재

경험 세계의 존재에 대한 자유로운 판단중지를 통하여, 성찰하는 자인
나의 시야 속에 등장하는 것을 내가 순수하게 유지한다면, 세계의 존재
와 비존재가 어떻게 되든, 그리고 내가 그것에 대해서 어떻게 결정하든
지 간에, 나와 나의 삶은 나의 존재 타당성에 있어서 전혀 영향받지 않
고 남아 있다는 것은 의미심장한 사실이다. 판단중지를 통해 나에게 필
연적으로 계속해서 남아 있는 자아와 자아의 삶은 세계의 한 부분이 아
니다. 그리고 그 자아가 "나는 존재한다, 나는 생각한다"라고 말한다면,
그것은 더 이상 이 인간으로서의 내가 존재한다는 뜻이 아니다. 나는
더 이상 자연적인 자기 경험 안에서 인간으로 존재하는 자가 아니며,
'내적'이고 순수 심리학적인 자기 경험의 순수한 내용에 추상적으로 제
한하면서 '자기 자신의 정신, 혹은 영혼, 혹은 지성(mens sive animus
sive intellectus)'을 발견하는 인간이거나 고립되어 파악된 영혼 자체가
아니다. 이러한 자연적 방식으로 통각된 나 및 그 밖의 모든 인간들은
통상적인 의미에서 객관적인 혹은 실증적인 학문, 즉 생물학, 인간학,
그리고 이 속에 포함된 것으로서의 심리학의 [탐구] 주제이다. 심리학
이 말하는 영혼 삶은 항상 세계 속의 영혼 삶을 의미해 왔고, 지금도 그
것을 의미한다. 이러한 사실은 순수한 내적인 경험 속에서 파악되고 관
찰된 나 자신의 영혼 삶에 대해서도 마찬가지로 타당하다. 하지만 [우
리에 의해] 순수화된 데카르트적인 성찰의 과정이 철학하는 자들에게
요구하는 현상학적 판단중지는 객관적인 세계의 존재 타당성을 금지하
고 따라서 판단의 장으로부터 완전히 배제하며, 내적인 경험에서 객관
적으로 통각되는 사실들을 포함하여 모든 객관적으로 통각되는 사실들
의 존재 타당성도 금지한다. 따라서 판단중지 속에 서 있고 머물러 있는
성찰하는 자아인 나에 대해서는, 즉 오직 자기 자신을 모든 객관적인 타

당성들과 근거들의 **타당성 근거로서** 정립하는 나에 대해서는, 어떠한 심리학적 자아도, 심리학의 의미에서 어떠한 심리학적인 현상도, 즉 심리물리적 인간의 구성 요소로서의 심리학적인 현상도 존재하지 않는다.

현상학적 판단중지를 통하여 나는 나의 자연적인 인간적 자아와 나의 영혼 삶—나의 **심리학적인 자기 경험**의 영역—을 나의 초월론적 현상학적인 자아로, 즉 나의 **초월론적 현상학적인 자기 경험**의 영역으로 환원한다. 나에 대해 현재 존재하고, 나에 대해 늘 존재했고, 앞으로도 존재할 것이며, 모든 그것의 대상들과 더불어 늘 존재할 수 있는 객관적 세계는, 앞서 말했듯이 그것이 그때그때 나에 대해 가지고 있는 그것의 의미 전체와 존재 타당성을 나 자신, 즉 초월론적-현상학적 판단중지를 통해 비로소 등장하는 초월론적 자아로서의 나 자신으로부터 길어낸다.

초월론적인 것(Transzendental)과 그것의 상관개념인 초재적인 것(Transzendent)이라는 개념은 오직 철학적으로 성찰하는 우리의 상황으로부터만 길어내어져야 한다. 여기에서 다음과 같은 사실이 주목되어야 한다. 환원된 자아가 세계의 한 부분이 아니듯이, 반대로 세계와 세계의 모든 대상도 나의 자아의 한 부분이 아니며, 나의 의식 삶의 내실적인(reell)[9] 부분으로서, 감각 자료들 혹은 작용들의 복합체로서 나의 의식 삶 안에서 내실적으로 발견될 수 있는 것이 아니다. 비록 세계적인 것이 그것을 규정하는 전체 의미와 그것의 존재 타당성을 오직 나의 경험함, 나의 그때그때의 표상함, 사고함, 가치 평가함, 행위함으로

---

9 역자주 체험 흐름 안에서 그것의 구성 성분으로서 발견될 수 있는 것을 체험 흐름에 내실적으로(reell) 존재한다고 말한다. 체험 흐름은 대상 구성과 관련해서 두 개의 내실적인 계기(reelle Momente)로 구별될 수 있는데, 작용(Akt)과 질료(Hyle)가 그것이다. 예를 들어 외부 대상에 대한 지각의 경우, 지각 작용과 감각 질료가 이러한 내실적 계기들에 해당된다.

부터 획득하고 획득할 수 있다 할지라도, 또한 경우에 따라 [세계적인 것이 자신의] 명증적으로 타당한 존재의 의미를 바로 나 자신의 명증으로부터, 나의 정초하는 작용으로부터 획득한다 하더라도, 모든 세계적인 것의 고유한 의미에는 이러한 '초재'가 속한다. 세계의 고유한 의미에는 비내실적으로 포함되어 존재한다는 의미의 '초재'가 속한다. 따라서 자아 자신은, 즉 이러한 초재를 타당한 의미로서 자신 안에 지니고 이 초재가 필연적으로 전제하는 자아 자신은 현상학적인 의미에서 '초월론적'이라고 불린다. 이러한 상관관계에서 생겨나는 철학적인 문제는 이에 상응하여 초월론적-철학적인 문제라고 불린다.

초월론적 경험의 장을
그것의 보편적인 구조에 따라 개방함

§12. 초월론적 인식 정초의 이념

우리의 성찰에는 무릇 계속된 발전이 필요하다. 이제까지 우리가 드러
냈던 것들이 이후의 진행에서 적절한 도움이 될 수 있을 것이다. (데카
르트적으로 성찰하는 자로서) 나는 초월론적인 자아를 가지고 철학적
으로 무엇을 시작할 수 있을까? 확실히 나에게 초월론적 자아의 존재는
인식론적으로 모든 객관적인 존재에 앞선다. 어떤 의미에서 그것은 모
든 객관적인 인식이 일어나는 근거이자 토대이다. 하지만 이러한 앞섬
은 초월론적 자아가 통상적인 의미에서 모든 객관적인 인식을 위한 인
식근거라는 것을 의미할 수 있는가? [지금] 우리는 모든 학문의 가장
깊은 근거와 심지어 객관적인 세계 존재의 가장 깊은 근거를 초월론적
주관성에서 찾으려고 한 위대한 데카르트적 사유를 포기하려는 것은
아니다. 만약 포기하려 했다면, 우리는 [데카르트적 사유에 대해] 비판
적인 변경을 가하면서까지 [지금껏] 그의 성찰의 길을 따르지는 않았을
것이다. 그러나 아마도 초월론적 자아에 관한 데카르트적 발견과 더불

어 **인식 정초에 관한 새로운 이념**이 초월론적 정초로서 또한 열린다. 실
로 우리는 '나는 생각한다'를 어떤 초재적 주관성(transzendente Sub-
jektivität)을 도출하는 추론들을 위한 필증적으로 명증한 전제들로 활
용하는 것이 아니라, 현상학적 판단중지가 (성찰하는 철학자인 나에게)
새로운 종류의 무한한 존재 영역을 새로운 종류의 경험 영역, 즉 초월
론적인 경험 영역으로서 개방한다는 사실에 주목한다. 모든 종류의 현
실적인 경험 및 (지각, 파지, 회상[1] 등) 그것의 일반적 변양 양상들에는
그에 대응하여 순수 상상, 즉 '마치-처럼(als ob)의 경험' 및 (마치 지각
함, 마치 파지함, 마치 회상함 등) 그것에 평행하는 양상들이 상응한다
는 점을 고려한다면, 우리는 순수한 가능성(순수한 표상 가능성, 상상
가능성)의 영역 속에서 유지되는 선험적인 학문이 존재하리라고 또한
기대한다. 이 선험적인 학문은 초월론적인 존재 현실성들 대신에 선험
적인 가능성들을 판단하며, 이를 통해 현실성들이 따르는 규칙들을 선
험적으로 미리 밑그림 그려줄 것이다.[2][3]

---

1 역자주 'Erinnerung'은 '기억'으로, 'Wiedererinnerung'은 '회상'으로 옮긴다.

2 역자주 초월론적 경험이란 초월론적 주관성, 즉 초월론적 의식 체험들에 대한 경험
을 말한다. 이를 현상학적 경험 혹은 초월론적 자기 경험이라고 부르기도 한다. 외부
사물에 대한 경험과 비슷하게 초월론적 경험 역시 초월론적 의식 체험에 대한 초월론적
지각, 예상, 기억 등에 기초한다. 더 나아가 우리는 외부 사물에 대해 지각, 회상, 예상
등만을 하는 것이 아니라, 때로는 동일한 경험을 상상을 통해 변양된 방식으로 수행할
수 있는데, 이와 마찬가지로 초월론적 의식 체험에 대한 경험들 역시 상상을 통해 변양
된 방식으로 수행할 수 있다. 이러한 상상적인 변양의 방식이 'als ob(마치-처럼)'이다.
결론적으로 초월론적 경험의 영역은 지각, 회상, 예상의 경험 영역, 즉 현실성의 영역
만이 아니라, 상상의 경험 영역, 즉 유사-현실성을 포함하는 넓은 외연을 지닌다. 나아
가 이러한 상상에 기초해서 초월론적 영역에 대한 선험적 경험이 가능하고 다시 이에
기초해 선험적인 학문으로서의 초월론적 현상학이 가능하다.

3 역자주 'vorzeichnen'은 '미리 밑그림 그리다'로 옮긴다. 이 용어는 지평의 고유한
성격을 표현하고 있다. 지평은 가능성들의 지시 연관인데, 그 내용에 있어 완전히 비어
있는 가능성들이 아니라, 막연하게나마 내용들로 규정된 가능성들(무규정적인 규정 가

　　그럼에도 우리가 철학이 되어야 할 학문으로서 현상학적 학문 개념을 형성하기 위해 이런 방식으로 우리의 사고를 서둘러 진행시키자마자, 우리는 자아의 필증적인 명증이라는 방법적 근본 요구 때문에 곧장 이미 이전에 언급한 어려움에 도달하게 된다. 왜냐하면 자아 존재의 이러한 명증이 자아 자신에 대해서는 아무리 절대적이라 할지라도, 이 [필증적] 명증이 곧장 초월론적 경험에서 다양하게 주어진 것들의 [필증적] 명증을 반드시 보장하는 것은 아니기 때문이다. 하지만 초월론적 환원 속에서 지각된 것, 회상된 것 등으로서 주어진 의식 작용들 또한 이미 절대적으로 의심 불가능하게 존재하는 것이라거나 절대적으로 의심 불가능하게 존재했던 것이라고 결코 당연하게 주장할 수는 없다 하더라도, '나는 존재한다'의 절대적 명증이 자아의 초월론적 삶과 습관적 속성들에 관한 다양한 자기 경험들에까지 미친다는 점은 보여줄 수 있다. 물론 (회상과 파지 등의) 이러한 명증의 유효범위를 규정하는 어떤 제한들이 있긴 하지만 말이다. 더 정확히 말하자면, 다음과 같은 것은 아마 보여줄 수 있다. 초월론적인 자기 경험에서 절대로 의심할 수 없는 부분은 "나는 존재한다"의 한갓된 동일성만이 아니며, (예를 들어, 체험 흐름의 내적 시간 형식과 같은) 자아의 **보편적이고 필증적인 경험 구조**는 현실적이고 가능적인 자기 경험의 모든 특수한, 물론 개별적으로 보면 절대로 의심할 수 없는 것은 아닌 소여들을 관통하여 뻗어 있다. 또한 이 [자아의 보편적이고 필증적인 경험 구조]와 연관되고 이것 자체에 함께 속하는 것이지만, 자아는 체험, 능력, 기질과 같은 개별적 내용을 지니고 존재하는 구체적 자아로서 그 자신에게 필증적으로 미리 밑그림 그려져 있다. 즉, 무한히 완전해지고 때로는 풍부해질 수 있는 가능적 자기 경험들에 의해 접근할 수 있는 경험 대상으로서, 지평

___
능성)이라는 점에서 '미리 밑그림 그려져 있다'고 표현한다.

적으로 미리 밑그림 그려져 있다.

§13. 일단 초월론적 인식의 유효범위의 문제를 배제해야 함

초월론적 인식의 유효범위를 실제로 드러내는 것은 **초월론적인 자기 경험을 비판하는 과제**일 것이다. 이는 초월론적인 자기 경험의 서로 엮여있는 개별 형식들을, 그리고 [개별 형식들의] 전체적인 엮임(Verflechtung)을 통해 진행되는 [초월론적인 자기 경험의] 전체 수행을 비판하는 일이다. 분명히 이것은 높은 단계의 과제로서, 그 전에 이미 우리가, 일치하면서 진행되는 초월론적인 경험의 명증, 즉 어떤 의미에서 소박하게 기능하는 명증을 우선 뒤쫓으면서 이 경험에서 소여된 것들을 상세히 살피고 일반적으로 기술했다는 것을 전제한다.

　방금 이루어진 데카르트적 성찰의 확장은 (위에서 기술된 데카르트적인 의미에서의) 철학을 얻기를 의도하는 우리의 앞으로의 성찰의 진행에 동기를 부여할 것이다. 우리가 예상하기로는, 초월론적 현상학이라고 총칭되는 학문적인 작업들은 두 단계로 진행되어야 한다.

　첫 번째 단계에서는 **초월론적인 자기 경험의** (곧 드러날) **어마어마한 영역**이 두루 탐사되어야 한다. 먼저 자기 경험의 일치하는 경과 안에 내재하는 명증에 단순히 몰두하되, 이 명증의 유효범위를 결정하는 필증적 원리를 숙고하는 최종적 비판의 문제는 다루지 않는다. 따라서 우리는 이 단계에서는 아직은 **완전한 의미에서 철학적이지는 못한 단계에서** 작업을 해나간다. 이것은 마치 자연 탐구자가 자연적인 경험의 명증에 몰두하되, 자연과학자로서의 그에게 원리적인 경험비판의 문제가 그의 주제 밖에 남아 있는 경우와 같다고 할 수 있다.

　그다음 현상학적 탐구의 두 번째 단계는 바로 **초월론적인 경험에 대한**

비판 및 그에 기반한 **초월론적 인식 일반에 대한 비판**에 해당하리라.

전례 없는 독특한 종류의 학문이 우리의 시야에 들어온다. 그것은 현실적이고 가능적인 초월론적 경험 소여로서의 구체적인 초월론적인 주관성에 관한 학문으로서 '객관적인' 학문이라는 **지금까지 받아들여진 의미에서의 학문과 가장 극단적인 대립**을 이룬다. 물론 객관적인 학문 가운데에는 주관성에 관한 학문도 있다. 하지만 이것은 세계에 속하는 객관적이고 영혼적인 주관성에 관한 학문이다. 그러나 이제 소위 절대적으로 주관적인 학문, 그것의 대상의 존재가 세계의 존재와 비존재에 대한 결정에 의존하지 않는 학문이 문제가 된다. 아니, 그 이상이다. 철학하는 자아인 나의 초월론적 자아가 이 학문의 최초의 대상이자 유일한 대상이고 그런 대상일 수 있는 것처럼 보인다. 확실히 초월론적인 환원의 의미에는 이 학문이 그 시작점에서 자아와 자아 자체 안에 무규정적인 규정 가능성의 지평을 동반하면서 포함된 것 이외의 다른 것을 존재하는 것으로 정립할 수 없다는 사실이 함축되어 있다. 따라서 확실히 이 학문은 순수한 자아론에서 시작하며, 외관상 우리에게 비록 초월론적이긴 하지만 유아론이라고 비난받는 하나의 학문에서 시작한다. 그래서 아직은 어떻게 환원의 태도 안에서, 단지 세계적인 현상이 아니라 초월론적 자아로서의 다른 자아가 존재하는 것으로서 정립될 수 있을지, 그리고 이를 통해 역시 현상학적 자아론의 합당한 탐구 주제가 될 수 있을지는 전혀 예단할 수 없다.

시작하는 철학자인 우리는 이러한 의구심 때문에 겁을 먹어서는 안 된다. 아마도 초월론적인 자아로의 환원은 단지 [우리의 학문이] 계속해서 유아론적인 학문으로 남을 것이라는 가상을 동반하는 것처럼 보인다. 하지만 이와 달리 그것의 일관된 실행은 그것의 고유한 의미에 따라 초월론적인 상호주관성의 현상학에로 이끌어 가며, 이것을 매개로 일반적인 초월론적 철학으로 이끌어 간다. 실제로 초월론적인 유아

론은 단지 철학적으로 하부 단계일 뿐이며 방법 면에서 초월론적 상호
주관성에 대한 탐구를 정초된 높은 단계에서 올바른 방식으로 작동시
키기 위한 하부 단계로 제한되어야 한다. 하지만 이 점에 대해 우리의
성찰의 현 위치에서는 어떤 것도 결정될 수 없다. 또한 앞서 행해진 해
석들은 앞으로의 우리의 성찰의 진전 속에서 비로소 그것의 완전한 의
미를 명백히 드러낼 수 있을 것이다.

　어쨌든 이제까지 데카르트적인 성찰 과정으로부터의 [우리의] 본질
적인 이탈이 자세히 묘사되었는데, 이 이탈이 이제부터 우리의 전체적
인 앞으로의 성찰에게 결정적인 것이 될 것이다. 데카르트와는 반대로
우리는 **초월론적인 경험의 무한한 장을 개방**하는 과제로 파고들 것이다.
"나는 생각한다, [고로] 나는 존재한다"의 데카르트적인 명증은 결실 없
이 남고 말았는데, 그것은 그가 초월론적인 판단중지의 순수한 방법적
의미를 순화하는 것에 소홀히 했을 뿐 아니라, 다음에 주목하는 것에도
소홀히 했기 때문이다. 그는 자아는 초월론적인 경험을 통해 자기 자신
을 무한히 그리고 체계적으로 해석할 수 있다는 점, 그리고 이와 함께
자아 자신이 작업의 가능한 장으로서, 즉 완전히 독특한 종류의 작업의
장이자 [다른 것과] 분리된 작업의 장으로서 놓여 있다는 점에 주목하
지 못했다. 이 작업의 장이 완전히 독특한 종류의 장이자 분리된 장인
이유는 이것이 모든 세계와 모든 세계적인 학문과 연관되어 있긴 하지
만, 그럼에도 이것들의 존재 타당성을 전제하지 않으며, 이와 함께 이
러한 모든 학문들과 구별되며, 이것들과 어떠한 방식으로든 인접하고
있지 않기 때문이다.

§14. 의식 작용들의 흐름. 의식 작용과 의식 대상

우리는 이제 (가장 넓은 데카르트적인 의미로 취해진 표현인) '나는 생
각한다'의 초월론적 명증의 주안점을 (이 명증의 필증성의 유효범위라
는 물음은 제기하지 않는 가운데) 자기동일적 자아로부터 다양한 의식
작용들로, 즉 자기동일적 자아(성찰하는 나의 자아)가 그 안에 살고 있
는 흘러가는 의식 삶—이 표현이 어떻게 더 상세히 규정되든 간에—으
로 옮긴다. 이러한 삶, 예를 들어 그의 감각적으로 지각하고 표상하는
삶이나 그의 진술하고 가치 평가하고 욕구하는 삶에 자아는 언제라도
그의 반성하는 시선을 향할 수 있으며, 그것을 관찰하고, 그것의 내용
을 해석하고 기술할 수 있다.

아마도 사람들은 이러한 탐구 방향을 따른다는 것은 순수한 내적인
경험, 자기 자신의 의식에 대한 경험을 기초로 심리학적인 기술을 하는
것 이외의 다른 것이 아니라고 말할 것이다. 거기에서 이러한 기술의
순수성은 당연히 심리물리적인 모든 것을 관찰에서 배제한다는 것을
요구할 것이다. 하지만 순수하게 기술적인 의식 심리학은, 아무리 그것
의 참된 방법적 의미가 새로운 현상학을 통해 드러나게 된다고 할지라
도, **그 자체로는** 우리가 초월론적-현상학적 환원을 통해 규정했던 의미
에서의 초월론적 현상학이 **아니다**. 물론 순수의식 심리학은 초월론적
의식 현상학과 정확한 평행 관계에 놓여 있긴 하지만, 그럼에도 두 개
는 엄격히 구분되어야 한다. 이 둘을 혼동하는 것이 초월론적 심리학주
의의 특징인데, 이것은 참된 철학을 불가능하게 만든다. 여기에서는 외
관상으로는 사소해 보이지만, 철학적인 길에 접어듦과 그로부터 벗어
남을 결정적으로 규정하는 뉘앙스의 차이가 중요하다. 초월론적 현상
학적 탐구 전체는 초월론적 환원을 흔들림 없이 견지하는 것에 있다는
사실이 항상 주목되어야 하며, 초월론적 환원을 한갓된 영혼 삶에 대한

인간학적 탐구로 추상적으로 제한하는 것과 혼동해서는 안 된다. 이에 따라 심리학적인 의식 탐구와 초월론적-현상학적 의식 탐구의 의미는, 비록 기술될 수 있는 내용에서 일치할 수는 있을지라도 끝도 없는 깊이로 갈라져 있다. [심리학적인 의식 탐구]에서 우리는 존재하는 것으로 전제된 세계의 자료들(Daten), 즉 인간의 영혼적 구성 요소들로 파악된 자료들을 가지지만, [초월론적-현상학적 의식 탐구]에서는 이와 평행하고 내용적으로 동일한 자료에 대해 이와 같이 말하지 않는다. 왜냐하면 세계 일반은 현상학적 태도에서는 현실성이 아니라 단지 현실성 현상으로만 타당하기 때문이다.

우리가 이러한 심리학주의적인 혼동을 피했다면, 이제 다른 지점 하나가 여전히 결정적으로 중요하다(나아가 이 지점은 이에 상응하는 태도 변경을 수행한다면 자연적 경험 지반에서의 참된 의식심리학에게도 결정적으로 중요하다). 모든 세계적인 존재자를 판단중지하더라도 세계적인 것에 연관된 다양한 의식 작용들이 자신 안에 이러한 연관을 지니고 있다는 것, 예를 들어 이 책상에 관한 지각은 판단중지 이전이나 이후나 마찬가지로 이 책상에 관한 지각이라는 것은 변치 않음을 간과해서는 안 된다. 따라서 도대체 모든 의식 체험은 그 자체로 이러저러한 것**에 관한** 의식이며, 이는 이 대상의 현실성에 관련된 합당한 타당성이 어떠하든 간에, 그리고 초월론적 태도를 취하는 자인 내가 나의 모든 자연적 타당성과 마찬가지로 이러한 대상의 타당성을 어떻게 중단하든 간에 그러하다. 따라서 '나는 생각한다'라는 초월론적 표제에는 또 하나의 요소가 추가되어야 한다. 우리는 다음과 같이 말할 수 있다. 모든 의식 작용, 모든 의식 체험은 어떤 것을 의향하며, 그때그때의 자신의 의식 대상을 의향된 것이라는 방식에서 지닌다. 그리고 각각의 의식 작용은 자신만의 방식으로 자신의 의식 대상을 지닌다. 집 지각은 집을, 더 정확히는 개별적인 이 집을 의향하되 지각의 방식으로 의향한

다. 집 기억은 기억의 방식으로, 집 상상은 상상의 방식으로 집을 의향
한다. 지각적으로 '거기에 놓여 있는' 집에 대한 술어적인 판단함은 판
단함의 방식에서 그것을 의향한다. 거기에 덧붙여지는 가치 등등은 다
시 새로운 방식에서 의향된다. 의식 체험을 사람들은 **지향적인** 의식 체
험이라고도 부르는데, 이때 지향성(Intentionalität)이라는 단어는 의식
의 이러한 보편적인 근본 성격 이외의 다른 것을 의미하지 않는다. 어
떤 것**에 관한** 의식임, 의식 작용으로서 자신의 의식 대상을 자신 안에
지님 이외의 다른 것을 의미하지 않는다.

§15. 자연적 반성과 초월론적 반성

이후의 해명을 위해서는 다음과 같은 사실이 덧붙여져야만 한다. 우리
는 '곧바로(geradehin)' 수행되는 파악 작용인 지각함, 회상함, 진술함,
가치 평가함, 목적 정립함 등을 [곧바로 대상을 향하는 것이 아니라, 돌
이켜 작용을 향하는] 반성으로부터 구별해야만 한다. 반성은 곧바로 진
행된 작용을 우리에게 개시해 주는 새로운 단계의 파악 작용이다. 곧바
로 지각하면서 우리는 가령 집을 파악하지, 지각함을 파악하지 않는다.
반성을 통해 비로소 우리는 이 집에 대한 지각함 자체와 지각적으로 향
함을 '향한다'. 일상적 삶의 **자연적 반성**뿐만 아니라 심리학(즉 나의 심
리적 체험에 관한 심리학적 경험)에서의 자연적 반성 속에서도 우리는
존재하는 것으로 앞서 주어진 세계의 지반 위에 서 있다. 그것은 우리
가 일상적 삶에서 "나는 저기에 있는 집을 본다." 혹은 "나는 이 멜로디
를 들었음을 회상한다." 등을 말할 때와 같다. **초월론적–현상학적 반성**
속에서 우리는 세계의 존재 혹은 비존재에 관한 보편적인 판단중지를
통하여 이러한 지반을 없앴다. 우리는 다음과 같이 말할 수 있다. 이와

같이 변양된 경험으로서 초월론적 경험은, 그때그때의 초월론적으로
환원된 의식 작용을 주시하고 그것을 기술하되, 반성하는 주체로서 자
연적인 존재 정립을 함께 수행하지 않는다. 원래의 곧바로 수행된 지각
혹은 그 밖의 의식 작용은 자신 안에 바로 이 자연적 존재 정립을 포함
하고 있으며, 혹은 곧바로 세계 속에 들어가 살고 있는 자아는 이러한
자연적 존재 정립을 실제로 수행했었다. 물론 초월론적 반성의 실행과
함께 원래의 체험의 자리에 본질적으로 다른 체험이 등장한다. 따라서
우리는 반성이 원래의 체험을 변경시킨다고 말할 수 있다. 하지만 이러
한 사실은 모든 반성, 따라서 자연적 반성에 대해서도 타당하다. 반성
은 아주 본질적으로 이전의 소박한 체험을 변경시킨다. 반성이 이전에
는 대상화되지 않았던 체험을 대상으로 만들기 때문에 이전의 체험은
'곧바로'라는 원래의 양상을 상실한다. 하지만 반성의 과제는 원래의 체
험을 반복하는 것이 결코 아니라, 그것을 관찰하고 그 속에 놓여 있는
것을 해석하는 것이다. 당연히 이러한 관찰로의 이행은 새로운 지향적
체험을 가져온다. 이 새로운 체험은 '이전 체험과의 재관련(Rückbezie-
hung)'이라는 자신의 지향적 성격 속에서, 다른 체험이 아니라 바로 이
체험 자체를 의식하게 만들고, 경우에 따라서는 명증적으로 의식하게
만든다. 바로 이를 통해 우선은 기술적인 경험적 앎이 가능하며, 이 경
험적 앎 덕분에 지향적 삶에 관한 생각해 낼 수 있는 모든 지식과 인식
이 가능하다. 이러한 사실은 초월론적-현상학적 반성에 대해서도 성립
한다. 반성하는 자아가 곧바로 수행되는 집 지각의 존재 태도 취함을
함께 수행하지 않는다고 해서, 그의 반성하는 경험이 집 지각 및 반성
이전에 집 지각에 속해 있던 계기들, 그리고 계속해서 형성되는 모든
계기들에 대해 경험하는 반성이라는 사실에는 전혀 변화하는 것이 없
다. 그리고 우리의 예에서 보자면 [반성에 의해 경험되는 것] 안에는 흘
러가는 체험으로서의 지각 자체의 계기와 지각된 집의 계기가 순수하

게 그 자체로서 속한다. 그때 흘러가는 체험으로서의 지각 자체의 계기
에는 (정상적) 지각에 고유한, 확실성의 양상에서의 존재 정립(지각 믿
음)이 결여되어 있지 않으며, 현출하는⁴ 집에게는 단적인 '현존'이라는
성격이 결여되어 있지 않다. 현상학적인 태도를 취하는 자아의 '함께 수
행하지 않음(Nicht-mitmachen)', 중지함은 현상학적 태도를 취하는 **자
아의** 일이지, 이 자아에 의해서 반성적으로 관찰된 지각함의 일이 아니
다. 게다가 이러한 사실 자체도 이에 상응하는 반성에 의해서 접근될
수 있으며, 우리는 오직 반성을 통해서 그것에 관해서 알게 된다.

여기에서 논의된 것을 우리는 다음과 같이 기술할 수도 있다. 우리가
자연적으로 '이 세계' 속에 들어가 경험하는 자아, 그리고 그 밖의 다른
방식으로 세계 속에 들어가 사는 자아를 세계에 '관심을 갖는' 자아라고
명명한다면, 현상학적으로 변경된 태도, 지속적으로 현상학적으로 유
지되는 태도는, 자아균열(Ichspaltung), 즉 소박하게 관심을 갖는 자아
위에 '무관심한 구경꾼(uninteressierter Zuschauer)'으로서의 현상학적
자아가 수립되는 자아균열이 수행된다는 사실에서 성립한다. 이러한
자아균열이 일어난다는 사실조차도 새로운 반성을 통해서 접근될 수
있으며, 이 새로운 반성은 초월론적 반성으로서 재차 바로 이런 '무관심
한' 구경함의 태도 수행을 요구한다. 이때 이 태도는 보고 충전적으로

---

4 역자주 현출(Erscheinug), 현출하다(erscheinen), 현출하는 것(Erscheinende) 등은
같은 계열의 단어들이다. 이 번역어 대신 '나타남', '나타나다', '나타난 것'이라는 번역
어를 써도 무방하지만, 후설이 이 용어에 부여한 고유하고 특별한 의미를 부각하기 위
해 이와 같은 번역어를 선택하였다. 대상이 구성되는 경우, 현출(Erscheinung)은 대상
이 특정한 측면이나 관점에서 소여되는 방식을 가리킨다. 이러한 현출들의 노에시스적
종합을 통해 현출하는 것(Erscheinende)이 곧 대상이다. 특히 후설은 현출과 현출하는
것을 혼동하지 말 것을 강조하고 있다. 예를 들어 집을 지각할 경우, 체험 흐름 안에서
현출들의 계속된 변화 속에서도 집은 동일한 것으로 현출한다. 따라서 현출하는 것, 즉
동일한 집은 지각 체험 안에서 내실적으로 발견될 수 없는 대상이며, 현출 자체와 구별
되어야 한다.

기술하려는 유일한 관심만을 가지고 있을 뿐이다.

　따라서 세계로 향해 있는 삶의 모든 사건들,[5] 그리고 그것의 단적이
거나 정초된 존재 정립과 이에 상응하는 존재 양상들(확실하게 존재함,
가능적으로 존재함, 개연적으로 존재함, 더 나아가 아름답고 훌륭하게
존재함, 유용하게 존재함)은 관찰자의 모든 함께-의향함들과 미리-의
향함들로부터 벗어나 순수하게 기술될 수 있다. 이러한 순수성 속에서
비로소 그것들은 철학의 수립을 향한 우리의 의도가 필연적으로 요구
하는 것인 바, 보편적인 의식 비판의 주제가 될 수 있다. 우리는 보편적
학문, 최종적으로 필증적으로 정초된 학문의 이념으로서 철학에 관한
데카르트적 이념의 근본주의를 상기한다. 이 철학은 절대적으로 보편
적인 비판을 요구하며, 이때 이 비판은 우선 모든 존재자를 앞서 증여
하는 태도 취함을 중지함으로써 **절대적인 무선입견의 보편적 장**을 창조
해야만 한다. 이를 성취하는 초월론적인 경험 및 기술의 보편성은, 초
월론적 경험과 기술이 모든 자연성을 눈에 띄지 않게 관통해 가는 세계
경험의 보편적 '선입견'(지속적으로 이것을 관통해 가는 세계 믿음의
선입견)을 금지하는 것을 통해서, 그리고 순수한 무선입견성으로 환원
된 의향들의 영역인 절대적이며, [환원에] 영향받지 않고 남아 있는 자
아론적인 존재 영역 속에서 보편적으로 기술하고자 노력하는 것을 통
해서 이루어진다. 이 보편적인 기술은 근본적이고 보편적인 비판의 하
부 토대라는 임무를 맡는다. 당연히 이러한 기술의 절대적인 '무선입견
성'을 엄밀하게 확보하는 것, 그리고 이와 함께, 앞서 제시된 순수한 명
증의 원리를 만족시키는 것에 모든 것이 달려 있다. 그것은 초월론적
반성의 순수한 소여에 결박된다는 것을 의미하며, 따라서 이런 순수한

5　역자주 여기서 '사건'은 일어난 일을 뜻하며, 여기에서 모든 사건들은 '의식 작용들'
을 가리킨다.

소여는 단적인 명증 속에서 순수하게 직관적으로 주어지는 그대로 취해져야만 하며, 순수하게 직관된 것을 넘어선 모든 해석들로부터 자유롭게 남아 있어야만 한다.

우리가 의식 작용-(의식 대상으로서의) 의식 대상이라는 이중적 명칭과 관련해서 이러한 방법적 원리를 따른다면, 우선은 개별적인 의식 작용을 기초로 수행될 수 있는 일반적인 기술들은 [의식 작용-의식 대상이라는] 상관적인 [두] 방향에서 열리게 된다. 그것은 한 측면에서는 지향적 대상 자체의 기술인데, 이는 해당되는 의식 방식에서 이 대상에게 귀속되는 것으로 의향되는 규정들에 관련된 기술이며, 이 규정들은 거기에 시선을 향할 경우 등장하는 양상들(확실하게 존재함, 가능적이거나 추정적으로 존재함 등과 같은 존재 양상들, 혹은 현재함, 지나감, 미래에 존재함 등과 같은 주관적-시간적인 양상)에서 의향된다. 이러한 기술의 방향은 '노에마적인' 방향이라고 불린다. 이것의 맞은편에는 '노에시스적인' 기술의 방향이 놓여 있다. 이것은 의식 작용 자체의 방식들, 즉 가령 지각, 회상, 파지 같은 의식 방식들과 관련되며, 또한 명석성과 판명성같이 이 [의식 방식들]에 내재하는 양상적 차이들과 관련된다.

우리는 이제 다음을 이해하게 된다. 우리가 세계의 존재와 비존재에 관한 판단중지를 보편적으로 수행했다고 해서 현상학이 이 세계를 그저 잃어버린 것은 아니다. 우리는 세계를 바로 의식 대상으로서 보유한다. 하지만 이런저런 의식 작용들에서 의향된 그때마다의 개별적 실제성들, 즉 이런저런 개별적인 의식 작용들에서 의향되는, 보다 분명하게 말하면 이런저런 의식 작용들에서 두드러지게 의향된 그때마다의 개별적 실제성들만을 보유하는 것이 아니다. 왜냐하면 이들의 개별화란 통일적인 전체의 내부에서의 개별화인데 이러한 통일적인 전체는 우리가 개별적인 것을 파악하면서 개별적인 것을 향하는 곳에서도 항상 통일적으로 '현출하기' 때문이다. 다시 말해, 그것은 의식의 통일 속에서 항상 함께 의식되는데, 이러한 의식의 통일 자체도 포착하는 의식이 될 수 있고 충분히 종종 그런 포착하는 의식이 된다. 이때 세계 전체는 그에게 고유한 시공간적인 무한성의 형식 속에서 의식된다. 의식의 모든 변화에서 세계 전체는 자신의 경험된 개별성들, 어떤 식으로든 두드러지게 의향된 개별성들에 있어서 변경될 수는 있지만, 그래도 전체 자연적인 삶의 존재하는 배경으로서 하나의 유일한 우주로 계속 남는다. 따라서 현상학적 환원의 일관된 수행을 통해 우리에게는 노에시스의 측면에서 무한히 열려진 순수의식 삶이 남아 있으며, 노에마적 상관자의 측면에서는 의향된 세계 자체가 순수하게 남아 있다. 따라서 현상학적으로 성찰하는 자아는 개별성들에서뿐만 아니라, 보편성에서 자기 자신에 대한 '관여하지 않는 구경꾼(unbeteiligter Zuschauer)'이 될 수 있다. 그리고 그 안에는 그에 대해서 존재하고, 그에 대해 존재하는 모습 대로의 모든 대상성이 포함된다. 분명하게 다음과 같이 말할 수 있다. 자연적인 태도를 취하는 자아로서 나는 또한 항상 초월론적 자아이기도 하다. 그리고 나는 이러한 사실을 현상학적 환원의 수행을 통해 비로소 안다. 이러한 새로운 태도를 통해 나는 비로소 세계 전체, 그리하여 모든 자연적으로 존재하는 것들이 나에게 그때그때의 의미를 가지고 타당한 것으로서만, 변화하면서 이 변화 속에서 서로 결합되는 나의 의식 작용들의 의식 대상들로서만 존재한다는 것, 그리고 나는 그것들을 오직 그런 것으로서만 타당성 속에서 유지한다는 것을 보게 된다. 따라서 초월론적 현상학자인 나는 나의 보편적인 기술적 규명의 주제로서 오직 의식 방식의 지향적 상관자로서의 대상들만을 개별적으로 가지거나 보편적인 결합에 따라 가진다.

§16. 여론(餘論). 초월론적 반성에서와 같이 "순수 심리학적인" 반성에서도 "나는 생각한다"에서 시작해야 할 필요성

이러한 설명에 따르면, 초월론적인 '나는 생각한다'는 그의 삶의 일반성에 있어서 열려 있으며 무한히 다양한 개별적인 구체적인 체험들을 가리킨다. 그리고 이 다양한 체험들의 각기 다른 구조들을 해명하고 기술적으로 파악하는 것이 첫 번째의 거대한 과제 영역이다. 마찬가지로 다른 측면에서, 이러한 다양한 체험들 사이의 '결합' 방식을 구체적인 자아 자체의 통일성에 이르기까지 해명하고 파악하는 것 역시 거대한 과제 영역이다. 이 구체적인 자아는 당연히 오직 자신의 결합되고 통일된 지향적 삶의 열려진 무한한 보편성 속에서만 구체적이고, 이 안에 의식 대상으로서 함축되어 있고 그 자신도 전체 통일적인 보편성으로 통일된 상관자 속에서만, 그중에서도 현출하는 세계 자체 속에서만 구체적이다. 구체적인 자아 자체는 기술의 보편적인 주제이다. 혹은 더 명확하게 말하자면, 성찰하는 현상학자로서 내가 스스로에게 제기하는 보편적 과제는 나의 **완전한 구체성** 속에 있는, 따라서 자신 안에 포함된 모든 지향적 상관자를 가진 초월론적 자아로서의 **나 자신의 해명**이다. 이미 언급했듯이 이러한 초월론적인 자기 해명은 나 자신에 대한, 즉 나의 영혼 삶에 있어서 나의 순수한 영혼 존재에 대한 [순수] 심리학적인 자기 해명과 평행한다. 이때 이것은 자연적인 방식에서는 나의 심리물리적인(동물적인) 실제성의 구성 요소로서, 그리하여 나에게 자연적으로 타당한 세계의 구성 요소로서 통각된다.[6]

---

6 역자주 통각(Apperzeption)이란 지향적 체험이 의식 체험으로 주어지는 비대상적인 자료들(질료)을 대상화(객관화)하는 것, 비대상적인 자료들을 대상 X의 어떤 것으로 해석하고 의미 부여하는 것을 말한다. 완전히 어두운 방 안에서 나에게 갑자기 시각적으로 밝은 느낌이 들었다. 이 빛-감각을 나는 책상 구석에 있던 유리잔에서 나오는

초월론적이고 기술적인 자아론에서와 마찬가지로, (심리학적인 기초 분과 학문으로서 반드시 수행되어야 하며) 기술적으로 (그리고 정말로 완전히 오직) 내적 경험으로부터만 길어 올려져야 하는 '순수 내적 심리학(reine Innenpsychologie)'도 '나는 생각한다' 이외의 다른 출발점을 갖지 않는다는 점은 분명하다. 심리학적인 의식 이론과 철학적인 의식 이론을 구별하려는 모든 근대적인 시도가 실패한 상황에서 이러한 언급은 대단히 중요하다. 만약 여전히 전적으로 우리들을 지배하고 있는 감각주의 전통에 의해 잘못 인도되어 감각론에서 시작하는 경우에 이 두 이론으로의 접근이 방해된다. 그것은 다음과 같은 의미이다. 사람들은 처음부터 이른바 자명하게 의식 삶을 '외적 감각' 자료들의 복합체, 아니면 (기껏해야) '내적 감각' 자료들의 복합체로서 해석하면서 이러한 감각 자료들을 전체로 결합하는 일은 형태질(Gestaltqualitäten)에게 떠맡긴다. 사람들은 '원자론'을 제거하기 위해 감각 자료는 반드시 형태(Gestalt)에 정초하고 있다는 교설, 따라서 전체가 부분에 비해서 그 자체로 더 앞선 것이라는 교설을 거기에 덧붙인다. 하지만 급진적으로 출발하는 기술적인 의식 이론 앞에는 이러한 자료들과 전체가 없으며 만일 그런 것이 있다면 선입견일 뿐이다. 출발점은 순수한 경험, 말하자면 아직 말 못하는 경험이며, 그 경험의 고유한 의미는 이제 비로소 순수하게 발화되어야 한다. 현실적인 최초의 발화는 '나는 생각한다'라는 데카르트적인 발화이다. 예를 들어 나는-이 집을-지각한다. 나는-이 거리의 소요(騷擾)를-기억한다. 등. 일반적으로 기술할 수 있는

은은한 빛으로 통각한다. 이때 비로소 빛-감각에 불과했던 것이 유리잔에서 반사되는 빛으로 대상화되는 것이다. 자연 물체만이 통각되는 것이 아니라, 심리적인 것 역시 통각될 수 있는데, 예를 들어 나의 내면에서 언뜻 스쳐 지나간 불쾌한 느낌들의 흐름을 나는 나의 신체 안에서 일어나는 심리물리적인 사건으로서의 분노로 통각할 수 있다. 이것을 자연적 방식의 통각, 즉 경험적 통각(empirische Apperzeption)이라고 한다.

첫 번째의 것은 의식 작용과 의식된 것으로서의 의식 대상 사이의 구별
이다. 이것에 이어 감각 자료가 어떤 경우들에서, 그리고 어떤 다른 [발
화] 의미에서 때때로 ['나는 생각한다'의] 합당한 구성 요소로서 제시될
수 있는지의 문제는, 해명하고 기술하는 탐구 작업의 특수한 결과물이
다. 전통적인 의식 이론은 이러한 작업에서 자신을 완전히 면제시킴으
로써 스스로 손상을 입었다. 전통적인 의식 이론은 방법에서의 원리적
인 것에 대한 불명료성 때문에 의식된 것으로서의 의식 대상을 기술하
는 막대한 주제를 잃어버렸을 뿐 아니라, 의식 방식으로서의 의식 작용
들 자체의 본래적인 의미와 이에 해당되는 특수한 과제도 마찬가지로
완전히 잃어버렸다.

§17. 상관적인 문제학으로서의 의식 탐구의 양 측면. 기술의 방향. 의식의 근원 형식으로서의 종합

출발점과 과제 방향이 처음부터 분명하다면 이후의 문제학[7]을 이끌어
가는 중요한 주도적 사상이 우리에게, 물론 초월론적인 태도에서 생겨
난다. 의식 탐구의 두 방향(우리는 여기에서 자기동일적 자아에 대한
물음은 아직 고려하지 않으려 한다)은 기술적으로 보아 분리할 수 없는
연관성을 그 특징으로 한다. 그것은 의식을 의식과 통일시키는 결합 방
식, 오직 의식에게만 고유한 '종합(Synthesis)'의 결합 방식이다. 내가
예를 들어 주사위의 지각을 기술의 주제로 삼는 경우, 순수한 반성 속
에서 나는 이 주사위가 그것에 특정하게 속하는 현출 방식들이 다양하

---

7 역자주 'Problematik'을 '문제학'으로 옮긴다. 하나의 사태에 관해 서로 연관된 문제
들의 집합을 의미한다.

게 여러 형태로 변화하면서도, 계속해서 대상적 통일체로 주어지는 것
을 본다. 이렇게 경과하는 현출 방식들은 체험들의 연관 없는 잇따름이
아니다. 그것은 오히려 종합의 통일성 속에서 경과하며, 현출 방식들
안에서 이 종합의 통일에 따라 동일한 것이 현출하는 것(Erscheinende)
으로서 의식된다. 하나이자 동일한 주사위는 어떨 때는 가까운 현출들
에서, 어떨 때는 먼 현출 속에서, 주목되지 못하지만 항상 함께 의식되
는 (함께 현출하는 나의 신체의) '절대적인 여기(absolutes Hier)'에 마
주해서 '거기'와 '저기'(Da und Dort)의 변화하는 양상들 속에서 나타
난다. 그런데 가령 '가까운 권역 안에 있는 여기의 주사위'처럼 하나의
양상에서 견지되는 각 현출 방식은 그 자체가 다시 그것에 속한 다양한
현출 방식들의 종합적 통일체로 나타난다. 즉, 동일한 것으로서의 가까
운 사물은 어떨 때는 이런 '측면'에서, 어떨 때는 저런 '측면'에서 나타
난다. 그리고 우리가 상응하는 주목 방향에서 관찰할 수 있는 바와 같
이 "시각적인 관점들"이 변화하고, 또한 "촉각적", "청각적인" "현출 방
식들" 및 그 밖의 "현출 방식들"도 변화한다. 그다음에 우리가 주사위
지각에서 보이는 주사위의 어떤 특징, 예를 들어 주사위의 형태나 색깔
혹은 주사위의 한 면, 혹은 그 면의 사각 형태와 색깔 등등에 따로 특별
히 주목한다면, 이와 같은 일이 반복된다. 우리는 항상 [사물들의] 특징
을 흘러가는 '다양체들'의 '통일체'로서 발견한다. [반성적으로가 아니
라] 곧바로 보면 우리는 가령 불변하면서 머물러 있는 형태나 색을 갖
지만, 반성적인 태도에서 보면 거기에 속한 현출 방식들, 즉 연속적인
잇따름 속에서 서로 이어져 있는, 방향 설정과 관점 등에 따른 현출 방
식들을 갖는다. 이때 각각의 현출 방식, 예를 들어 형태 음영[8] 혹은 색

---

8 역자주 음영(Abschattung)은 외적 지각에서의 현출(Erscheinung) 혹은 현출 방식
을 말한다. 지각에서 외적 대상은 결코 완전하게 주어지지 않으며, 항상 특정한 관점
(Perspekt) 혹은 방향 설정(Orientierung)에서만 주어진다. 대상이 특정한 관점 혹은

음영은 그 자체로 형태 혹은 색 등의 현시[9]이다. 따라서 그때그때의 의식 작용은 자신의 의식 대상을 구별 없는 공허함 속에서 의식하는 것이 아니라, 바로 이러한 자기동일적인 의식 대상에 본질적으로 속한 완전히 규정된 노에시스-노에마 구조의 기술적인 다양체-구조 안에서 의식한다.

이러한 상술에서 드러나듯이, 감각적 지각에 대한 기술에 평행하게, 모든 직관들, 즉 (사후 직관화하는 회상과 사전 직관화하는 예상 같은) 다른 양상의 직관들에 대한 기술도 매우 포괄적으로 수행할 수 있다. 예를 들어 기억된 사물 또한 변화하는 측면들과 관점들 등에서 현출한다. 하지만 직관 양상들의 차이, 예를 들어 기억 소여를 지각 소여와 구별하는 차이를 충분히 알기 위해서는 새로운 기술의 차원이 고려되어야 할 것이다. 그러나 모든 종류의 의식에 대해 가장 일반적인 사실은 그것이 어떤 것에 관한 의식이라는 것이다. 이 어떤 것은 의식 방식이 직관적이든 비직관적이든 간에 의식 안에서 그때마다의 '지향적 대상 자체'로서, 노에시스-노에마적으로 변화하는 의식 방식의 자기동일적인 통일체로서 의식된다.

방향 설정에서 주어진 것을 음영이라고 하고, 이때 대상은 이러한 '음영 속에서 현출한다' 혹은 '음영 지어져 현출한다'고 말한다. 여기에서 중요한 것은 음영을 음영 지어져 현출하는 대상과 구별하는 것이다. 외적 대상이 음영 지어져 현출하는 것과 달리, 음영 자체는 체험으로서 결코 음영 지어져 현출하지 않기 때문이다.

9 역자주 현시(Darstellung)는 의식에 주어진 감각 내용과 그것을 통해 구성되는 대상이 갖는 연관 방식을 가리킨다. 예를 들어 색을 지각하는 경우, 감각적으로 주어진 색-감각은 대상으로서의 색으로 통각되는데, 대상으로서의 색과 색-감각은 내재적인 연관을 갖는다. 이 경우 색-감각이 대상으로서의 색을 현시한다고 말한다. 이미지 의식에서도 마찬가지로 사진 속의 색 이미지는 사진을 통해 나타나는 실재의 색을 현시하는데, 유사성을 매개로 실재의 색과 내재적 연관을 갖기 때문이다. 이와 달리 기호의식이나 상징의식에서는 일차적으로 의식에게 주어진 것, 즉 기호나 상징은 대상과 유사성이 전혀 없거나, 있더라도 대상과 외적인 연관만 있기 때문에 대상을 지시하긴 하지만 현시하지는 못한다.

우리가 일단 구체적인 의식 기술이라는 현상학적 과제를 장악했다면, 현상학 이전에는 결코 탐구된 적이 없는 진정으로 무한한 사실들[의 영역]이 열린다. 이 사실들은 모두 또한 종합적 구조를 가지는 사실들이라고 불릴 수 있으며, 이 종합적인 구조는 (구체적인 종합적 전체로서의) 개별적인 의식 작용들에게 [단독으로] 혹은 다른 개별적인 의식 작용들과의 관련 속에서, 노에시스적-노에마적 통일성을 부여한다. 종합의 고유성을 해명하는 것을 통해 의식 작용, 즉 지향적 체험을 어떤 것에 관한 의식으로 제시하는 일이 비로소 풍성한 결실을 맺게 되며, 따라서 '심리적 현상'의 기술적 근본 성격은 지향성이라는 **프란츠 브렌타노**의 중대한 발견 역시 이를 통해 풍성한 결실을 맺게 되며, 초월론적이고 철학적인, 또 당연히 심리학적인 의식 기술 이론의 방법이 현실적으로 발굴된다.

§18. 종합의 근본 형식으로서의 동일화. 초월론적 시간의 보편적인 종합

우리가 종합의 근본 형식, 즉 **동일화**(Identifikation)의 근본 형식을 고찰한다면, 그것은, 우선은 연속적인 내적 시간의식의 형식 속에서 모든 것을 지배하면서 수동적으로 경과하는 종합으로서 등장한다. 모든 체험은 자신의 체험 시간성을 가진다. 어떤 세계적 대상이 (주사위 지각에서와 같이) 의식 대상으로서 의식 체험 안에서 현출한다면, 우리는 예를 들어, 현출하는 객관적 시간성, 즉 주사위의 시간성을, 현출함의 시간성인 '내적' 시간성(예를 들어 주사위 지각함의 시간성)으로부터 구별해야만 한다. 이 현출함은 자신의 시간 구간과 국면 속에서 '흘러가며', 이 시간 구간들과 국면들 역시 하나의 동일한 주사위에 **관한** 연속

적으로 변화하는 현출들이다. 현출들의 통일은 종합의 통일로서, 단순
히 일반적으로 의식 작용들의 연속적인 결합(말하자면 외적인 접착)이
아니라 지향적 대상성의 통일체가 그것의 다양한 현출 방식들의 통일
체**로서** '구성되는', 하나의 의식을 향한 결합이다. 세계의 실존, 여기서
는 주사위의 실존은 판단중지를 통해 '괄호에 넣어지지만', 하나의 동일
하게 현출하는 주사위는 흘러가는 의식 안에 연속적으로 내재하되, 그
안에 기술적으로 내재하는데, 이때 '하나이자 동일함'도 그 안에 기술적
으로 내재한다. 이러한 의식 내재는 완전히 독특한 종류의 내재로서 내
실적인 구성 요소로서의 내재가 아니라, 현출하는 이념적인 내재로서
의 지향적인 내재이며, 같은 말이지만 의식 내재적인 '대상적 의미'로서
의 내재이다. 자기 자신과의 동일성 속에 있는 의식의 대상은 체험이
흘러가는 동안 흘러가는 체험 안으로 외부로부터 들어오는 것이 아니
라, 흘러가는 체험 자체 안에 의미로서, 즉, 의식 종합의 '지향적 성과'
로서 포함되어 있다.

이제 동일한, 즉 의식에 대해 동일한 주사위는 또한 예를 들어 지각,
회상, 예상 등, 서로 분리되어 있으면서 매우 다른 종류의 의식 방식들
속에서 동시에 혹은 잇따라 의식될 수 있다. 이것 또한 이처럼 서로 분
리된 체험들을 포괄하는 통일적 의식인 동일성 의식을 산출하고 이를
통해 동일성에 관한 모든 앎을 가능하게 만드는 하나의 종합이다.

그러나 마지막으로 비동일적인 것을 통일적으로 의식하는 모든 의
식, 모든 다수성 의식(Mehrheitsbewußtsein), 관계 의식(Relationsbe-
wußtsein) 등도 또한 이러한 의미에서 하나의 **종합**으로서, 자신의 고유
한 의식 대상(다수성, 관계 등)을 종합적으로 혹은 구문론적(여기서는
이렇게 부를 수도 있다)으로 구성한다.[10] 나아가 이때 이러한 구문론적

---

10 역자주 종합(Synthesis)을 정립 양상의 관점에서 보면, 종합의 하부 단계를 이루는

인 수행의 성격은 자아의 순수한 수동성일 수도 있고, 아니면 자아의 능동성일 수도 있다. 모순, 양립 불가능성조차도 다른 종류이긴 하지만 '종합'의 형성물이다.

그러나 종합은 이처럼 단지 모든 개별적 의식 체험들에 놓여 있으면서 때때로 개별적 의식 체험들을 [다른] 개별적 의식 체험들과 결합시키는 데 그치지 않는다. 우리가 이미 앞서 말했던 바와 같이, 오히려 **전체의식 삶이 종합적으로 통일된다.** 따라서 그것은 그때그때 부각되는 개별적인 의식 체험들 전체를 종합적으로 그 자체로 포괄하는 의식 작용이며, 이것의 의식 대상은 각기 다른 단계에서 다양한 개별적인 의식 대상들에 정초되어 있는 보편적인 의식 대상이다.[11] 하지만 이러한 정초란 발생에 있어 시간적으로 잇따라 구축된다는 의미가 아니다. 왜냐하면 오히려 생각해 낼 수 있는 모든 개별 체험들은 오직 항상 이미 통일적으로 전제되어 있는 전체의식으로부터 두드러진 것이기 때문이다. 보편적인 의식 대상은 자신의 열려진 무한한 통일성과 전체성 속에 있는 보편적인 삶 자체이다. 오직 이것이 항상 전체 통일성으로서 이미 현출하기 때문에 그것은 또한 주목하고 파악하는 작용이라는 특유한 작용 방식에서 관찰되고 보편적인 인식의 주제가 될 수 있는 것이다. 모든 의식 종합들을 가능하게 만드는 이러한 보편적 종합의 근본 형식은 모든 것을 포괄하는 내적인 시간의식이다. 그것의 상관자는 내적 시간성 자체이며 이것에 따라 자아의 그때그때 반성적으로 발견될 수 있

단적인 정립(schlichte Thesis)들의 종합을 말한다. 단적인 정립들이 서로 연속적이지 않고 불연속적으로 분절된 것인 경우, 이러한 종합을 구문론적인 종합(syntaktische Synthesis), 분절된 종합(gegliederte Synthesis), 다정립적인 종합(polythetische Synthesis)이라고 한다. 예를 들어 공간을 구성하는 종합은 연속적인 종합인데 반해, 다수성이나 관계를 구성하는 의식은 구문론적 종합이다.

11 여기에서 의식 작용은 전체의식 삶을 종합하는 활동, 즉 보편적 종합이고, 이 보편적 종합의 상관자가 보편적인 의식 대상으로서의 전체의식 삶 자체이다.

는 모든 체험들은 바로 내재적 시간의 지속적으로 무한한 지평 내부에
서 시간적으로 질서를 부여받고, 시간적으로 시작하고 끝나며, 서로 동
시적이거나 잇따르는 것으로 제시되어야 한다. 또한 시간의식과 시간
자체 사이의 구별은 내적인 시간적 체험 혹은 그의 시간 형식과 [이 체
험에] 상응하는 '다양체'로서의 [체험의] 시간적인 현출 방식 사이의 차
이로서 표현된다. 내적인 시간의식의 이러한 현출 방식 자체가 '지향적
체험들'이고 다시 반성 속에서 반드시 시간성들로 주어져야만 하기 때
문에, 우리는 무한 소급마저 붙어 있는 것처럼 보이는 의식 삶의 근본
역설에 마주치게 된다. 이러한 사실을 이해하면서 해명하는 것은 극단
적인 어려움을 낳을 것이다. 하지만 상황이 어떠하든지 간에 이러한 사
태는 명증적이고, 필증적으로 명증적이기까지 하며, 자아의 자기 자신
에 대해-있음이라는 놀라운 측면, 즉 여기에서 우선은 자신 자신에-지
향적으로-돌이켜 관련됨의 형식 속에 있는 자아의 의식 삶의 존재라는
놀라운 측면을 나타낸다.

§19. 지향적 삶의 현행성과 잠재성

모든 의식 작용, 세계적인 것과 연관된 모든 의식 작용(의식 작용은 세
계적인 것을 의식한다는 사실뿐 아니라 그 자신도 내적 시간의식에서
의식 작용으로서 의식된다는 사실을 통해 이미 세계적인 것과 연관된
다)의 지향성의 다양성은 단순히 현행적 체험으로서의 의식 작용들을
관찰해서는 충분히 다 주제화되지 못한다. 오히려 **모든 현행성**(Aktual-
ität)**은 자신의 잠재성들**(Potentialitäten)**을 함축한다**. 그리고 이 잠재성
들은 [내용이] 빈 가능성들이 아니라 내용적으로, 그것도 그때그때의
현행적인 체험 자체 안에 지향적으로 미리 밑그림 그려져 있는 가능성

들이며, 게다가 자아에 의해 현실화될 수 있는 가능성들이라는 성격을 지닌다. 이를 통해 지향성의 또 다른 성격이 알려진다. 모든 체험은 그의 의식 연관의 변화 속에서, 그리고 자신의 흐름 국면들의 변화 속에서 바뀌어 가는 '지평'을 가진다. 즉 체험 자체에 관련된 의식의 잠재성들을 지시하는 지향적인 지평을 가진다. 예를 들어 모든 외적 지각에는 지각 대상의 '본래적으로 지각된' 측면으로부터, '함께' 의향되지만 아직 지각되지는 않고 단지 예상에 의해, 그것도 우선은 비직관적인 비어 있음에서 예기되는 측면, 이제 앞으로 지각적으로 '도래할' 측면을 향한 지시가 속한다. 그것은 계속되는 '예지(Protention)'로서 각 지각 국면마다 새로운 의미를 갖게 된다. 게다가 지각은, 우리가 능동적으로 지각을 [현행적인 지각과는] 다른 방향으로 인도할 경우, 우리가 [현행적인 지각과] 달리 가질 **수 있을** 지각 가능성들의 지평을 가진다. 가령 만약 우리가 눈을 [실제 일어난 것과] 다른 방식으로 움직이거나 앞으로 혹은 옆으로 걸어갈 때 그러하다. 이러한 일은 상응하는 기억 속에서 변양되어 다시 반복될 수 있다. 그것은 가령 내가 과거에 나의 지각 행위들을 다르게 인도했더라면, 실제로 보였던 측면 대신에 당연히 다른 측면을 지각할 수 있었을 것이라는 의식 속에서 다시 반복될 수 있다. 게다가 이를 보충해서 말하자면, 모든 지각에는 일깨워질 수 있는 회상들의 잠재성으로서 과거 지평이 항상 속하며, 모든 회상들에는 그때그때의 현행적인 지금 지각에까지 연속적으로 매개되는 가능한 (나에 의해 능동적으로 현실화될 수 있는) 회상들의 지향성이 지평으로서 속한다. 이러한 가능성들의 어디에서든 '나는 할 수 있다' 그리고 '나는 한다' 혹은 '나는 내가 하는 것과 달리 할 수 있다'[는 의식]이 역할을 하고 있다. 모든 자유와 같이 이 자유 역시 언제든 방해받을 가능성이 있더라도 그렇다. 지평이란 미리 밑그림 그려진 잠재성들이다. 우리는 또한 다음과 같이 말한다. 모든 지평 안에 놓여 있는 것을 우리는 심문하고 그것을 해석할 수 있고, 의식 삶의 그때그때의 잠재성들을 '드러낼 수' 있다. 바로 이것과 함께 우리는 현행적인 의식 작용 안에서 항상 단지 암시의 정도로만 함축적으로 의향된 대상적 의미를 드러낼 수 있다. 이 대상적 의미, 의식 대상으로서의 의식 대상은 [현행적인 의식 작용에게] 결코 완료된 소여로서 표상되지 않는다. 그것은 지평의 해석, 항상 새로이 일깨워지는 지평의 해석을 통해서 비로소 '명료해진다'. 미리 그려진 밑그림 자체는 물론 항상 불완전한 밑그림이지만, 그것은 '규정성의 구조'를 갖는 '무규정성' 속에 있다. 예를 들어 주사위는 보이지 않은 측면에서 여전히 다양하게 열려 있지만, 그럼에도 주사위는 이미 주사위로 미리 '파악되고', 특수한 측면에서는 색깔 있음, 거칢 등등으로 미리 '파악된다'. 하지만 이러한 모든 규정은 항상 그것의 특수한 측면들에서는 여전히 열려 있다. 이러한 열려 있음은 어쩌면 결코 일어나지 않을 수도 있는 현실적인 상세 규정에 앞서 그때그때의 의식 자체 안에 포함되어 있는 계기이며, '지평'을 형성하는 바로 그것이다. 예기하는 '표상들'을 통해 한갓 명료히 하는 것과 반대로, 현실적으로 진행되는 지각을 통해 [지평을] '충족시키는' 상세 규정함이 일어나고, 경우에 따라서는 [예기된 것과] 다르게 규정함이 일어나며, 이것들은 새로운 열려져 있음의 지평을 동반한다.

따라서 어떤 것에 관한 의식으로서 모든 의식이 지니는 본질 성격은 다음과 같다. 이 의식은 종합의 통일에 의해 의식 방식들 안에 지향적으로 내재하는 동일한 대상(다시 말해 동일한 대상적 의미를 갖는 대상)에 관한 의식으로서 늘 새로운 의식 방식들로 이행할 수 있으며, 그것도 저 **지평 지향성**의 방식으로, 아니 오직 그 방식으로만 이행할 수 있다. 대상은 소위 동일성의 극으로서 항상 미리 의향되고 현실화될 수 있는 의미와 함께 의식되며, 모든 의식 계기 안에서 그에게 의미적으로 속한 노에시스적인 지향성, 우리가 물을 수 있고 해명할 수 있는 노에시스적 지향성의 지표(Index)이다. 이 모든 것이 탐구를 통해 구체적으로 접근될 수 있다.

§20. 지향적 분석의 고유성

지향적 분석으로서의 의식 '분석'은 일상적이고 자연적인 의미에서의 분석과는 완전히 다른 것이라는 사실이 드러난다. 우리가 일찍이 말했던 바와 같이, 의식 삶은 의식 '자료들'의 단순한 전체가 아니며, 따라서 단지 독립적인 요소와 비독립적인 요소로 '분석'될 수 있는 것―넓은 의미에서 나누어질 수 있는 것―이 아니다. 이 경우 통일 형식들('형태질들')은 비독립적인 요소로 간주될 것이겠지만. 물론 지향적 분석(Analyse)은 어떤 주제로 시선을 향하는 가운데 나눔(Teilung)으로 이끌어**가기도 하며** 그런 한에서는 [분석이라는] 단어가 여전히 유용하기도 하다. 하지만 지향적 분석 본연의 수행은 언제나 의식 현행성 속에 '함축되어 있는' 잠재성을 드러내고 이를 통해 의식적으로 의향된 것, 즉 대상적인 의미를 노에마적인 관점에서 '해석(Auslegung)'하고 '판명화(Verdeutlichung)'하며 경우에 따라 '명료화'하는 것이다. 지향적 분석은 다음과 같은 근본 인식에 의해 인도된다. 의식으로서 모든 의식 작용은 물론 가장 넓은 의미에서 그것에 의해 의향된 것에 대한 의향이지만 모든 계기에 있어서 이 의향된 것은 그때그때의 계기에서 '명시적으로(explizit)' 의향된 것에 놓인 것보다 많다(더 많은 것을 가지고 의향된 것이다). 우리가 제시한 사례에서, 각각의 지각 국면들은 지각적으로 의향된 것으로서의 대상의 한갓된 측면일 뿐이었다. 모든 의식 속에 놓여 있는 것인 바, 자신을 넘어서 의향함이 의식의 본질 계기로서 고찰되어야 한다. 그것이 동일한 것에 대한 '더 많이 의향함'으로 불리고 그렇게 불려야 한다는 사실은, 우선은 가능한 판명화의 명증을 통해 알려지고, 결국은 현실적인 계속-지각함과 가능한 계속-지각함이라는 형식에서나 나에 의해 행해질 수 있는 것으로서의 가능한 회상함이라는 형식 속에서 이루어지는 직관적인 해명의 명증을 통해 알려진다.

현상학자는 순수하게 그 자체로서의 지향적 대상에 한갓 소박하게 몰두하면서 작업하는 것이 아니며, 이러한 지향적 대상을 한갓 곧바로 관찰하는 것도 아니며, 그것의 의향된 특징들, 부분들과 속성들을 해석하는 것도 아니다. 왜냐하면 이렇게 할 경우 직관적 의식함이나 비직관적 의식함과 해석하는 관찰 자체를 형성하는 지향성은 '익명적으로' 남을 것이기 때문이다. 다른 말로 하면 의식의 노에시스적인 다양성과 그것의 종합적 통일이 계속 은닉될 것이기 때문이다. 바로 본질적 통일성 수행으로서의 이것 덕분에 우리는 일반적으로 지향적 대상을, 그리고 그때그때 이 특수한 지향적 대상을 의향했고 그것을 흡사 우리 눈앞에 이러저러하게 의향되는 것으로 가질 수 있게 되는데도 말이다. 가령 이러한 은닉된 구성적 수행 덕분에 우리는 (만약 관찰이 즉시 해석으로 계속 이어진다면) 의향된 대상의 특징, 속성, 부분을 명시적으로 드러난 것(Explikate)으로서 곧바로 발견하거나 암묵적으로 의향하고 그다음 직관적으로 드러내 제시할 수 있는 것이다. 현상학자는 모든 대상적인 것과 그 안에 눈앞에 놓여 있는 것들을 오직 '의식 상관자'로서 탐구하고 관찰하고 기술하는 동안, 그는 단지 곧바로 [대상적인 것을] 관찰하고 기술하는 것도 아니고, 이에 상응하는 자아, 대상적인 것을 그 의식 대상으로 갖는 '나는 생각한다'로 한갓 일반적으로 되돌아가는 것도 아니다. 오히려 현상학자는 익명적인 사유하는 삶을 반성적인 시선을 통해 드러내면서 그리로 파고들며, 다양한 의식 방식의 특정한 종합적 경과들 및 그 뒤에 놓여 있는 자아적 태도의 양상들을 해명한다. 이때 이 자아적 태도의 양상들은 대상의 자아에 대한 단적으로-의향되어-

있음, 직관적이거나 비직관적으로 의향되어 있음을 이해하도록 해준
다. 혹은 이것을 통해 우리는 반드시 의식 그 자체를 통해서만, 그리고
그때마다의 의식의 지향적 구조를 통해서만 '존재 성격'과 '규정 내용'
을 갖는 대상(seiendes und soseiendes Objekt)[12]이 의식 안에서 그러한
의미를 갖는 대상으로서 등장할 수 있음을 이해하게 된다. 따라서 예를
들어 현상학자는 공간적인 지각의 경우에(우선은 모든 의미 술어를 도
외시하고 순수하게 '연장 사물(res extensa)'만을 견지하는 경우) 변화
하는 '시각 사물(Sehdinge)'들과 그 밖의 '감각 사물(Sinnendinge)'들이
어떻게 그 자체로 동일한 '연장 사물'의 현출들이라는 성격을 갖는지 탐
구한다.[13] 그는 각각의 연장 사물에 대하여 그의 모든 변화하는 관점들
을 탐구하고, 더 나아가 그것의 시간적인 소여 방식들과 관련해서 파지
적인 가라앉음(retentionale Herabsinken) 안에서 여전히-의식됨
(Noch-bewußtsein)이라는 변양들을 탐구하고, 자아적인 관점에서 주
목의 양상들을 탐구한다. 여기에서 주의해야 할 것은 지각된 것 자체에
대한 현상학적인 해석은 지각의 계속된 진행 속에서 지각된 것을 그것

---

12 역자주 전통적으로 구별되어 온 존재자의 두 측면, 즉 그것의 실존(existentia)과
본질(essentia)에 각각 대응한다. 현상학적으로 지향적 대상은 두 측면으로 분석될 수
있는데, 하나는 예를 들어 대상이 현실적으로 존재하는지 가능적으로 존재하는지와 같
은 존재 성격의 측면이고, 다른 하나는 예를 들어 색이나 형태와 같은 대상의 규정 내
용들이다.

13 역자주 후설은 사물을 세 가지 층위로 나눈다. 우선 우리의 일상적 생활 세계 수준
에서 만나는 사물의 층위가 있는데 이를 물질적 사물(res materialis)이라고 한다. 이는
인과적인 연관 속에서 자기동일성을 유지하는 속성을 갖는 사물을 가리킨다. 이것 바로
아래에 놓여 있으면서 물질적인 속성을 갖지 않고 질화된 공간 형태나 크기만을 갖는
사물이 곧 연장적 사물(res extensa)이다. 이 연장적 사물은, 무엇이 공간적 형태나 크
기를 채우고 있는지에 따라 시각 사물, 촉각 사물 등 다양한 감각 사물로 나누어진다.
가장 아래에는 시간적인 위치와 지속을 갖는 감각 자료들이 있는데 이것이 시간적 사물
(res temporalis)이다.

의 특징에 따라 지각적으로 해명하는 것에 제한되지 않는다는 것이다.[14]
현상학적인 해석은 의식 대상의 의미 안에 포함된 것을, ('뒷면'과 같
이) 한갓 비직관적으로 함께 의향된 것을, 보이지 않는 것을 보이는 것
으로 만들 잠재적인 지각들의 재현[15]을 통해 명료하게 한다. 이러한 사
실은 일반적으로 모든 지향적 분석에 타당하다. 지향적 분석으로서 현
상학적 해석은 분석되어야 하는 개별적인 체험을 넘어선다. 현상학적
해석은 [개별적인 체험들에] 상관적인 지평을 해석함으로써 해당 의식
대상의 대상적인 의미에 대해 구성적으로 기능하는 체험인 매우 다양
한 익명적인 체험을 자신의 주제 영역 속에 세우게 된다. 따라서 현행
적인 체험만이 아니라, 현행적인 체험의 의미 '구성'하는 체험 안에 '함
축되어 있고' '미리 밑그림 그려져 있는' 것으로서의 잠재적인 체험, 드
러내 제시되는 경우 암묵적 의미를 해석한다는 명증적 성격을 갖는 잠
재적 체험이 지향적 분석의 주제 영역 속에 세워진다. 오직 이러한 방
식으로만 현상학자는 다음을 납득할 수 있다. 어떻게 의식 삶의 내재
속에서, 이러한 중단 없는 의식 흐름 속의 이러저러한 성격의 의식 방
식 속에서, 서 있고 머물러 있는 대상적인 통일과 같은 것이 의식될 수
있는지, 그리고 특히 어떻게 자기동일적인 대상의 '구성'이라는 놀라운
수행 활동이 각각의 모든 대상 영역에서 일어나게 되는지, 즉 구성하는
의식 삶이 각각의 모든 의식 삶에서 동일한 대상에 관한 서로 상관적인
노에시스적 변양과 노에마적 변양을 따라 어떤 모습이고 어떤 모습일

---

14 역자주 '지각적 해명'이라고 할 때, 이것은 반성적인 지각과 연관된다. 현재 분석의
대상이 지각인데, 그것을 해명하는 활동 역시 지각이기 때문에 혼동이 될 수 있다. 지
각적 해명이란 그때그때 현행적으로 등장하는 현출들만을 반성적으로 지각하여 지향적
대상을 해명하는 것을 말한다. 여기서는 그때그때 현행적으로 등장하는 지각 현출들을
반성적으로 지각하여 지각 대상을 해명하는 것을 말한다.
15 역자주 'Vergegenwärtigung'을 재현으로 옮긴다. 회상, 예상, 상상, 타자 경험 등
이 여기에 속한다.

수밖에 없는지를 납득할 수 있다. 따라서 모든 지향성에 속하는 **지평 구
조**는 현상학적 분석과 현상학적 기술에게 완전히 새로운 종류의 방법론
을 지시하고 있다. 이 방법론은 의식과 대상, 의향과 의미, 실제적인 현
실성과 이념적인 현실성, 가능성, 필연성, 가상, 진리, 그리고 다른 측
면에서 경험, 판단, 명증 등등이 (순수 심리학과의 평행 속에 있는) 초
월론적 문제들의 이름으로서 등장하고, 주관적 "근원"이라는 진정한 문
제로서 연구되는 모든 곳에서 힘을 발휘한다.

필요한 변경을 가하면 이것은 구성적이자 동시에 초월론적인 현상
학과 평행하는 것으로 넌지시 제시되었던, 자연적 실증성의 지반 위에
있는 '내적 심리학' 혹은 순수 지향적 심리학에도 타당하다. 심리학의
유일한 근본적인 개혁은 지향적 심리학을 순수하게 형성해 내는 것에
달려 있다. 이미 브렌타노가 이를 요구했지만, 유감스럽게도 그는 지향
적 분석, 따라서 [지향적] 심리학을 무엇보다도 가능하게 하는 이 방
법─[이를 통해] 심리학은 비로소 참되고 진실한 무한한 문제학을 개
시하기 때문이다─의 근본 의미를 아직 알지 못했다.[16]

의식 현상의 영역이 바로 헤라클레이토스적인 흐름의 영역이라는 사
실을 고려할 경우에 물론 우선은 순수의식 현상학의 가능성이 상당히
의문스러워지는 것처럼 보인다. 사실 여기에서 객관적인 학문에게 기
준이 되는 것과 같은 개념 형성과 판단 형성의 방법론을 가지고 진행하
고자 하는 것은 절망적인 일일 것이다. 자기동일적 대상으로서의 의식
체험을 경험에 근거해서, 따라서 결국 고정된 개념들을 통해 파악 가능
한 자기동일적 요소들로 풀어낼 수 있다는 이상적인 가정 아래에서 일
종의 자연 대상처럼 규정하려고 하는 것은 물론 망상이다. 의식 체험은

---

16 이 문단의 출처는 『데카르트적 성찰』의 유고본 가운데 하나인 "타자원고 C(Type-
script C)"로 알려진 문서이다. 『데카르트적 성찰』의 영역본인 케언즈(D. Cairns)의
Cartesian Meditations, An Introduction to Phenomenology (1999)의 p. 49 참조.

그러한 종류의 대상에 대한 우리의 불완전한 인식능력 때문이 아니라 선험적으로, 고정된 개념적 규정 가능성의 이념(이러한 이념 아래 고정된 개념을 통해서 근접하게 규정하는 과제가 합리적으로 설정될 수 있을 것이다)에 적합한 최종적인 '요소'나 관계들을 갖지 않는다. 그럼에도 '지향적 분석'의 이념은 정당하다. 왜냐하면 모든 의식 안에서 통일성을 창출하고 대상적인 의미의 통일성을 노에시스적이고 노에마적으로 구성하는 지향적 종합의 흐름 안에는 엄밀한 개념들을 통해 파악될 수 있는 어떤 본질적 유형이 지배하고 있기 때문이다.

§21. "초월론적 실마리"로서의 지향적 대상

모든 특수한 것을 형식으로서 포함하는 가장 일반적인 유형은 우리의 일반적인 도식인 자아-의식 작용-의식 대상이다. 우리가 지향성, 그것에 속한 종합 등에 대해 시도했던 가장 일반적인 기술이 이것과 관련된다. 이러한 [일반적인] 유형과 그것에 대한 기술을 특수화할 때 의식 대상의 측면에 있는 지향적 대상이 **초월론적 실마리**의 역할을 맡는데 그 이유는 쉽게 이해할 수 있다. 이 초월론적 실마리는, 가능한 종합 안에서 지향적 대상을 동일하게 의향된 것으로서 의식의 방식으로 자신 안에 간직하고 있는 다양한 유형의 의식 작용들을 개시(開示)하기 위해 필요한 실마리이다. 출발점은 어쩔 수 없이 그때그때 곧바로 주어진 대상이며, 이것으로부터 반성은 그때그때의 의식 방식으로 되돌아가고, 이러한 의식 방식 안에 지평적으로 포함되어 있는 지평적인 의식 방식들로 되돌아가며, 그다음에는 가능한 의식 삶의 통일 속에서 지향적 대상이 동일한 것으로 의식될 수 있을 의식 방식들로 되돌아간다. 우리가 아직은 여전히 형식적인 일반성의 테두리 안에 머무르고, 하나의 대상

을 그 내용에서는 자유롭고 임의적인 의식 대상으로 취하고 그 일반성
에서 실마리로 취한다면, 이러한 대상에 대한 가능한 의식 방식의 다양
성은, 즉, 형식적인 전체 유형은 날카롭게 구별될 수 있는 일련의 노에
시스-노에마적인 **특수 유형들**로 구별된다. 예를 들어 가능한 지각, 파
지, 회상, 예상, 의미 작용, 유비화하는 직관화(analogisierende Veran-
schaulichung)가 모든 생각해 낼 수 있는 대상들에 속하는 지향성의 유
형들이다. 또한 이러한 개별 유형들 사이의 종합적 엮임(Verflechtung)
의 유형들도 마찬가지이다. 우리가 지향적 대상의 내용적으로 빈 일반
성을 특수화하면, 이 모든 유형은 다시 자신의 전체적인 노에시스-노
에마적인 구조 안에서 특수화된다. 우선 특수화는 형식논리적(형식존
재론적)일 수 있다. 따라서 어떤 것 일반(Etwas Überhaupt)의 여러 양
상들로 특수화될 수 있다. 예를 들어 개별자와 (궁극적으로는) 개체, 일
반자, 다수, 전체, 사태연관, 관계 등등으로 특수화될 수 있다. 여기에
서 또한 (넓은 의미에서) 실제적인 대상과 범주적인 대상 사이의 근본
적인 차이가 등장한다. 후자는 '조작 활동(Operationen)', 단계적으로
산출하고 구축하는 자아 능동성을 자신의 근원으로서 소급 지시하며,
전자는 한갓된 수동적인 종합의 수행을 자신의 근원으로 소급 지시한
다. 다른 측면에서 우리는 내용존재론적인 특수화를 갖는데, 이는 실제
적인 개체라는 개념에 연결되는 것으로서, 예를 들어 (한갓된) 공간 사
물, 영혼 존재 등등과 같이 실제적인 영역들로 나뉘는 특수화이다. 이
에 형식논리적인 변양들에서 이루어지는 상응하는 [내용적] 특수화(실
제적인 속성, 실제적인 다수성, 실제적인 관계 등등)가 이를 뒤따른다.

이러한 실마리를 따라 나오는 모든 유형은 그것의 노에시스-노에마
적인 구조에 대해 심문될 수 있고, 그것의 지향적인 흐름의 방식들, 그
것의 유형적인 지평들 및 이 지평이 함축하고 있는 것 등등의 관점에서
체계적으로 해석될 수 있고 정초될 수 있다. 사람들이 만약 임의의 대

상 하나를 그것의 형식과 범주에서 고정시키고, 그것의 의식 방식들이
변경되는 가운데에도 그것의 동일성을 명증 속에서 지속적으로 유지한
다면, 이러한 의식 방식들은 아무리 그것들이 흘러가며, 최종적인 요소
에서 파악될 수 없다 할지라도, 결코 임의적이지 않다는 사실이 드러난
다. 의식 방식들은 항상 **하나의 구조 유형에 구속되어** 있으며, 이 구조
유형은, 대상성이 바로 이러한 대상성이자 이러한 특성을 갖는 대상성
으로서 의식되어 머물러 있는 한에서, 그리고 이 대상성이 의식 방식이
변경되는 가운데에도 동일성의 명증 안에서 유지될 수 있는 한에서, 깨
어질 수 없는 동일한 구조 유형이다.

바로 이러한 구조 유형들을 체계적으로 해석하는 것이 초월론적 이
론의 과제이며, 초월론적 이론은 그것이 대상적인 일반성을 실마리로
견지하는 한에서 해당 형식이나 범주의 대상으로서, 그리고 최상위로
는 영역의 대상으로서 대상 일반의 초월론적 구성의 이론이라 불린다.
따라서 우선 다양한 초월론적 이론들이, 즉 지각 이론과 그 밖의 직관
이론, 의미 작용 이론, 판단 이론, 의지 이론 등등이 분리되어 생겨난
다. 하지만 이 이론들은 통일적으로 결합된다. 말하자면 이들을 포괄하
는 종합적인 연관과 관련되어 결합된다. 이것들은 기능적으로 서로 결
합되어 **대상 일반**에 관한, 혹은 가능한 의식의 대상으로서의 가능한 대
상 일반의 열려진 지평에 관한 형식적-일반적 구성 이론이 된다.

이것에 이어 더 이상 형식적인 [초월론적] 구성 이론이 아닌, [내용적
인] 초월론적 구성 이론이 생겨나는데, 이것은 자연의 보편적인 연관
속에 있는 개별적인 공간 사물 일반에, 심리물리적 존재에, 인간에, 사
회적 공동체에, 문화 사물에, 마지막으로는 오직 가능한 의식의 세계로
서, 그리고 초월론적으로 오직 초월론적 자아 안에서 의식적으로 구성
되는 세계로서의 객관적인 세계 일반에 관계한다. 당연히 이 모든 것은
일관되게 실행된 초월론적 판단중지 속에서 이루어진다. 그럼에도 우

리는 다음과 같은 사실을 간과해서는 안 된다. 객관적으로 의식된 실제적 대상이나 이념적 대상의 유형만이 '구성적인' 탐구의 실마리가 되는 것이 아니라, 즉 가능한 의식 양상들의 보편적인 유형에 대한 물음 설정 속에서 '구성적인' 탐구의 실마리가 되는 것이 아니라, 모든 내재적인 체험과 같은 한갓 주관적인 대상들의 유형도, 그것이 내적인 시간의식의 대상으로서 개별적으로나 보편적으로 구성되는 한에서 구성적 탐구의 실마리가 된다. 개별적이자 독립적으로 고찰되는 대상 부류들의 문제와 보편성의 문제가 모든 점에서 구별된다. 후자의 문제는 자신의 삶과 존재의 보편성 속에 있으면서 그의 대상적인 상관자의 상관적인 보편성과 관계하고 있는 자아와 관련되는 문제이다. 우리가 초월론적인 실마리로서 통일적인 객관적인 세계를 취한다면, 그것은 전체 삶의 통일성을 관통해 뻗어 있는 객관적인 지각들의 종합과 [의식 삶에] 등장하는 그 외의 객관적인 직관들의 종합을 주관적 원천으로서 소급 지시한다. 이 종합 덕분에 객관적인 세계는 항상 통일체로서 의식되며 주제화될 수 있다. 따라서 세계는 자아론적인 보편 문제이며, 마찬가지로 순수한 내재적인 시선 방향 속에서 자신의 내재적인 시간성 속에 있는 전체의식 삶 역시 자아론적인 보편 문제이다.

§22. 모든 대상들의 보편적인 통일의 이념과 그것을 구성적으로 해명하는 과제

우리는 미리 타당한 것으로 간주되는 학문적 개념들의 '선입견들'에서 주어지는 것이 아니라 현상학적인 환원 속에서 순수하게 의식 대상으로서 파악된 대상 유형들을 주제적으로 서로 연관 귀속된 초월론적인 탐구의 실마리로 발견했다. 현실적이거나 가능적으로, 동일한 대상의 종합의 통일로 결합되는 [대상을] 구성하는 의식 다양체들은 이러한 종합의 가능성의 측면에서 우연적으로가 아니라 본질적인 근거에서 서로 연관 귀속되어 있다. 따라서 의식 다양체들은 어떤 원리들 아래에 놓여 있는데, 이 원리들 덕분에 현상학적인 탐구들은 연관 없는 기술들 속에서 길을 잃지 않고, 본질적 근거로부터 서로 통합된다. 모든 객관, **모든 대상 일반**은 (그리고 모든 내재적인 대상도) **초월론적 자아의 어떤 규칙 구조**를 가리킨다. 초월론적 자아에게 표상된 것, 혹은 어떤 식으로든 의식된 것으로서 모든 대상은 본질적으로 미리 밑그림 그려진 어떤 유형의 대상으로서 그에 대한 가능한 의식의 보편적 규칙을 지시한다. 그리고 사고 가능한 것으로 표상되는 모든 '떠올릴 수 있는 것'도 당연히 이미 그러하다. 초월론적 주관성은 지향적 체험들의 카오스가 아니다. 또한 지향적 대상의 종류나 형식과의 관련을 통해 각각 조직되는 구성적인 [지향적 체험] 유형들의 카오스가 아니다. 다시 말해, 내가, 초월론적으로 말하면, 초월론적 자아로서의 내가 떠올릴 수 있는 대상들과 대상 유형들 전체는 카오스가 아니다. 이와 상관적으로 대상 유형들에 상응하는, 그때그때 가능한 종합에 의거해서 노에시스적이고 노에마적으로 서로 연관 귀속되는 무한히 다양한 [지향적 체험] 유형들 전체도 카오스가 아니다.

이러한 사실은 하나의 보편적인 구성적인 종합을 지시하는데, 모든 각각의 종합들은 이 보편적인 종합 안에서 특정한 질서를 따라 서로 연관되어 기능한다. 따라서 이 보편적인 종합 안에는 초월론적 자아에 대해 존재하는 것으로서의 모든 현실적이고 가능적인 대상들이 포함되며, 이와 상관적으로 그것의 모든 현실적이고 가능적인 의식 방식들이 포함된다. 우리는 또한 다음과 같이 말할 수 있다. 그것은 초월론적 현상학 전체의 과제인 어마어마한 과제를 암시하고 있는데, 이 과제는 체계적이고 모든 것을 포괄하는 통일적 질서 안에서, 가능한 의식의 모든 대상들의 단계적으로 부각될 수 있는 체계를, 그리고 그중에서 모든 대상들의 형식적이고 내용적인 범주들의 체계를 유동적인 실마리로 삼아 실행해야 하는 과제이며, **모든 현상학적 탐구들을** [대상들의 체계에] **상응하는 구성적 탐구로서**, 따라서 엄밀하게 체계적으로 구축되고 서로 연결된 탐구로서 **실행해야 하는** 과제이다.

그러나 다음과 같이 말하는 것이 낫겠다. 이것은 무한한 **규제적인 이념**이다. 명증적인 예기 속에서 미리 정립될 수 있는, 가능한 의식의 대상들로서의 가능한 대상들의 체계는 (꾸며낸 것이거나 "상상물"[17]은 아니지만) 그 자체로 하나의 이념이고 실천적으로는 다음의 원칙을 우리에게 쥐여준다. 이 원칙이란 의식 대상들 내부의 고유한 지평들뿐 아니라, [의식 대상들] 외부를 향한, 연관의 본질적 형식들을 지시하는 지평들도 지속적으로 해명함으로써, 상대적으로 닫힌 각 구성 이론을 [다른] 모든 구성 이론과 결합한다는 원칙이다. 물론 대상적인 개별 유형이라는 제한된 실마리에서 제시되는 과제도 이미 매우 복잡한 것으로 드러나며, 더 깊게 파고들어 감에 따라 어디에서든 거대한 분과들로 우리를 이끌어 간다. 예를 들어 공간적 대상, 심지어 자연 일반의 초월론적 구성 이론, 영혼성과 인간성 일반, 문화 일반의 초월론적 구성 이론이 그것들이다.

---

17 역자주 '상상물'은 '마치-처럼(als ob)'을 옮긴 것이다. '마치-처럼(als ob)'은 지각이나 기억과 대비되는 상상의 작용 성격을 표현하는 용어이다.

제3성찰
___

구성적인 문제학. 진리와 현실성

§23. "이성"과 "비이성"이라는 표제 아래에서의 초월론적 구성에 관한 더욱 엄밀한 개념

우리에게 이제까지 현상학적인 구성은 지향적 대상 일반의 구성이었다. 그것은 의식 작용-의식 대상이라는 표제가 아우르는 전체 폭을 포괄한다. 우리는 이제 이러한 폭을 구조적으로 구분하고 구성의 더욱 엄밀한 개념을 준비해 가도록 하자. 이제까지는 참되게 존재하는 대상인지 존재하지 않는 대상인지, 가능한 대상인지 불가능한 대상인지 등은 문제가 되지 않았다. [그러나] 이러한 차이는 세계의 존재와 비존재에 대한(또한 그에 이어지는 그 밖의 선소여된 대상성들의 존재와 비존재에 대한) 결정을 중지한다 하더라도, 물음에서 아마 배제되지 않을 것이다. 오히려 이 차이는 존재와 비존재에 상관적인 표제로 넓게 이해되는 이성과 비이성이라는 표제 아래 놓여 있는 현상학의 보편 주제이다. 판단중지를 통하여 우리는 순수 의향('나는 생각한다') 및 의향된 것으로서의 순수 의향된 것으로 환원한다.[1] 존재와 비존재라는 술어 및 그것의 양상적 변양들은 후자[의향된 대상], 단적인 대상(Gegenstände schlechthin)이 아니라 **대상적인 의미**와 관련된다.[2] [이에 비해] 참(올바름)과 거짓이라는 술어는 가장 넓은 의미에서이긴 하지만 전자와, 즉 그때그때의 의향함과 관련된다. 의향하는 체험이나 의향된 대상 자체에 붙는 이러한 술어들은 현상학적 자료로서 곧장 주어지는 것이 아니라 자신의 '현상학적인 근원'을 가진다. 어떤 범주에 속하는 의향되는 각 대상에 관한, 종합적으로 상호 연관된 의식 방식들의 다양체는 현상학적 유형에 따라 탐구될 수 있는 바, 이러한 다양체에는 그때그때 초기 의향을 확증하는, 특히 명증적으로 확증하는 종합이나, 이와 반대로 폐기하는, 명증적으로 폐기하는 종합이라는 유형적 스타일을 가지는 종합이 속한다. 이때 이와 상관적으로, 의향된 대상은 존재하는 대상

---

1 역자주 여기서 후설은 의식 작용-의식 대상이라는 용어 대신에 의향(Meinung)-의향된 대상(Vermeintes)이라는 용어를 사용하고 있다. 후설은 여기서 진리의 문제를 다루기 때문에, 그리고 진리는 의향이 충족되는 것을 통해 구성되기 때문에 의식 작용을 특별히 의향이라고 지칭하였고, 의식 대상을 특별히 의향된 대상이라고 지칭한 것으로 보인다.

2 역자주 후설은 지향적 대상의 구조를 셋으로 나눈다. 1) 단적인 대상(Gegenstand schlechthin) 2) 규정 방식 속의 대상(Gegenstand im Wie seiner Bestimmtheit) 3) 소여 방식 속의 대상(Gegenstand im Wie seiner Gegebenheitsweise) 이 셋 모두를 합친 것을 완전한 노에마라고 부른다. 단적인 대상은 대상의 규정 방식과 소여 방식을 담지하는 어떤 것 X를 말하고, 규정 방식 및 소여 방식은 대상 X가 담지할 수 있는 노에마적 의미, 혹은 대상적 의미를 가리킨다. 규정 방식은 대상의 의미핵을 가리킨다. 이에 반해 소여 방식은 동일한 의미핵이 주어지는 다양한 양상을 가리킨다. 의미핵에서 동일한 것, 예를 들어 동일한 색깔, 모양, 크기의 주사위가 다른 소여 방식, 즉 지각에서 주어질 수 있거나 기억 속에서 주어질 수 있다. 대상의 소여 방식에는 이처럼 지각이냐 기억이냐 상상이냐와 같은 지향적 체험의 작용 성격에 따라, 혹은 확실성에서 주어지느냐 의심스럽게 주어지느냐와 같은 믿음 성격에 따라, 충족되어 직관적으로 주어지느냐 빈 채로 충족되지 못하고 주어지느냐와 같은 명증 성격에 따라, 자아적인 주목의 양상이냐 암묵적인 양상이냐와 같은 주목 양상에 따라 다양한 종류의 소여 방식들이 있다. 존재와 비존재라는 술어는 지향적 체험의 명증 성격에 상응하는 노에마적 의미, 대상적 의미에 해당된다.

혹은 존재하지 않는 대상(폐기되거나 '삭제된' 존재)이라는 명증적 성격을 가진다. 이와 같은 종합적 사건들은 높은 단계의 지향성들로서 배타적 선언(選言)[3]의 방식으로 모든 대상적인 의미에 속하며, 본질적으로 초월론적 자아의 측면에서 생산될 수 있는 작용들이자 이성의 상관자이다. **이성은 우연적이고 사실적인 능력이 아니고,** 가능한 우연적인 사실들에 대한 표제가 아니라, **초월론적 주관성 일반의 보편적으로 본질적인 구조 형식에 대한 표제이다.**

이성은 확증의 가능성들을 지시하고, 이 [확증의 가능성들]은 최종적으로, 명증적으로 만듦(Evident-machen)과 명증적으로 가짐(Evident-haben)을 지시한다.

우리는 이러한 사실을 우리의 성찰의 시작점에서, 즉, 우리가 최초의 소박함 속에서 방법적인 방향성을 처음 찾으려고 했으며 따라서 아직 현상학적인 지반 위에 서 있지 못했던 시작점에서 이미 언급했어야 마땅했다. 이것이 이제 우리의 현상학적인 주제가 된다.

§24. 자체 소여로서의 명증과 그것의 변양들

가장 넓은 의미에서 명증은 지향적 삶의 일반적인 근원 현상이다. 그것은 (선험적으로 '텅 비고' 미리 의향하고 간접적이고 비본래적일 수도 있는 여타 의식함에 대립하여) 어떤 사태, 사태연관, 일반성, 가치 등이 '그 자체로 있음', '직접적이고 직관적으로 소여됨', '원본적으로 소여됨'이라는 궁극적 양상 속에서 자체 현출하고 자체 현시되며 자체 소여되

---

3 역자주 배타적 선언(exklusive Disjunktion)는 두 가지 가운데 반드시 하나만 참이고 다른 하나는 거짓이어야 하는 경우를 말한다. 둘 다 참이거나 거짓인 경우는 제외된다.

는 완전히 특출한 의식 방식이다. 이는 자아에 대해서 다음을 의미한다. 혼란스럽고 빈 채로 미리 의향하면서 어떤 것을 겨냥해 의향하는 것이 아니라, 그것 자체 곁에 있음, 그것 자체를 봄, 직관, 통관(通觀, einsehen)이다. 일상적인 의미에서의 경험은 하나의 특수한 명증이며, 명증 일반은 가장 넓은 의미이지만 본질적으로 통일된 의미에서 경험이라고 말할 수 있다. 물론 명증은 어떤 대상들과 관련하여 의식 삶에서 때때로 일어나는 사건일 뿐이지만, 그럼에도 그것은 하나의 가능성을, 더 정확히 말하면 이미 의향되었거나 앞으로 의향될 수 있는 모든 대상에 대하여 어떤 노력하고 현실화하는 지향의 목표로서 하나의 가능성을 가리키며, 따라서 **지향적 삶 일반**의 본질적인 **근본 성향**을 가리킨다. 모든 의식 일반은 그 자체로 이미 명증의 성격을 가지거나, 즉 그의 지향적 대상과 관련하여 지향적 대상을 그것 자체에서 증여하고 있거나, 아니면 그것 자체로 증여함[4]으로의 변환을, 따라서 '나는 할 수 있다'의 영역에 본질적으로 속한 확증의 종합을 본질적으로 겨냥하고 있다. 우리는 초월론적인 환원의 대도에서 모든 막연한 의식을 다음과 같이 심문할 수 있다. 의향된 대상의 동일성이 견지되는 조건 아래, 의향된 대상이 '그것 자체'의 양상에서 이 막연한 의식에 상응하는지 혹은 상응할 수 있는지 그리고 [만약 상응한다면] 어느 정도로 상응할 수 있는지 심문할 수 있다. 혹은 동일한 말이지만, 아직 규정되지 않고 예기된 부분이 이와 동시에 더욱 상세히 규정될 경우, 앞서 정립된 의향된 대상이 그것 자체로는 어떻게 보일 것인지를 심문할 수 있다. 확증의 진행 속에서 확증은 부정으로 전환될 수 있고, 의향된 것 대신에 '다른 것'이, 그것도 '그것 자체'의 양상에서 등장할 수 있으며, 이 다른 것에

---

4 역자주 수동적인 의미를 갖는 'Selbstgegebenheit'은 '자체 소여'로, 능동적인 의미를 갖는 'Selbstgebung'은 '자체 증여'로 옮긴다.

서 처음 의향된 것의 정립은 좌절되고 무실함(Nichtigkeit)이라는 성격
을 얻게 된다.

비-존재는 단적인 존재 혹은 존재 확실성의 여러 양상 중 하나일 뿐
이지만, 어떤 이유 때문에 논리학에서 우대받는 양상이 되었다. 하지만
가장 넓은 의미에서 명증은 존재와 비존재라는 개념의 상관개념인 것
만은 아니다. 그것은 단적인 존재의 그 밖의 양상적 변양들, 예를 들어
가능-존재, 개연-존재, 의심-존재 등에서도 이와 상관적으로 변양된
다. 또한 이러한 계열에 속하지 않으며 감정과 의지 영역에서 유래하는
가치-존재, 좋음(善)-존재와 같은 변양들에서도 이와 상관적으로 변양
된다.

§25. 현실성과 유사-현실성

이러한 모든 차이들은 의식 전체 영역 및 이와 상관적인 모든 존재 양
상들을 관통하는 현실성과 상상(마치-처럼의 현실성)의 평행하는 차이
들로 다시 분할된다. 후자[상상]의 측면에서 **가능성**(Möglichkeit)이라
는 새로운 일반적 개념이 생겨나는데, 이 개념은 단적인 존재 확실성에
서 시작하여 모든 존재 양상들을 한갓된 생각 가능성이라는 양상에서
(마치 그것인 것처럼 사고함이라는 양상에서) 반복한다. 그것은 '현실
성'의 양상들(현실적임, 현실적으로 개연적임, 현실적으로 의심스러움,
현실적으로 무실함 등)에 대립하여, 순수한 상상적인 '비현실성'의 양
상들에서 이것들을 반복한다. 따라서 이와 상관적으로 '정립성(Posi-
tionalität)'의 의식 양상들과 '유사-정립성(Quasie-Positionalität)'의
의식 양상들(물론 너무 다의적인 표현이기는 하지만, 마치-처럼의 양
상, '상상함'의 양상)이 구별된다. 그리고 이 [의식 양상의] 특수한 방식

들에는 의향되는 대상들의 고유한 명증 방식들이, 그것도 그때그때 이 대상들의 존재 양상들에서 상응한다. 마찬가지로 명증적으로 만듦이라는 고유한 잠재성들도 상응한다. 이 [명증적으로 만듦]에는 우리가 종종 명료화(Klärung)나 명료화함(zur Klarheit bringen)이라고 부르는 것이 속한다. 그것은 항상 **명증적으로 만듦의 한 양상**, 다시 말해 불명료한 의향으로부터 이에 상응하는 '미리 이미지화하는 직관'에 이르는 종합의 길을 준비하고 인도하는 작업의 한 양상을 가리킨다.[5] '미리 이미지화하는 직관'은 그것이 직접적이고 자체 증여하는 직관에 이른다면 이 의향을 그 존재 의미에 있어 확증하며 충족하리라는 의미를 암묵적으로 내포한다. 이러한 확증하는 충족을 미리 이미지화하는 직관은 존재를 현실화하는 명증은 아니더라도 그때그때 내용의 존재 가능성을 현실화하는 명증을 산출한다.

§26. 명증적인 확증의 상관자로서의 현실성

이러한 짧은 언급을 통해 지향적 분석의 문제 가운데 우선 형식적이고 일반적인 문제들이 제시되었고, 이와 관련되는 탐구가, 즉 **형식-논리적인 근본 개념들과 원리들의 현상학적인 근원**과 관련되는 이미 매우 포괄적이며 어려운 탐구가 제시되었다. 하지만 그뿐만이 아니다. 이 개념들은 그것의 형식-존재론적인 일반성에서 **의식 삶 일반의 보편적인 구조 법칙성**을, 오직 그에 힘입어 진리와 현실성이 우리에게 의미를 가지며 가질 수 있게 하는 **의식 삶 일반의 보편적인 구조 법칙성을 지시한다**는

---

5 '미리 이미지화하는 직관(vorverbildlichende Anschauung)'은 의향이 직관에 이르기 위해 거치는 '명증적으로 만듦(Evidentmachen)'의 과정에 속하는 의식 방식으로서, 직관될 것을 미리 이미지를 통해 떠올리는 단계를 말한다.

중요한 인식이 이들과 함께 함께 열린다. 가장 넓은 의미에서의 대상
(실제적 사물, 체험, 수, 사태연관, 법칙, 이론 등등)이 나에 대해 존재
한다는 것은 우선은 명증에 대해 아무것도 말하는 바가 없으며, 단지
그것이 나에게 타당하다는 것, 다른 말로 표현하면, 그것이 나에게 의
식의 방식으로, 그때그때 어떤 믿음의 정립적 양상에서 의식된 의식 대
상으로서 존재한다는 것만을 말할 뿐이다. 하지만 우리는 또한 명증적
인 동일성 종합의 길이 명증적으로 주어진 것과의 충돌로 이끄는 경우,
이러한 타당성을 곧장 포기해야만 한다는 것을 당연히 알며, 오직 올바
르고 참된 현실성을 자체 증여하는 명증적인 확증의 종합을 통해서만
현실적 존재를 확신할 수 있다는 사실을 당연히 안다. 다음은 분명하
다. 대상의 진리 혹은 참된 현실성은 오직 명증으로부터만 길어 올릴
수 있다는 것, 그리고 대상의 형식과 종류가 어떠하든 '현실적으로' 존
재하고 참되며 정당하게 타당한 대상은 오직 명증을 통해서만 우리에
게 의미를 가진다는 것, 또한 우리에 대해 참된 규정된 존재라는 이름
아래에서 이 대상에 속한 규정들도 마찬가지라는 것을 안다. 모든 올바
름은 거기로부터, 그리고 우리의 초월론적 주관성으로부터 나오며, 모
든 생각할 수 있는 일치는 우리의 확증으로서 생겨나는 것이고 우리의
종합이며 우리 안에서 자신의 최종적인 초월론적 근거를 가진다.

§27. "존재하는 대상"의 의미에 대해 구성적으로 기능하는 습관적이고 잠재적인 명증

의향된 것으로서의 모든 의향된 대상의 동일성과 마찬가지로, 참되게
존재하는 대상의 동일성, 그다음에는 의향된 것으로서의 의향된 대상
과 참되게 존재하는 대상 사이의 일치의 동일성은 흘러가는 명증 체험

과 확증 체험의 내실적인 계기가 아니다. 이것은 **이념적인 내재**로서, 그에게 본질적으로 귀속하는, 가능한 종합들의 계속되는 연관들을 지시한다. 모든 명증은 나에 대해 머물러 있는 가짐(bleibende Habe)을 '건립'한다. 나는 그것 자체에서 직관된 현실성에 '항상 다시' 되돌아갈 수 있는데, 이는 최초의 명증을 '재수립'하는 일련의 새로운 명증들을 통해서 이루어진다. 예를 들어 내재적 소여의 명증의 경우, '나는 항상 다시 할 수 있다'가 만들어내는 무한히 열려진 잠재적 지평을 동반하는 일련의 직관적인 회상들의 형식 속에서 [나는 항상 최초의 명증으로 다시 되돌아갈 수 있다]. 이와 같은 가능성들 없이는 우리에게 서 있고 머물러 있는 어떠한 존재도 있을 수 없고 실제적인 세계와 이념적인 세계도 있을 수 없으리라. 이런 각 세계는 명증적으로 만들 수 있고 획득된 명증을 반복할 수 있다는 명증 혹은 가정 덕분에 우리에 대해 존재한다.

이미 이로부터 다음과 같은 사실이 따라 나온다. 개별적인 명증은 아직은 우리에게 머물러 있는 존재를 만들어주지 못한다. 모든 존재자는 가장 넓은 의미에서 "즉자적으로(an sich)" 있으며 개별적인 작용들이 나에 대해 우연적으로 존재함에 대립해 있다. 마찬가지로 모든 진리는 이러한 넓은 의미에서 "즉자적 진리"이다. 이러한 넓은 의미에서의 즉자는 명증을 지시하지만, 체험 사실로서의 명증이 아니라, 초월론적인 자아와 그의 삶 안에 정초된 어떤 잠재성들을 지시한다. 그것은 우선은 동일한 대상에 종합적으로 연관된 의향들의 무한한 잠재성들을 지시하지만 그다음에는 이 [의향들]의 확증의 잠재성들, 체험 사실들로서 무한하게 반복될 수 있는 잠재적 명증들도 지시한다.

§28. 세계 경험의 추정적인 명증. 완전한 경험 명증의 상관 이념
으로서의 세계

명증들은 그밖에도 또 다른 방식으로, 그것도 매우 복잡한 방식으로,
동일한 대상과 관련된 무한한 명증들을 지시한다. 바로 명증들이 자신
의 대상을 본질적인 일면성에서 자체 증여하는 곳에서 항상 이러하다.
이러한 사실은 전체 세계이든 개별적인 대상이든 실제적인 객관적인
세계를 우리에게 직접적이고 직관적으로 존재하게 하는 전체 명증들
이외 다른 것에 해당되는 것이 아니다. [실제적인 객관적인 세계에] 속
한 명증은 '외적인 경험'이다. 이와 다른 자체 증여의 어떠한 방식도 이
러한 대상에 대해 생각 불가능하다는 사실이 본질 필연적으로 통찰될
수 있다. 그러나 다른 한편으로, 이러한 명증 방식에는 본질적으로 '일
면성'이 속한다는 것, 더 정확히 말하면 충족되지 않았지만 충족을 필요
로 하는 예기의 다형적 지평이 속한다는 것, 따라서 상응하는 잠재적인
명증을 지시하는 한갓된 의향들로 이루어진 지평이 속한다는 것이 통
찰될 수 있다. 이러한 명증의 불완전성은 명증에서 명증으로의 현실화
하는 종합적인 이행 속에서 완전성으로 나아가지만, 어떠한 생각할 수
있는 종합도 충전적인 명증으로 끝나지 못하고, 오히려 항상 충족되지
못한 미리 의향함과 함께 의향함을 다시 동반한다는 것은 필연적이다.
이와 동시에 예기 속에서 계속되는 존재 믿음이 충족되지 않을 가능성,
'그것 자체'의 양상에서 현출한 것이 존재하지 않거나 혹은 다르게 존재
할 가능성은 항상 열려 있다. 그럼에도 불구하고 외적인 경험은 본질상
유일하게 확증하는 힘이다. 물론 수동적이거나 능동적으로 진행되는
경험이 일치의 종합이라는 형식을 가지는 한에서이긴 하지만 말이다.
이러한 방식으로 세계의 존재는 자체 증여하는 명증에서조차도 의식에
게 '초재적'이고, 필연적으로 변함없이 초재적이라는 사실은 다음과 같

은 점을 전혀 변경시키지 않는다. 모든 초재적인 것은 의식과 분리할 수 없게 오직 의식 삶 안에서 구성된다는 점, 의식 삶은 특별히, 그리고 세계의식으로서 자신 안에 세계 및 '현실적으로 존재하는 이 세계'의 의미를 분리 불가능한 방식으로 지니고 있다는 점을 전혀 변화시키지 않는다. 세계의 현실성과 '초재'를 해명하는 것, 그다음 이것을 의미와 존재 현실성을 구성하는 초월론적 주관성과 분리할 수 없는 것으로 입증하는 것 모두 결국 경험 지평을 해명하는 일일 뿐이다. 세계에 관한 모든 경험(이 경험에서 현실적으로 존재하는 대상은 오직 의식 연관 안에서 의향되고 의향될 수 있는 통일체로서만, 완전한 경험 명증에서라면 그것 자체로 주어질 통일체로서만 의미를 가질 수 있다)으로부터 무한히 계속해서 가능한 경험의 일치를 향한 지시가 일어난다는 것은 세계의 현실적인 대상과 바로 세계 자체가 하나의 무한한 이념, 일치해서 통일될 수 있는 무한한 경험들과 연관된 이념이라는 사실을 분명히 말하고 있다. 즉 가능한 경험들의 완전한 종합 이념에, **완전한 경험 명증의 이념에 상관적인 이념**이라는 것을 분명히 말하고 있다.

§29. 명증들의 초월론적 체계의 지표로서의 내용존재론적 영역들과 형식존재론적 영역들

우리들은 이제 자아 및 그의 의식 삶의 초월론적 자기 해석이라는 거대한 과제, 이러한 자아와 그의 의식 삶 안에서 정립되고 정립될 수 있는 대상과 관련하여 생겨나게 되는 거대한 과제를 이해하게 된다. (모든 양상들에 있어) 참된 존재와 진리라는 표제는, 초월론적 자아로서의 나에게 의향되거나 의향될 수 있는 모든 대상 일반과 관련해서, 대상과 관계하고, 따라서 동일성 종합의 통일에 함께 기여할 수 있는 **무한히 다**

양한 현실적이고 가능적인 의식 작용들 내부에서의 구조 나눔을 가리킨
다. 현실적으로 존재하는 대상은 이러한 [의식 작용들의] 다양성 내부
에 있는 하나의 특수 체계를 지시하는데, 이는 이 [현실적으로 존재하
는] 대상과 연관된 명증들의 체계이며, [체계 안에서] 이 명증들은 비록
무한하지만 하나의 전체 명증으로 결합되어 있다는 점에서 종합적으로
서로 공속한다. 이것은 절대적으로 완전한 명증으로서 대상을 마침내
그것이 존재하는 바대로 자체 증여할 것이며, 이것의 토대에 놓여 있는
개별 명증들에서 여전히 충족되지 못한 선(先)지향으로 존재하는 모든
것은 이러한 종합 속에서 충전적으로 충족될 것이다. 이러한 명증을 실
제로 산출하는 것(상술한 바와 같이, 모든 객관적이고 실제적인 대상에
게 절대적 명증은 하나의 이념이므로, 이러한 명증을 실제로 산출하는
것은 부조리한 목표이다)이 아니라, 그것의 본질 구조, 혹은 이 명증들
의 이념적이고 무한한 종합을 체계적으로 건립하는 무한한 차원들의
본질 구조를 그것의 모든 내적인 구조에 있어서 해명하는 것이 완전히
규정된 막대한 과제이다. 이것은 **단어의 엄밀한 의미에서, 존재하는 대
상성의 초월론적 구성**의 과제이다. 우리는 형식-논리적인(형식-존재론
적인) 대상 일반의 개념에 의지하는 형식적인 일반적 탐구(따라서 대상
들의 다양한 특수 범주의 내용적인 특수성들에는 무관심한 탐구) 외에
도, 지금까지 제시된 바와 같이 더 이상 형식-논리적이지 않은 최상위
의 대상 범주들('영역들') 각각에서 일어나는 구성이라는 막대한 문제
학을 가진다. 이것은 객관적인 세계라는 표제 아래에 있는 영역들이다.
항상 존재하는 것으로 '소여되는 것'이자, 이와 동시에 객관적인 세계
안에 항상 전제되는 물리적 자연, 인간, 인간 공동체, 문화 등등에 대한
구성적 이론이 필요하다. 이러한 이름들 각각은 소박한 존재론적인 부
분 개념들(예를 들어 실제적 공간, 실제적 시간, 실제적 인과성, 실제적
사물, 실제적 속성 등등)에 상응하는 다양한 탐구 방향들을 포함하는

거대한 분과들을 가리킨다. 당연히 이 모든 것에서 관건이 되는 것은 초월론적인 체험으로서의 경험 자체 안에 함축된 지향성을 해명하는 것이고, 미리 밑그림 그려진 지평들과 이 지평들에서 특정한 스타일을 따라 늘 다시 생겨나는 새로운 지평들을, 충족하는 가능한 명증으로의 이행에 의거하여 체계적으로 해석하는 것이다. 물론 이것들은 지향적 상관관계에 대한 지속적인 연구에서 이루어진다. 종합적인 통일성 속에 있는 구성하는 명증들의 고도로 복합적인 지향적인 층 구조가 대상과 관련하여 드러난다. 예를 들어 대상적이지 않은('한갓 주관적인') 대상의 단계가 가장 아래의 대상적 토대로부터 상승하면서 정초된다. 내재적인 시간성, 흘러가면서 자신 안에서 자신에 대해 구성되는 삶이 바로 이러한 가장 아래의 토대로 항상 기능하고 있으며, 이것을 구성적으로 해명하는 것이 자신 안에서 시간적인 자료를 구성하는 근원적 시간 의식에 관한 이론의 주제이다.

제4성찰

초월론적 자아 자체의 구성적 문제의 전개

§30. 자신의 체험과 분리될 수 없는 초월론적 자아

대상은 오직 현실적 의식이나 가능적인 의식의 대상으로서만 나에 대해 존재하고, 나에 대해 규정된 대상으로서 존재한다. 이것이 어떠한 공허한 말로 그치거나 공허한 사변의 주제가 되지 않기 위해서는, 이러한 나에 대해 존재함과 규정 내용에서 존재함을 구체적으로 형성하는 것이 무엇인지, 혹은 어떠한 종류의 구조화된 현실적 의식이나 가능적인 의식이 문제가 되는 것인지, 여기서 '가능성'이란 무엇을 의미하는 것인지 등이 제시되어야 한다. 우선은 앞서 제시된 넓은 의미에서의 구성적 탐구, 그다음에는 보다 좁고 방금 기술된 의미에서의 구성적인 탐구만이 이것을 수행할 수 있다. 이것만이 지향성 및 그것의 지평의 본질이 요구하는 유일하게 가능한 방법이다. 이미 예비적인 분석, [초월론적-현상학적] 과제가 갖는 의미를 깨닫게 한 [앞의] 분석을 통해 초월론적 자아(이에 평행하여 심리학에서는 영혼)는 오직 그의 본질상 지향적 대상과의 관계에서만 존재한다는 것이 분명해졌다. 이러한 지향적 대상들에는 자아에 대해 필연적으로 존재하는 대상들도 있고, 세계와 연관된 자아로서의 자아에 대해서 충전적으로 확증될 수 있는 내재적인 시간 영역의 대상들뿐 아니라, 오로지 충전적이지 않고 추정적일 뿐인 외적 경험에서 경험 경과의 일치에 의해서만 존재하는 것으로 입증되는 세계 대상들도 있다. 따라서 자아의 본질 고유성은 항상 계속해서 지향성의 체계와 그것의 일치 체계를 갖고 있되, 그 일부는 자신 안에서 경과하고 있는 것으로서, [나머지] 일부는 확고한 잠재성으로서 존재하되 미리 밑그림 그려진 지평을 통해 언제든지 마음대로 해명할 수 있는 것으로서 갖고 있다는 점에 있다. 자아에 의해 그때그때 의향되고, 사고되고, 가치 평가되고, [실천적으로] 다루어지는 모든 대상들, 그뿐 아니라 상상되고 상상될 수 있는 모든 대상들 또한 그들의 상관자인 자아의 체계를 지시하며, 오직 이러한 [체계의] 상관자로서만 존재한다.

§31. 체험들의 동일성의 극으로서의 자아

그러나 이제 우리는 우리 기술의 거대한 공백에 주목해야만 한다. 자아 자체는 계속되는 명증 속에서 자기 자신에 대해 존재하는 자이다. 따라서 **자신 안에서 자기 자신을 존재하는 것으로서 계속해서 구성하는 자**이다. 이제까지 우리는 이러한 자기 구성의 한 측면만을 다루었고 흘러가는 의식 작용만을 주시해 왔다. 자아는 자신을 단지 흘러가는 삶으로만 파악하는 것이 아니라, 이런저런 흘러가는 삶을 체험하는 자아로서, **동일한 자아**로서 이런저런 의식 작용을 관통해 사는 자로서 파악한다. 이제까지는 의식과 대상, 의식 작용과 의식 대상 사이의 지향적 관계에 몰두해 왔으며, 우리에게는 현실적 의식과 가능적 의식의 다양성들을 동일한 대상을 향해 극화(極化, polarisieren)하는 종합만이 등장했다.
다시 말해 극이자 종합적 통일체로서의 대상과 관련된 종합만이 등장
했다. 이제 우리에게 두 번째 극화가, 두 번째 방식의 종합이 등장하는
데, 이것은 의식 작용들의 특수한 다양성들 모두를 총체적이고도 고유
한 방식으로, 즉 동일한 자아의 다양성들로 포괄하는 종합이다. 이 동
일한 자아는 의식 활동의 수행자이자 촉발되는 자로서 모든 의식 체험
들 안에 살며, 이러한 의식 체험들을 관통해서 모든 대상극들과 관계
한다.

§32. 습관성의 기체로서의 자아

그러나 이제 다음의 사실이 언급되어야 한다. 이러한 중심화하는 자아
는 (모든 대상과 마찬가지로) [내용이] 빈 동일성의 극이 아니다. 그것
은 '초월론적인 발생'의 법칙성 덕분에, 자신으로부터 발산하는 작용이
새로운 대상적 의미를 가짐과 더불어 **머물러 있는 새로운 속성**을 획득한
다. 예를 들어 내가 최초로 하나의 판단 작용을 통해 [대상의] 존재 성
격과 규정 내용에 대해 결정을 내린다면, 이 덧없는 작용은 흘러 지나
가지만, 이제부터 나는 그렇게 결정한 자아이자 그런 자아로 남으며 그
러한 확신을 가진다. 그러나 이것은 단지 내가 그 작용을 기억한다거나
계속해서 기억할 수 있다는 것을 말하는 것이 아니다. 나는 그 사이 나
의 확신을 '폐기'했더라도, 그 작용을 기억할 수 있는 것이다. 삭제 후에
는 그것은 더 이상 나의 확신이 아니지만, 삭제 전까지는 여전히 나의
확신이었다. 그것이 나에게 타당한 것인 한 나는 그것으로 반복해서 '돌
아갈 수 있고', 그것을 나의 것으로, 습관적으로 나에게 고유하게 속한
것으로 항상 다시 발견할 수 있다. 혹은 나는 나를 확신하는 자아로서,

고수(固守)하는 자아로서, 이러한 머물러 있는 하비투스(Habitus)를 통해 규정된 자아로서 발견할 수 있다. 가치 결정이나 의지 결정을 포함하여 모든 종류의 결정에 대해서도 마찬가지이다. 나는 결정한다. 그러면 이 작용 체험은 흘러가 버리지만 그 결정은 고수된다. 내가 깊은 잠에 빠져 수동적이 되거나 다른 작용들을 관통해 살거나 어쨌든 그 결정은 계속 타당하다. 이와 상관적으로 계속해서 나는 그렇게 결정한 자아고, 내가 그 결정을 포기하지 않은 한에서 그러하다. 결정이 [결정을] 완결 짓는 것인 바, 행위를 향한다면, 결정은 이러한 [행위에 의한] 충족을 통해 가령 '폐기되지' 않고, 충족의 양상 속에서 계속 타당하다. 즉,─'나는 계속해서 나의 행위를 향해 있다.' 자아 자신, 자신의 머물러 있는 의지 속에서 고수하는 자아는 만약 그가 결정 혹은 행위를 '삭제하고' 폐기하는 경우, 자신을 변화시킨다. 고수함, 그러한 자아적인 규정성들의 시간적인 지속, 그리고 이러한 규정성들에 고유한 '변경함'은 체험을 통해 내재적인 시간을 연속적으로 채우는 것이 분명 아니다. 이것은 머물러 있는 자아 규정성들의 극으로서의 머물러 있는 자아 자신이 비록 습관적인 규정성들과 함께 체험 흐름에 본질상 다시 관련되기는 하지만 어떠한 체험이나 체험 연속체가 아닌 것과 같다. 자아는 자신 고유의 능동적 발생을 통해, 머물러 있는 자아-고유성들의 동일한 기체로서 구성됨으로써 그 결과로 '서 있고 머물러 있는' 인격적 자아로도 구성된다. 이것은 가장 넓은 의미에서의 인격적 자아로서 '인간 이하의' 인격이라고 말하는 것 또한 허용한다. 비록 확신이 일반적으로 단지 상대적으로만 머물러 있는 확신이고, 그것이 (능동적인 정립의 양상화를 통해, 예를 들어 '삭제' 혹은 부정, 타당성의 무화를 통해) 자신의 '변경' 방식들을 갖는다 할지라도, 이러한 변경 속에서도 자아는 [이 변경을] 관통하는 통일적 동일성을 지닌 머물러 있는 스타일, 즉 '인격적 성격'을 보존한다.

§33. 모나드로서의 자아의 완전한 구체화와 그의 자기 구성의 문제

우리는 동일성의 극으로서의 자아 및 습관성의 기체로서의 자아와 완전한 구체성에서 취해진 자아(우리는 라이프니츠의 용어를 갖고 이것을 모나드라고 부르고자 한다)를 구별해야만 한다. 이를 위해 우리는 그것 없이는 자아가 구체적으로 존재할 수 없는 것들을 [앞의 두 자아에] 추가한다. 자아는 그의 흘러가는 다양한 형태의 지향적 삶과 이 안에서 의향된 대상들, 혹은 때때로 자아에 대해 존재하는 것으로 구성되는 대상들 속에서만 구체적으로 존재할 수 있다. 명백하게도 이 [자아에 대해 존재하는 것으로 구성되는 대상들]의 머물러 있는 존재와 규정이 갖는 그때그때의 성격은 자아극 자체 안에서 구성되는, [자아극]의 태도 취함들의 습관성의 상관자이다.

이는 다음과 같이 이해될 수 있다. 자아로서 나는 계속해서 '나에 대해 존재하는' 주위 세계를 가지며, 이 안에서 나에 대해 존재하는 대상으로서 대상들을, 즉 머물러 있는 분절된 구조에서 나에게 이미 알려져 있거나 단지 알 수 있을 것으로 예기되기만 하는 대상들을 갖는다. 첫 번째 의미에서 나에 대해 존재하는 대상인 전자는[1] 근원적인 획득에 의해, 즉, 근원적인 인식에 의해, 이전에는 본 적이 없는 것을 개별 직관들에서 해명함에 의해 나에 대해 존재하는 대상이 된다. 이를 통해 나의 종합하는 능동성에서 대상은 '다양한 속성들의 동일자'라는 명시적인 의미 형식을 갖는 것으로 구성되며, 따라서 자신과 동일한 것, 자신의 다양한 속성들 속에서 규정되는 것으로서 구성된다. 이러한 내가 수

---

1 역자주 앞 구절의 '머물러 있는 분절된 구조에서 나에게 이미 알려져 있는 대상'을 가리키며, '단지 알 수 있을 것으로 예기되기만 하는 대상들'과 구별된다.

행하는 존재 정립과 존재 해석의 능동성은 나의 자아의 습관성을 설립하며, 이것 덕분에 이제 이 대상은 자신의 규정들을 가진 대상으로서 머물면서 나의 것이 된다. 이러한 머물러 있는 획득물은 나의 그때그때의 알려져 있는 주위 세계를 구성하는데, 이 주위 세계는 알려져 있지 않은 대상들의 지평, 즉 이러한 형식적 대상 구조를 지니고 미리 예기되는, 여전히 획득될 수 있는 대상들의 지평을 동반한다.

　나는 나 자신에 대해 존재하고, 나에게 항상 경험 명증을 통해 '나 자체'로서 주어진다. 이러한 사실은 초월론적 자아에 대해(이에 평행하게 심리학적으로 순수한 자아에 대해) 타당하고, 모든 의미에서의 자아에게 타당하다. 모나드적으로 구체적인 자아는 현실적이고 가능적인 의식 삶 전체를 포괄하기 때문에, 이러한 모나드적인 자아의 현상학적인 해석의 문제(자기 자신에 대해 그 자신을 구성하는 문제)는 **모든 구성적인 문제 일반**을 자신 안에 포함하고 있음에 틀림없다. 그 결과 이러한 [모나드적인 자아의] 자기 구성의 현상학과 현상학 일반의 일치가 생겨난다.

§34. 현상학적 방법의 원리적인 전개. 형상적인 분석으로서의 초월론적인 분석.

작용들의 극으로서의 자아와 습관성들의 기체로서의 자아와 함께 우리는 의미 있는 한 지점에서 현상학적인 발생의 문제학을, 그리고 이와 함께 **발생적 현상학**의 단계를 이미 건드렸다. 그것의 더 정확한 의미를 해명하기 전에 현상학적 방법에 대한 새로운 숙고가 필요하다. 마침내 하나의 기초적인 방법적 통찰이 유효한 것으로 제시되어야만 하는데, 이 방법적 통찰은 일단 파악되면 초월론적인 현상학(마찬가지로 자연

적 지반에서는 참되고 순수한 내적 심리학)의 방법론 전체를 두루 관통
할 것이다. 우리가 이러한 통찰을 이렇게 뒤늦게 상술하는 것은 오직
현상학으로의 접근을 용이하게 하기 위한 것일 뿐이었다. 새로운 종류
의 발견물들과 문제들의 엄청난 다양성은 처음에는 (물론 초월론적 경
험(Erfahrung) 영역에서만 진행되지만) 한갓 경험적인(empirisch) 기
술이라는 보다 검소한 의복을 입고 있어야 했다. 이와 반대로 **형상적인
기술의 방법**은 이러한 모든 기술이 새로운 원리적인 차원으로 이행한다
는 것을 의미하는데, 이 차원은 처음에는 이해의 어려움을 높이겠지만
경험적 기술이 충분하게 이루어진 뒤에는 쉽게 파악될 수 있다.

데카르트적으로 성찰하는 우리 모두는 현상학적 환원의 방법을 통하
여 자신의 초월론적인 자아로 소급 인도되었는데, 이 자아는 당연히 이
러한 사실적 자아이자 유일한 자아로서 그때그때의 구체적이고 모나드
적인 내용들을 가진다. 이러한 자아로서의 나는 항상 계속해서 성찰하
면서, 기술적으로 포착 가능하고 지향적으로 해명 가능한 유형들을 발
견하며, 나의 모나드에 대한 지향적 해명을, 거기서 생겨나는 기본 방
향들을 따라 단계적으로 계속 수행할 수 있을 것이다. 기술 과정에서
합당한 이유에서 '본질 필연성', '본질적'과 같은 표현이 자주 밀려 들어
왔는데, 이것은 현상학에 의해 비로소 해명되고 한정된 선험적인 것이
라는 개념을 표현하는 것이다.

여기에서 문제가 되고 있는 것은 다음의 예들을 통해 즉시 이해될 것
이다. 우리가 어떤 유형이든지 지향적 체험을, 즉 지각, 파지, 회상, 진
술함, 마음에 듦, 추구함 등등을 끄집어내어 그의 지향적 수행의 종류
에 따라, 즉 노에시스와 노에마를 따라 해명하고 기술했다고 생각해 보
자. 여기에서 그것은 사실적인 초월론적 자아의 사실적인 사건들의 유
형을 물은 것이라고, 그리고 초월론적인 기술은 '경험적' 의미를 가진
것이라고 말할 수 있으며, 또한 우리는 이제까지 그런 식으로 이해했

다. 그렇지만 우리가 그렇게 하고자 하지 않았음에도 우리의 기술은 어떤 일반성을 유지했는데, 이는 이런 기술의 결과가 초월론적 자아의 경험적 사실들(empirische Tatsächlichkeiten)이 어떠한지에 영향을 받지 않는다는 것이다.

우리는 이것을 명료하게 하고, 이것이 방법적으로 열매를 맺을 수 있도록 해야 한다. 우리는 바로 이 책상 지각의 사례로부터 출발해서 지각 대상인 책상을 완전히 자유롭고 임의적으로 변경시킨다. 그럼에도 우리는 지각을 어떤 것의 지각, 임의적인 어떤 것에 대한 지각으로 고수한다. 가령 우리는 탁자의 형태, 색 등등을 완전히 자의적으로 상상적으로 변경하는 것으로 시작하되, 지각적인 현출함만은 동일하게 견지할 수 있다. 다른 말로 하면, 우리는 이 지각함의 사실을 그것의 존재타당성을 중지시킨 상태에서, 완전히 '임의적인 순수한' 다른 가능성들 중의 하나의 순수한 가능성으로 변경시킨다. 말하자면 우리는 현실적인 지각을 비현실성의 왕국, 마치-처럼의 구역으로 옮기는데, 이 구역은 우리에게 '순수한' 가능성, 즉 사실, 모든 사실 일반에 결합된 모든 것으로부터 순화된 순수한 가능성을 제공한다. 후자의 관점에서 또한 우리는 이러한 가능성을, [이 가능성과] 함께 정립된 사실적인 자아에 매여 있게 하지 않고, 바로 상상에서의 완전히 자유로운 생각 가능성으로 간직한다. 따라서 우리는 또한 처음부터 그 밖의 사실적 삶과의 연관을 배제한 채 지각함으로 상상해 들어감을 출발의 범례로 취할 수도 있을 것이다. 이렇게 획득된 일반적인 유형으로서의 '지각'은 말하자면 허공에서, 즉 절대적으로 순수한 생각 가능성들의 허공에서 부유한다. 이렇게 모든 사실성이 폐기되면, 그것은 형상 지각으로 변화되고, 순수하게 생각 가능한 것들로서의 모든 이념적으로 가능한 지각들이 이 형상 지각의 '이념적인' 외연을 형성한다. 이때 지각 분석은 '본질 분석'이고, 우리가 지각 유형에 속한 종합들, 잠재성의 지평들 등등에 대해 앞서 상술했던 모든 것은, 쉽게 알 수 있는 바와 같이 본질적으로 이러한 자유로운 변경 속에서 형성될 수 있는 모든 지각들에 대해 타당하다. 다시 말해 모든 생각 가능한 지각들 일반에 대해, 다른 말로 하면 절대적인 '본질 일반성' 속에 있는 지각들에 대해, 그리고 본질 필연성에서 선정된 모든 개별적인 경우들에 대해 타당하며, 따라서 각각의 사실이 순수한 가능성의 한갓된 사례로 사고될 수 있는 한에서 모든 사실적인 지각에 대해서도 또한 타당하다.

이러한 변경은 명증적인 변경, 즉 가능성들을 순수직관 속에서 가능성들로서 자체 소여하는 변경을 의미하기 때문에, 이것의 상관자는 **직관적이고 필증적인 일반성 의식**이다. 형상 자체는 직관되거나 직관될 수 있는 일반자이고, 순수하고, '무조건적인' 일반자, 즉 자신의 고유한 직관적 의미에 의거하여 어떠한 사실에 의해서도 조건 지어지지 않는 일반자이다. 그것은 단어 의미(Wortbedeutung)라는 뜻에서의 **모든 개념들에 앞서며**, 이 단어 의미나 개념들은 오히려 이 형상에 걸맞게 순수한 개념들로서 형성되어야만 한다.

이렇게 경험적-사실적인 초월론적 자아라는 배경으로부터 끄집어낸 개별적인 모든 유형이 순수한 본질 영역으로 고양되더라도, 자아 안에서 이 유형들의 해명 가능한 연관을 지시하는 지향적 외부 지평들이 사라지는 것은 아니다. 다만 이러한 연관 지평 자체가 형상적인 것이 될 뿐이다. 다른 말로 하면, 형상적으로 순수한 모든 유형은 사실적 자아 안에 있는 것은 아니지만, **어떤 형상 자아** 안에는 있는 것이다. 달리 말해, 순수한 가능성들 가운데 현실적으로 순수한 하나의 가능성을 구성하는 모든 수행은 순수한 의미에서의 어떤 가능적인 자아, 나의 **사실적 자아**의 어떤 순수한 가능성 변양을 자신의 외부 지평으로서 암묵적으로 동반한다. 우리는 처음부터라도 이 [나의 사실적인 자아]를 자유롭게 변양해서 사고할 수 있을 것이고, 초월론적 자아 일반의 명시적 구성에 관련된 본질 탐구라는 과제를 제기할 수 있을 것이다. 새로운 현상학은 처음부터 이렇게 실행되었고, 따라서 이제까지 우리가 다룬 모든 기술들과 문제 규정들은 실은 근원적인 형상적인 형태를 경험적 유형학으로 소급하여 번역한 것이었다. 따라서 만약 우리가 순수하게 형상적 방법에 따라 직관적이고 선험적인 학문으로 형성된 어떤 현상학을 생각한다면, 그것의 모든 본질 탐구들은 '초월론적 자아 일반'이라는 보편적인 형상에 대한 해명 이외의 다른 것이 아니다. 그리고 이 형상은 나의 사실적인 자아의 모든 순수한 가능성 변양들과 나의 사실적 자아 자체를 가능성으로서 자신 안에 포함하고 있다. 따라서 형상적 현상학은 보편적인 선험적인 것(Apriori)을 탐구하며, 이 보편적인 선험적인 것 없이는 나나 어떠한 초월론적 자아도 도대체가 '생각될 수 없다'. 혹은 모든 본질 일반성은 깨질 수 없는 법칙성이라는 가치를 갖기 때문에, 형상적 현상학은 초월론적인 것에 대한 모든 사실 진술에게 그것의 가능한 의미(Sinn)를 (이와 대립되는 부조리(Widersinn)와 함께) 미리 밑그림 그려주는 보편적인 본질 법칙성을 담구한다.

앞선 숙고를 실행한 결과, 데카르트적으로 성찰하는 자아로서, 절대적으로 엄밀하게 정초된 보편 학문으로서의 철학의 이념─나는 그 가능성을 시험적으로 정초해 보았다─에 의해 인도된 나에게 다음은 명증적이다. 나는 **맨 먼저** 순수한 형상적인 현상학을 수행해야만 하고, 그리고 오직 이 안에서 철학적 학문의 최초의 현실화("제일철학"의 현실화)가 실행되며 실행될 수 있다. 비록 나의 순수한 자아에로의 초월론적 환원 후에 나의 본래적인 관심은 이 사실적인 자아의 해명을 향한다 하더라도, 이러한 해명이 참된 학문적 해명이 되기 위해서는 오직 자아 일반으로서의 자아에 속한 필증적인 원리, 본질 일반성과 필연성에 의존해야 한다. 바로 이러한 본질 일반성과 필연성을 매개로 사실(Faktum)은 그의 이성적인 근거들로, 그의 순수한 가능성들로 소급 지시되며, 이를 통해 학문화(논리화)된다.[2] 따라서 순수한 가능성의 학문이 "그 자체로(an sich)" 현실성에 관한 학문에 선행하며, 후자를 학문으로서 비로소 가능하게 만든다. 따라서 우리는 다음과 같은 방법적 통찰로 올라선다. **현상학적 환원과 나란히 형상적 직관이 모든 특수한 초월론적 방법들의 근본 형식**이라는 통찰, 이 두 가지 방법이 초월론적 현상학의 정당한 의미를 철저히 규정한다는 통찰로 올라선다.

§35. 형상적 내적 심리학에 대한 여론(餘論)

우리는 여기에서도 다시 다음과 같이 언급하지 않을 수 없다. 우리가 자연적 세계 고찰의 지반 위에서 실증적 학문으로서의 심리학을 추구한다고 해도, 그리고 무엇보다도 이런 학문에 꼭 필요한, 그 자체로 최초의 심리학, 즉 순수하게 '내적 경험'으로부터 길어내는 심리학, 순수 지향적인 심리학을 추구한다고 해도, 바로 앞에서 수행한 방법적인 근본 고찰의 모든 내용은, 물론 그것의 초월론적인 의미를 폐기하는 작은 변양은 있지만 우리에게 계속 남는다. 이를 통해 우리는 우리를 초월론적인 현상학에 묶어두는, 우리 성찰의 폐쇄된 권역을 넘어간다. 이제 구체적인 초월론적인 자아에는 인간으로서의 자아가 상응한다. 이것은 그 자체가, 그리고 그 자체에 대해 순수한 것으로 구체적으로 포착되는 영혼, 즉 영혼으로 극화(極化)되어 나의 습관성들과 나의 성격 속성들의 극인 자아이다. 이제 형상적인 초월론적 현상학의 자리에 형상-영

---

2 저자주 나의 자아로부터 자아 일반으로의 이행 속에서 타자들의 외연의 현실성도 가능성도 전제되지 않는다는 것이 충분히 주의되어야 한다. 여기에서 형상의 외연은 나의 자아의 자기 변양을 통해 규정된다. 나는 단지 내가 타자인 것처럼 나를 꾸며내는 것이지, 타자를 꾸며내는 것은 아니다.

혼과 관련된 형상적인 순수 영혼론이 등장한다. 이때 물론 형상-영혼의 형상적 지평은 심문되지 않은 채 있다. 만약 이러한 형상적 지평이 심문된다면, 이러한 실증성을 극복하고 절대적 현상학으로 넘어가는 길이 열릴 텐데, 이러한 현상학은 초월론적 자아의 초월론적인 존재 영역 밖으로 이끄는 어떠한 지평, 즉 이 영역을 상대화할 수 있을 어떠한 지평도 더 이상 갖지 않는 초월론적 자아의 현상학이다.

§36. 가능한 체험 형식들의 우주로서의 초월론적 자아. 공존과 계기 속에 있는 체험들의 공가능성을 규제하는 본질 법칙

초월론적인 현상학의 이념이 형상적 방법을 통해 의미 깊은 새로운 체제를 갖춘 후에, 우리가 현상학적인 문제학을 밝히는 일로 돌아간다면, 우리는 이제부터 당연히 순수 형상적인 현상학의 틀을 견지하는 것이고, 따라서 초월론적인 자아의 사실과 그의 초월론적인 경험적 사실의 개별 소여는 순수 가능성들의 사례라는 의미만을 가질 뿐이다. 마찬가지로 우리는 이제까지 제시된 문제들을 형상적 문제들로 이해할 수 있는데, 이는 사례에서 제시된 가능성, 즉 문제들을 형상적으로 순화할 가능성이 언제나 실현된 것으로 간주함을 통해서이다. 구체적인 자아를 그의 본질적인 구성 요소에 따라 실제로 체계적으로 밝히는 이념적인 과제를 제대로 수행하는 것, 혹은 실제로 체계적인 문제들을 드러내고 탐구들을 계속 이어가는 것은 극단적인 어려움을 낳는다. 이는 무엇보다도 우리가 초월론적인 자아 구성에 고유하게 속하는 보편적 문제로 새롭게 접근해야 하기 때문이다. 초월론적 자아 자체에 속하는 보편적인 선험적인 것은 하나의 본질 형식으로서, 자신 안에 무한히 많은 형식들, 삶의 가능한 현행성과 잠재성의 무한히 많은 선험적인 유형들

을, 그 안에서 현실적으로 존재하는 것으로 구성될 수 있는 대상들과
더불어 자신 안에 포함하고 있다. 하지만 모든 개별적인 가능한 유형들
이 하나의 통일적으로 가능한 자아에게 '공가능(kompossibel)'하지는
않다. 그것들은 자아의 시간성의 임의의 질서 안에, 임의의 위치에 존
재하는 것이 아니다. 내가 어떤 학문적인 이론을 만드는 경우, 이러한
복잡한 이성적 활동과 이 활동이 이성적으로 구성한 존재자는 하나의
본질 유형을 가지는데, 이 본질 유형은 모든 가능한 자아 안에서 가능
한 것이 아니라, 오직 자아가 인간('이성적 동물')이라는 본질 형식으로
세속화(Verweltlichung)된다는 저 특수한 의미에서의 '이성적인' 자아
안에서만 가능하다. 내가 나의 사실적인 이론 작용을 형상적으로 유형
화한다면, 나는 내가 그것을 자각하든 말든 나 자신을 함께 변양시킨
것이지만, 완전히 임의적으로가 아니라, '이성적 존재'라는 상관적인 본
질 유형의 테두리 안에서 함께 변양시킨다. 명백하게도 나는 지금 수행
하고 있으며 수행할 수 있는 이론 작용을 나의 삶의 통일성 안에 임의
적으로 집어넣어 생각할 수는 없다. 이러한 사실은 형상적인 것에도 적
용된다. 나의 유아 시절의 삶과 그것의 구성적인 가능성들에 대한 형상
적인 파악은 하나의 유형을 창출하며, 이 유형의 계속된 발전 속에서
'학문적인 이론 작용'이라는 유형이 등장할 수는 있지만, 이 [유아 시절
의 삶] 유형의 고유한 연관 안에서는 등장할 수 없다. 이러한 제약은 선
험적 본질 구조, 자아론적 시간에서의 공존과 계기(Koexistenz und
Sukzession)라는 보편적인 본질 법칙에 근거하고 있다. 왜냐하면 나의
자아 안에 그리고 형상적으로 자아 일반 안에 ―지향적 체험, 구성된
통일체, 자아적인 습관성의 방식으로―등장하는 모든 것은 그것이 무
엇이든지 자신의 시간성을 가지며, 이러한 관점에서 모든 생각 가능한
자아가 스스로 자신을 구성하는 틀인 보편적인 시간성의 형식 체계에
참여하기 때문이다.

§37. 모든 자아론적인 발생의 보편적 형식으로서의 시간

공가능성의 본질 법칙(실제로는 동시에 혹은 잇따라 함께 있음 혹은 동시에 혹은 잇따라 함께 있을 수 있음의 규칙)은 가장 넓은 의미에서 인과법칙, 즉 만약 이러하다면, 저러할 것이다의 법칙이다. 그러나 여기에서는 인과성이라는 선입견을 담은 표현을 피하고 초월론적인 영역(그리고 순수 심리학적인 영역)에서는 **동기화**(Motivation)라고 말하는 것이 더 낫다. 초월론적 자아의 내실적 존재 내용을 이루고 있는 체험의 우주는 오직 **흐름의** 보편적인 **통일 형식** 안에서만 공가능한 우주일 수 있다. 이 흐름의 통일 형식 안에 모든 개별자들 자체가 그 안에서 흘러가는 것으로 정렬된다. 따라서 구체적인 체험들의 모든 특수 형식 및 이 체험들의 흘러감 자체 안에서 흘러가면서 구성된 형성체들의 모든 특수 형식이 속해 있는 가장 보편적인 통일 형식은 이미 모든 것을 결합하고 특히 모든 개별자를 지배하는 동기화의 형식으로서, 우리는 이것을 동시에 **보편적인 발생의 형식적 법칙**이라고 부를 수 있다. 이 형식적 법칙에 따라, 흘러가는 소여 방식들의 어떤 노에마적이자 노에시스적인 형식 구조에서 항상 다시 과거, 현재, 미래가 통일적으로 구성된다.

하지만 삶은 이러한 형식 내부에서, 다양한 특수한 동기들과 동기 체계들을 동반하는 특수한 구성적 수행들의 동기화된 진행으로서 경과한다. 그리고 이것들이 발생의 일반적 법칙을 따라 자아의 보편적인 발생의 통일성을 생산한다. 자아는 자신을 소위 '역사'의 통일 속에서 스스로 구성한다. 우리가 만약 자아의 구성 안에 자아에 대해 존재하는 모든 대상, 즉 내재적 대상과 초재적 대상, 이념적 대상과 실제적 대상의 모든 구성이 포함되어 있다고 말했다면, 이제는 거기에 다음의 사실을 추가해야 한다. 자아에 대해 이런저런 대상과 대상 범주가 존재하도록 해주는 구성적인 체계들 자체가 오직 법칙적인 발생의 테두리 안에서만 가능하다는 사실 말이다. 동시에 이 경우 구성적인 체계들은, 구체적인 자아(모나드)를 통일체로서 가능하게 해주고 그의 개별적인 존재 내용들을 공가능하게 해주는 보편적인 발생적 형식을 통해 결합되어 있다. 나에 대해 자연이 존재한다는 사실, 나에 대해 문화 세계, 사회적 형식 등을 갖춘 인간세계가 존재한다는 사실은 이에 상응하는 경험의 가능성이 나에게 존재한다는 것을 의미한다. 또 내가 그러한 대상을 곧바로 현실적으로 경험하든 아니든, 이러한 경험의 가능성이 나에 대해 언제든 가동될 수 있는 것으로서, 일정한 종합의 양식에서 자유롭게 계속될 수 있는 것으로서 존재한다는 것을 의미한다. 더 나아가, 경험에 상응하는 다른 의식 양상들, 즉 막연한 의향 등이 나에게 가능성으로서 존재한다는 것을 의미하며, 미리 밑그림 그려지는 유형의 경험을 통해 이러한 의향을 충족시키거나 실망시킬 수 있는 가능성도 이러한 의향에게 속한다는 것을 의미한다. 이 안에는 확고하게 형성된 습관성이, 본질 법칙 아래에 놓여 있는 특정한 발생에 의해 획득된 습관성이 놓여 있다.

사람들은 여기에서 공간표상, 시간표상, 사물표상, 수표상 등의 심리학적 근원이라는 오래전부터 알려진 문제를 떠올릴 것이다. 현상학에서 이 문제는 초월론적인 문제로서, 그리고 당연히 **지향적 문제**라는 의미를 띤 채 등장하며, 그것도 보편적 발생의 문제 속에 배치되어 등장한다.

형상적인 현상학적 문제학에서 최종적 일반성에 접근하는 것, 따라서 또한 **최종적 발생**에 접근하는 것은 매우 어렵다. 시작하는 현상학자는 어쩔 수 없이 자기 자신이라는 범례적인 출발점에 묶여 있다. 그는 자신을 자아로서 초월론적으로 발견하며, 그다음 의식의 방식으로 이미 하나의 세계를 가진 자아로서, 즉 자연, 문화(학문, 예술, 기술 등등), 높은 단계의 인격(국가, 교회) 등등과 함께 우리의 잘 알려져 있는 존재론적인 유형을 갖는 하나의 세계를 가진 자아로서 발견한다. 처음 형성된 현상학은 한갓 '정적인' 현상학으로서 그 기술은 자연사적인 기술과 유사하여 개별적인 유형들을 추적하고, 그것들을 기껏해야 질서 있게 체계화한다. 보편적인 발생의 물음, 다시 말해 보편성 속에 있는 자아의, 시간 구조를 뛰어넘는 발생적 구조에 관한 물음은 그것이 실제로 높은 단계의 물음인 것만큼 아직도 [우리로부터] 멀리 떨어져 있다. 하지만 이러한 물음이 제기된다 할지라도 그것은 하나의 제약 속에서 일어난다. 우선 하나의 자아에 대해 이루어진 본질 고찰조차도 하나의 구성된 세계가 이 자아에 대해 이미 존재한다는 제약 속에서 견지되기 때문이다. 이 또한 하나의 필연적인 단계로서 사람들은 이로부터 비로소 그것에 속한 발생의 법칙적 형식들을 해명함으로써 **가장 일반적인** 형상적 **현상학**의 가능성을 내다볼 수 있는 것이다. 이 현상학에서 자아는 우리에게 자명한 존재론적인 구조를 가진 하나의 세계가 자아에게 본질적으로 구성되어 있다는 것조차 이념적이면서도 구속력 있는 전제로서 확고히 고수하지 않을 정도로 자유롭게 변양된다.

§38. 능동적 발생과 수동적 발생

우리가 우선 세계와 관계하는 가능한 주체들로서의 우리에 대해 보편적으로 중요한 구성적 발생의 원리들을 묻는다면, 이 원리들은 **능동적 발생**과 **수동적 발생**의 원리라는 두 개의 근본 형식으로 나누어진다. 첫 번째 것에서 자아는 산출하는 작용(erzeugende Akte)인 자아 고유의 작용을 통해 구성하는 자아로서 기능한다. 여기에는 가장 넓은 의미에서의 실천적인 이성의 모든 수행이 속한다. 이러한 의미에서는 논리적인 이성 또한 실천적이다. 특징적인 것은, 자아 작용들은 공동화(Verge-meinschftung)를 통해 사회성(물론 이것의 초월론적 의미가 앞으로 제시되어야만 할 것이다)으로 결합하고 고유한 능동성의 다양한 종합에서 결합하여, 이미 하부 토대로서 (선소여하는 의식 방식에서) 선소여된 대상을 토대로 **새로운 대상을 근원적으로 구성한다**는 것이다. 이 경우 이 새로운 대상은 의식의 방식으로 산출된 것으로서 등장한다. 따라서 집합 작용에서 집합이, 세는 작용에서 수가, 나눔 작용에서 부분이, 술어화 작용에서 술어 혹은 술어적 사태연관이, 추론 작용에서 추론 등등이 등장한다. 근원적인 일반성 의식 또한 일반자를 대상적으로 구성하는 하나의 능동성이다. 자아의 측면에서 보면 [새로운 대상 구성의] 결과로 계속-타당함(Fortgeltung)의 습관성이 구성되고, 이것은 자아에게 단적으로 존재하는 것으로서 대상 구성에 이제부터 함께 속하게 된다. 따라서 언제든 우리는 다시 이 대상으로 되돌아가 그것을 붙잡을 수 있는데, 이 대상에 대한 종합적 의식을 통해, '범주적 직관' 속에서 다시 주어지는 대상으로서 [이 대상을] 재산출할 수도 있고, 종합적으로 거기에 속한 막연한 의식 속에서 붙잡을 수도 있다. 상호주관적 능동성들과 연관된 대상들(문화 대상들)의 초월론적 구성은 그에 선행하는 초월론적 상호주관성의 구성을 전제하는데 이것에 대해서는 나중에야 논의할 것이다.

이와 같은 높은 단계의 형태들, 즉 특유한 의미에서 '이성'의 능동성들 및 이와 상관적인, 모두 비실제성의 성격을 ('이념적인' 대상의 성격을) 가지는 이성의 산출물들은 이미 언급되었듯이 (이미 우리의 어린 시절에 대한 기억이 보여주듯이) 곧장 모든 구체적인 자아 자체에 속하는 것으로 간주될 수는 없다. 물론 경험하면서 포착함, 경험된 것을 그 개별 계기들에 있어 해석하고 함께 파악하고 관계 지음 등등과 같은 가장 낮은 단계에서는 이미 상황이 다를 것이다.

그러나 어쨌든 능동성의 모든 구조는 선소여하는 수동성을 가장 낮은 단계로서 반드시 전제하며, 이것을 추적하면서 우리는 수동적 발생에 의한 구성에 마주친다. 우리의 삶 안에서 (사물을 가령 망치나 책상이나 미학적 산출물로 인식하도록 하는 '정신적' 성격을 모두 배제한) 현존하는 한갓된 사물로서 이른바 완성되어 우리 앞에 등장하는 것은 수동적인 경험의 종합 속에서 '그것 자체'의 근원성에서 주어진다. 이러한 사물로서 그것은 능동적 포착과 더불어 시작하는 '정신적' 능동성에 선소여된다.

정신적인 능동성이 종합적인 수행을 실행하는 동안에 이들에게 모든 '질료'를 공급해 주는 수동적 종합은 항상 계속해서 진행된다. 수동적 직관 속에서 선소여되는 사물은 계속해서 통일적인 직관 속에서 나타난다. 그리고 비록 부분들과 특징들에 따른 해명 및 개별 파악의 능동성을 통하여 아무리 많이 변양된다 하더라도, 이 사물은 이러한 능동성이 일어나는 동안에, 그리고 이러한 능동성 안에서 선소여된다. 다양한 현출 방식들, 시각적이거나 촉각적인 통일된 지각 이미지들이 경과하는 가운데 이들의 명백히 수동적인 종합 안에서 하나의 사물과 그것의 형태 등등이 나타난다. 그럼에도 바로 이 종합은 이러한 형식의 종합으로서 그것 자신에서 드러나는 자신의 '역사'를 갖는다. 나, 자아가 이미 첫눈에 사물을 경험할 수 있다는 사실은 하나의 본질적인 발생 덕분이다. 게다가 이러한 사실은 현상학적인 발생에서와 마찬가지로 통상적인 의미의 심리학적 발생에 대해서도 타당하다. 유아 시절에 우리는 사물 일반에 대한 봄을 먼저 배워야 했고 이것이 사물에 대한 다른 모든 의식 방식들에 발생적으로 선행해야 했다고 말하는 것은 합당한 근거를 갖는다. 따라서 '유아'의 선증여하는 지각장에는 한갓된 주시(An-sehen)를 통해 사물로서 해명될 수 있는 어떠한 것도 아직 포함되어 있지 않다. 성찰하는 자아인 우리는 우리 자신을 수동성의 지반으로 다시

옮겨놓거나 심지어 심리학의 심리물리적인 외부 관찰을 사용하지 않아
도, 경험 현상 자체의 지향적인 내용, 사물을 경험하는 현상 및 모든 그
밖의 현상의 지향적인 내용 속으로 파고듦으로써 하나의 '역사'로 이끌
어가는 지향적 지시를 발견할 수 있다. 즉, 이러한 지향적 지시에 의하
여 이러한 현상이 (그것과 동일한 구성된 대상에 직접 관련지을 수는
없더라도) 그것에 본질적으로 선행하는 다른 선행 형태의 후행 형태임
을 인식할 수 있다. 하지만 거기에서 우리는 부분적으로는 모든 능동성
에 선행하며, 부분적으로는 모든 능동성 자체를 다시 포괄하는 항상 새
로운 종합의 수동적인 형성의 본질 법칙성에 마주친다. 즉, 자신의 고
유한 습관성에서 유지되는 형성체들로서의 다양한 통각들의 수동적 발
생에 마주친다. 중심적인 자아에게 이미 형성된 선소여가 나타나고, 만
약 이것이 현행화되면, 그것은 [자아를] 촉발하고 [자아를] 행위하도록
동기화한다. 자아는 항상 계속 이러한 (능동적 종합의 수행도 그 안으
로 들어가는) 수동적 종합 덕분에 '대상들'로 이루어진 주위 환경을 가
진다. '발전된' 자아로서의 나를 촉발하는 모든 것은 '대상'으로서, 즉
알아나가야 하는 술어들의 기체로서 통각된다는 점이 이미 여기에 해
당된다. 왜냐하면 그것은 [대상에 대한] 해명이 가능하기 위해 앞서 알
려진 가능한 목표 형식이기 때문이며, [이후] 이 해명은 대상을 알리는
작용으로서, 대상을 머물러 있는 소유물로서, 항상 다시 접근할 수 있
는 것으로서 구성할 것이다. 그리고 이러한 목표 형식은 하나의 발생으
로부터 생겨난 것으로서 앞서 이해될 수 있다. 그것은 그 자체로 이러
한 형식의 '근원 설립(Urstiftung)'을 소급 지시한다. 이미 알려진 모든
것은 원천적인 알게 됨을 지시한다. 따라서 우리가 알려져 있지 않다고
부르는 것은 그럼에도 알려져 있음의 구조 형식을 지닌다. 그것은 '대상'
형식이며 더 상세히는 '공간 사물', '문화 대상', '도구' 등의 형식이다.

§39. 수동적 발생의 원리로서의 연상

모든 능동적인 형성 작용에 최종적으로 선소여되는 대상을 구성하는 수동적 발생의 보편적 원리는 연상이라는 표제를 지닌다. 유념해야 하는 점이지만, 이것은 **지향성의 표제**로서 그것의 근원 형태에서 지향성으로서 기술적으로 제시될 수 있고 그것의 수행에서 본질적 법칙 아래 있다는 것이다. 이러한 본질적 법칙에 따라 모든 수동적 구성이, 즉 내재적 시간 대상인 체험의 수동적 구성이든 객관적이고 시공간적인 세계의 모든 실재적 자연 대상의 수동적 구성이든 이해될 수 있다. **연상은 초월론적 현상학의 근본 개념**이다(마찬가지로 심리학적 평행 관계 속에서 순수 지향적 심리학의 근본 개념이기도 하다). 연상과 연상 법칙이라는 오래된 개념은 비록 흄(D. Hume) 이래로 대개 순수 영혼 삶의 연관과 관련되어 사유되었지만 그것에 상응하는 참된 지향적 개념의 자연주의적 왜곡일 뿐이다. 매우 늦게 연상에 대한 탐구를 향한 접근로를 발견했던 현상학을 통해 이 개념은 완전히 새로운 면모를 얻게 되었고, 공존과 계기 속에서의 감각들의 형태화(Konfiguration)와 같은 새로운 근본 형식들을 통해 본질적으로 새로운 권역을 가지게 되었다. 연상은 영혼 내부의 중력과 같은 낡은 비유를 따라 '영혼' 자료들의 복합이 지니는 경험적인 법칙성에 대한 표제에 불과한 것이 아니라는 점은 현상학적으로는 명증적이지만, 전통에 사로잡혀 있는 사람에게는 낯설다. 연상은 순수자아 구성의 지향적 본질 법칙성에 대한 하나의 표제, 게다가 가장 포괄적인 표제이며, 그것 없이는 자아 자체가 생각될 수 없는 '선천적인' 선험적인 것의 영역이다. 발생의 현상학을 통하여 비로소 자아는 보편적인 발생의 통일 속에서 결합된, 종합적으로 상호 귀속된 수행들의 무한한 연관으로서 이해될 수 있다. 이것은 철저히 시간성이라는 보편적인 고정된 형식에 순응해야만 하는 [발생의] 단계들에서 일어

나는데, 이 시간성 자체가 지속적인 수동적인 발생, 본질적으로 모든
새로운 것을 함께 포괄하는 완전히 보편적인 발생 속에서 구축되기 때
문이다. 이러한 [발생의] 단계 구조는 발전된 자아에서는 통각 및 거기
서 구성된 대상의 고정된 형식 체계로서, 특히 확고한 존재론적인 구조
를 가진 객관적인 우주[세계]의 고정된 형식 체계로서 유지된다. 그리
고 이러한 유지됨 자체도 단지 발생의 한 형식이다. 이 모든 것 안에서
그때그때의 사실(Faktum)은 비합리적이지만, 이 그때그때의 사실은
자아론적인 사실로서, 그에게 속한 선험적인 것의 형식 체계 안에서만
가능하다. 또한 '사실'과 그것의 비합리성 자체는 구체적인 선험적인 것
의 체계 안에 존재하는 구조 개념이라는 사실이 여기에서 간과되어서
는 안 된다.

§40. 초월론적 관념론의 물음으로의 이행

현상학적인 문제학을 가능한 의식 대상성들의 (정적이고 발생적인) 구
성이라는 포괄적인 단일 명칭으로 환원함으로써 현상학은 정당하게도
초월론적 인식 이론으로서도 규정될 수 있는 것처럼 보인다. 우리는 이러
한 의미에서의 초월론적 인식 이론을 전통적인 인식 이론과 대비하고자
한다.

　후자의 문제는 초재의 문제이다. 전통적인 인식 이론은 비록 경험주
의적 인식 이론으로서 통상적인 심리학 위에 기초하고 있더라도 한갓
된 인식의 심리학이고자 하지 않고 인식의 원리적인 가능성을 해명하
고자 한다. 이 후자에게 [초재의] 문제는 **자연적 태도**에서 생겨나고, 더
나아가 이 태도에서 다루어지게 된다. 나는 나를 세계 속의 인간으로서
발견하고 동시에 세계를 경험하는 자로서 발견하며, 나를 포함한 세계

를 학문적으로 인식하는 자로서 발견한다. 이제 나는 나 자신에게 다음과 같이 말한다. 나에게 존재하는 모든 것은 나의 인식하는 의식 덕분에 존재하며, 나의 경험함에서 나에 대해 경험된 것이고 나의 사유함에서 사유된 것이고 나의 이론 작용에서 이론화된 것이며, 나의 통찰함 (Einsehen)에서 통찰된 것이다. 만약 사람들이 브렌타노(F. Brentano)를 따라 지향성을 인정한다면, 그들은 다음과 같이 말한다. 나의 심리적 삶의 근본 특성으로서 지향성은 실제적인 특성이고, 인간의 순수한 심리적 내면성과 관련하여 다른 모든 인간과 마찬가지로 인간으로서의 나에게 속한 특성이다. 이미 브렌타노가 지향성을 인간에 관한 경험적 심리학의 중심점으로 옮겨놓았다. 이러한 출발점에 있는 나[일인칭 단수]-화법은 자연적인 나-화법이고 자연적인 나-화법으로 머문다. 그것은 주어진 세계의 지반 위에서 유지되며, 이후의 문제의 전체 전개 또한 주어진 세계의 지반 위에서 유지된다. 따라서 그것은 이제 매우 당연하게 다음을 의미한다. 인간에 대해, 나에 대해 존재하고 타당한 모든 것은 나의 고유한 의식 삶 안에서 존재하고 타당한데, 이 의식 삶은 세계에 관한 모든 의식 가짐과 모든 학문적인 수행에서 자기 자신 곁에 계속 머무는 것이다. 참된 경험과 거짓된 경험, 그리고 경험에서 존재와 가상이라는 나의 모든 구별은 나의 의식 영역 자체 안에서 경과한다. 그것은 내가 더 높은 단계에서 통찰적인 사고와 비통찰적인 사고, 선험적인 필연성과 모순, 경험적인 참과 거짓을 구별하는 경우에도 마찬가지이다. 명증적으로 현실적임, 사고상 필연적임, 모순적임, 사고 가능함, 개연적임 등의 이 모든 것은 나의 의식 영역 자체 안에서 그때그때의 지향적 대상들에 결부되어 등장하는 성격들이다. 진리와 존재에 관한 모든 정초함, 모든 증명함은 완전히 내 안에서 흘러가며, 이[과정의] 도달점이 나의 의식 작용의 [상관자인] 의식 대상 속의 성격이다.

이 안에서 사람들은 이제 거대한 문제를 본다. 내가 나의 의식 영역 안에서, 나를 규정하는 동기화의 연관 속에서 확신에, 아니, 불가항력적인 명증에 도달한다는 것은 이해할 수 있다. 하지만 의식 삶의 내재 안에서 경과하는 이 전체 놀이가 어떻게 객관적인 의미를 획득할 수 있는가? 어떻게 명증("명석 판명한 지각")이 내 안의 한 의식 성격이라는 것 이상을 요구할 수 있는가? 그것은 (아마 그렇게 사소하지만은 않은, 세계의 존재 타당성의 배제는 제쳐놓고) 데카르트적인 문제로서 [데카르트에게서는] 신의 "진실성(veracitas)"을 통해 해결되어야 했다.

§41. "초월론적 관념론"으로서 "나는 생각한다"의 참된 현상학적인 자기 해석

이에 대해 현상학의 초월론적 자기 숙고는 무엇을 말해야만 하는가? 이 문제 전체가 부조리하다는 것밖에는 말할 것이 없다. 초월론적 판단중지의 참된 의미와 순수자아로의 환원의 참된 의미를 놓쳤기 때문에 데카르트 자신도 이러한 부조리에 빠질 수밖에 없었다. 데카르트 이후의 통상적인 사유 태도는 데카르트의 판단중지를 완전히 경시했기 때문에 [데카르트보다] 훨씬 더 조야하다. 우리는 이러한 '초월론적 물음'을 정당하게 제기할 수 있는 자아는 도대체 누구인지 묻는다. 나는 자연적 인간으로서 그것을 할 수 있는가? 그리고 나는 자연적 인간으로서 진지하게, 그것도 초월론적으로 다음과 같이 물을 수 있는가? 어떻게 나는 나의 의식의 섬으로부터 나오는가, 어떻게 나의 의식 안에 명증 체험으로서 등장하는 것이 객관적인 의미를 얻을 수 있는가라고 말이다. 내가 나를 자연적인 인간으로서 통각하자마자, 나는 벌써 미리 공간 세계를 통각한 것이며, 그 안에서 내가 나의 외부도 가지는 공간 안에 있는 것으로 나를 파악한 것이다. 위 물음에 대한 대답만이 비로소 객관적 타당성이라는 권리를 주어야 하는데도, 세계 통각의 타당성이 이 물음 자체에 이미 전제되고 물음의 의미 안에 이미 들어가 있지 않은가? 명백한 것은 자아와 의식 삶을 획득하기 위한 현상학적 환원의 의식적인 실행이 필요하다는 것이며, [이렇게 획득된] 자아와 의식 삶에 의해 초재적인 인식의 가능성의 물음으로서 초월론적 물음이 제기될 수 있다는 것이다. 그러나 현상학적 판단중지를 수박 겉핥기로 실행하는 것이 아니라 체계적인 자기 숙고 속에서 순수자아로서 자신의 의식 장 전체를 해명하는 일에 착수한다면, 다음을 알게 된다. 순수자아에 대해 존재하는 모든 것은 순수자아 자체 안에서 구성되는 것이며, 더 나아가 모든 존재 방식, 그중에서도 어떤 의미로든 초재적인 성격을 가진 모든 존재 방식은 그것의 특수한 구성을 갖는다. 모든 형식의 초재는 자아 내부에서 구성되는 어떤 내재적인 존재 성격이다. 사고 가능한 모든 의미, 사고 가능한 모든 존재는 그것이 내재적이라 불리든 초재적이라 불리든, 의미와 존재를 구성하는 자로서의 초월론적 주관성의 영역에 속한다. 참된 존재의 우주를, 가능한 의식, 가능한 인식, 가능한 명증의 우주 외부에 있는 것으로 파악하려는 것, 두 개를 견실한 법칙을 통해 한갓 외적으로 관련지으려는 것은 무의미하다. 본질적으로 이 두 개는 서로에게 연관되어 속해 있고, 본질적으로 서로에게 연관되어 속해 있는 것으로서 구체적으로 하나이고, 유일한 절대적 구체성인 초월론적 주관성 안에서 하나이다. 초월론적 주관성이 가능한 의미의 우주라면, 외부는 무의미하다. 그러나 모든 무의미조차도 의미의 한 양상이고, 그것의 무의미성은 통찰 가능성 안에 있다. 그러나 이러한 점은 한갓된 사실적 자아, 사실적 자아에게 사실적으로 접근 가능한 것으로서 그에 대해 존재하는 존재자, 그리고 이 안에 포함되어 자아에 대해 존재하는 한정되지 않은 다수의 다른 자아들과 이들이 구성하는 수행들에 대해서만 타당한 것이 아니다. 보다 정확히 서술하자면, 초월론적 자아인 내 안에서 다른 자아들이 사실적으로뿐 아니라 초월론적으로 구성된다면, 그리고 이처럼 나에게 구성적으로 생기는 초월론적 상호주관성이 구성하는 하나의 보편적이고 객관적인 세계가 초월론적으로 구성된다면, 앞서 말한 모든 것은 한낱 나의 사실적인 자아에 대해서만, 그리고 내 안에서 의미와 존재 타당성을 얻는 이러한 사실적인 상호주관성과 세계에 대해서만 타당한 것이 아니다. 나의 자아 안에서 수행되는 '현상학적인' 자기 해석, 그의 모든 구성과 그에 대해 존재하는 모든 대상들에 대한 해석은 필연적으로 선험적 자기 해석, 사실들을 그것에 상응하는 순수(형상적인) 가능성들의 우주 안에 배치하는 자기 해석이라는 방법적인 형태를 취했다. 따라서 그것이 나의 사실적 자아에 관계하는 것은 다만 나의 사실적 자아가 순수 가능성들 가운데 하나의 가능성, 나의 사실적 자아를 자유롭게 사고 속에서 변양하여 (허구적으로 변양하여) 획득할 수 있는 순수 가능성들 가운데 하나의 가능성인 한에서이다. 따라서 이 자기 해석은 형상적인 해석으로서 자아로서의 이러한 나의 가능성들의 우주에 대해, 임의적으로 달리 존재할 수 있는 나의 가능성들의 우주에 대해 타당하다. 따라서 또한 상관적인 변양 속에서 이러한 나의 가능성들에 관련되는 모든 가능한 상호주관성과 이 상호주관성 안에서 상호주관적으로 구성된 것으로 사고될 수 있는 세계에 대해서도 타당하다. 따라서 참된 인식 이론은 오직 초월론적 현상학의 인식 이론으로서만 의미가 있으며, 이 인식 이론은 이른바 내재로부터 이른바 초재로, 소위 원리적으로 인식 불가능한 그 어떤 "사물 자체"로 모순된 추론을 하는 것이 아니라, 인식 수행에 대한 체계적인 해명, 즉 인식 수행을 철저히 지향적 수행으로 이해해야 하는 해명에만 관계한다. 바로 이를 통해 모든 종류의 존재자, 실제적인 존재자와 이념적인 존재자 자체가 바로 이러한 수행 속에서 초월론적 주관성이 구성하는 '형성물'

로 이해될 수 있다. 이러한 종류의 이해 가능성(Verständlichkeit)이란 생각할 수 있는 가장 높은 형식의 합리성(Rationalität)이다. 잘못된 모든 존재 해석은 존재 의미를 함께 규정하는 지평에 대한 소박한 맹목(盲目), 거기에서 따라나오는 과제로서 암묵적인 지향성을 해명하는 과제에 대한 소박한 맹목으로부터 나온다. 이것들을 직관하고 터득하면, 그 귀결로서 지속적인 명증과 구체성 속에서 실행되는 자아의 자기 해석인 바 보편적인 현상학이 생겨난다. 더 정확히 말하면 첫째로는 엄밀한 의미에서의 자기 해석이 생겨나는데, 이것은 어떻게 자아가 고유한 본질을 지니고 그 자체로, 그리고 그 자체에 대하여 존재하는 것으로서 자신을 구성하는지를 체계적으로 보여주는 자기 해석이다. 그다음 두 번째로는 확장된 의미의 자기 해석이 생겨나는데, 이것은 어떻게 자아가 자신 안에서 이러한 자기의 본질을 통해 '다른 것', '객관적인 것'도 구성하는지, 따라서 비자아로서 자아 안에서 자아에 대해 존재 타당성을 가진 모든 것을 어떻게 구성하는지를 보여주는 자기 해석이다.

이러한 체계적인 구체성 속에서 실행되는 현상학은 비록 근본적이고 본질적으로 새로운 의미에서이긴 하지만 바로 '초월론적 관념론'이다. 그것은 심리학적인 관념론, 의미 없는 감각적 자료로부터 의미 있는 세계를 도출하려는 관념론이 아니다. 그것은 최소한 한계 개념으로서 사물 자체의 세계에 여지를 마련해 줄 수 있다고 믿는 칸트적인 관념론이 아니다. 오히려 이 관념론은 체계적인 자아론적 학문이라는 형식으로 일관되게 실행되는 자기 해석에 다름 아니다. 즉, 그것은 나의 자아를 모든 가능한 인식의 주체로 해석하며, 그것도 존재자의 모든 의미에 있어서, 즉 존재자가 바로 나에 대해, 자아에 대해 지닐 수 있는 모든 의미에 있어서 그렇게 해석한다. 이러한 관념론은 '실재론'과의 변증법적인 투쟁 속에서 전리품으로 획득할 수 있는 유희적인 논변의 생산물이 아니다. 그것은 내가, 자아가 언제라도 사고할 수 있는 존재자 유형에 대한, 특히 (나에게 경험을 통해 현실적으로 앞서 주어지는) 자연, 문화, 세계 일반의 초재에 대한, 실질적인 작업을 통해 수행된 **의미 해석**이다. 그런데 이것은 바로 구성하는 지향성 자체의 체계적인 해명을 뜻한다. **따라서 이러한 관념론을 증명하는 것은 현상학 자체이다.** 지향적 방법, 혹은 초월론적 환원의 심오한 의미, 혹은 심지어 이 둘 모두의 심오한 의미를 오해한 자만이 현상학과 초월론적 관념론을 따로 떼어놓고자 한다. 그중 한 가지[지향적 방법의 의미]를 오해한 자는 참된 지향적 심리학의 고유한 본질을 (그리고 그 안에 포함되어 있는 지향적 심리학의 인식론의 고유한 본질을) 파악하는 데에도 이르지 못하며, 참된 학문적인 심리학의 근거와 핵심이 되고자 하는 [지향적 심리학의] 소명을 파악하는 데에도 이르지 못한다. 또한 [두 가지 오해 중] 초월론적 현상학적 의미와 실행을 오해한 자는 여전히 초월론적 심리학주의 안에 서 있다. 그는 태도 변경의 본질적 가능성으로부터 생겨나는 서로 평행한 것, 즉 지향적 심리학과 초월론적 현상학을 뒤섞으며, 자연적인 지반 위에 머무는 초월 철학이 갖는 부조리함에 빠지고 만다.

우리의 성찰은 철학의 필연적인 유형을 초월론적 현상학적 철학으로서 명증적으로 파악하고, 이와 상관적으로 우리에게 현실적으로 그리고 가능적으로 존재하는 존재자들의 우주에 대해 유일하게 가능한 의미 해석의 유형을 초월론적 현상학적 관념론으로서 명증적으로 파악하는 데까지 발전해 왔다. 또한 우리의 가장 일반적인 밑그림을 통해 개시된 무한한 작업들은—나를, 성찰하는 자아를 구성 작용과 구성된 것에 따라 자기 해석하는 무한한 작업들은—개별적인 성찰들의 계열로서, 종합적으로 항상 계속 진행되는 통일된 성찰이라는 보편적인 테두리 안에 정렬된다는 사실도 이러한 명증에 속한다.

이것으로 우리는 이제 끝내도 되는 것인가? 그리고 나머지 모든 것은 개별적인 작업 실행에 맡겨도 되는 것인가? 지금까지 획득된 명증은 그것의 미리 밑그림 그려진 목표 의미와 함께 이미 충분한가? 이 밑그림은 자기 해명이라는 성찰적인 방법에서 생겨나는 철학에 대한 저 거대한 믿음으로 우리를 채울 정도로, 우리의 삶의 의지 안에 그 밑그림을 받아들여 즐거운 확신을 가지고 작업을 시작할 수 있을 정도로 충분히 그려졌는가? 물론 우리는 우리 안에서, 그때그때의 나, 성찰하는 자아 안에서 세계로서, 존재자들의 우주로서 구성된 것을 얼핏 보더라도, '타자(Andere)'와 그의 구성을 생각하는 것을 피할 수 없었다. 나 고유의(eigenen) 자아 안에서 구성된 낯선(fremden) 구성들을 매개로 (이미 언급한 바와 같이) '우리 모두'에게 공통적인 세계가 나에 대해 구성된다.[3] 거기에는 당연히 함께 성찰하는 자로서의 '우리 모두'에게 공통적인 것인 철학, 이념적으로 유일한 '영원의 철학'의 구성도 속한다. 그러나 이제 우리의 명증, 현상학적 철학의 명증, 유일한 가능성으로서의 현상학적 관념론의 명증은 확고하게 유지되는가? 우리들이 우리의 성찰하는 직관의 과정에 몰두하면서 이 과정에서 등장하는 본질적 필연성을 진술하는 동안 우리에게 완전히 분명했고 확실했던 이 명증은 확고하게 유지되는가? 그것은 흔들리게 되는 것은 아닌가? 왜냐하면 우리는 우리에 대한 타자의 존재함(Für-uns-seins der Andere)의 (우리 모두가 매우 낯설게 느끼는) 가능성과 그것의 더 정확한 본성을 본질적 일반성에 따라 이해하는 데까지 방법적인 밑그림을 그려내지 않았고, 그것과 관련된 문제학이 해석되지 않았기 때문이다. 우리의 '데카르트적인 성찰들'이 철학자가 되어가고 있는 우리들에게 철학에 들어가는 올바른 '입문'이려면, 그리고 필연적으로 실천적인 이념으로서 그것의 현실성을 정초하는 시작점(따라서 무한하게 실행되는 작업에 있어서

---

3 역자주 'eigen'은 '나 고유의'라는 뜻을 가지며, 'fremd'('낯선' 혹은 '타자의')와 대비되는 표현으로서 다른 자아와 대비되는 의미에서의 나와 관련되는 것을 말한다. 고유영역(eigenheitsphäre), 고유성(eigenheitlichkeit) 역시 같은 표현 계열들이다.

이념적 필연성으로서 구성되어야 할 길의 명증도 포함하는 시작점)이
려면, 우리의 성찰 자체가 이러한 관점에 따라 그 목표와 길에 있어서
어떠한 낯선 것도 남겨두지 않을 정도로 전진해 가야 한다. 옛날의 데
카르트적인 성찰이 의도했던 바와 같이 우리의 성찰은 철학의 목적 이
념에 속한 보편적인 문제학(즉 우리에게는 구성의 문제학)을 남김없이
이해할 수 있도록 드러냈어야 했다. 그리고 여기 포함되는 것이지만,
우리의 성찰은 '존재자 일반'의 참된 보편적인 의미와 그것의 보편적 구
조를 가장 거대하면서 엄밀하게 파악된 일반성에 있어 이미 드러냈어
야 했다. 이러한 일반성이야말로 상세한 존재론적 작업을 구체적으로
결합된 현상학적 철학의 형식에 있어 가능하게 하고, 그다음에는 더 나
아가 철학적인 사실 학문을 가능하게 하는 것이다. 왜냐하면 '존재자'는
철학에 대해, 따라서 현상학의 상관관계 탐구에 대해 하나의 실천적인
이념, 즉 이론적 규정 작업의 무한성이라는 이념이기 때문이다.

제5성찰

초월론적 존재 영역을 모나드론적인 상호주관성으로서 드러냄

§42. 유아론이라는 이의 제기에 대한 반론으로서 타자 경험의 문제를 설명함

우리의 새로운 성찰을 중대한 것처럼 보이는 하나의 이의 제기에서 시작해 보자. 이 이의 제기는 바로 초월론적 현상학은 이미 초월론적 철학이라는 중요한 주장에 대한 것이다. 즉, 초월론적 현상학이, 초월론적으로 환원된 자아의 테두리 안에서 움직이는 구성적인 문제학과 이론의 형식 속에서 객관적인 세계의 초월론적 문제를 해결할 수 있다는 주장에 대한 것이다. 성찰하는 자아인 내가 현상학적인 판단중지를 통하여 나의 절대적이고 초월론적 자아로 나를 환원한다면, 나는 오직 '홀로 존재하는 자아(solus ipse)'가 되는 것은 아닌가? 그리고 내가 현상학이라는 이름하에서 일관되게 자기 해석을 추구하는 한에서 나는 오직 홀로 존재하는 자아로 머물러 있는 것은 아닌가? 따라서 객관적인 존재의 문제를 해결하고, 이미 철학으로서 등장하길 원했던 현상학에는 초월론적 유아론(Solipsismus)이라는 낙인이 찍히는 것은 아닌가?

보다 자세히 숙고해 보자. 초월론적인 환원은 나를 나의 순수한 의식 체험에, 그리고 이 체험의 현실성과 잠재성을 통해 구성된 통일체들에 묶는다. 이러한 통일체가 나의 자아와 분리할 수 없으며, 따라서 나의 자아의 구체성 자체에 속한다는 사실은 이제 아주 자명한 것처럼 보인다.

하지만 이 경우 다른 자아들은 어떻게 되는 것인가? 다른 자아는 내 안의 한갓된 표상도, 한갓 표상된 것도 아니며, 내 안에서 가능한 확증의 종합적 통일체도 아니다. 그것은 그 의미에 있어 바로 **타자**(Andere)이다. 따라서 우리는 이제까지 초월론적 실재론을 부당하게 취급한 것은 아닌가? 초월론적 실재론에게는 현상학적인 정초가 결여되어 있긴 하지만, 그것이 자아의 내재로부터 타자의 초재로의 길을 찾는 한에서 원리적으로 정당하다. 우리는 현상학자로서 이것에 동의하여 다음과 같이 말하지 않을 수 있겠는가? 자아 안에서 내재적으로 구성된 자연과 세계 일반은 자신 뒤에 '즉자적으로' 존재하는 세계 자체를 무엇보다 먼저 가지며, 이제 비로소 이러한 즉자적인 세계로의 길을 찾아야 한다고 말하지 않을 수 있겠는가? 그리고 현실적으로 초재적인 인식의 가능성의 물음, 무엇보다도 내가 나의 절대적인 자아로부터 내 안에 현실적으로 있는 것이 아니라 내 안에서 의식될 뿐인 다른 자아에 도달할 가능성에 관한 물음은 순수하게 현상학적으로는 제기될 수 없는 것이라고 말하지 않을 수 있겠는가? 나의 초월론적인 인식의 장은 나의 초월론적인 경험 영역과 이 안에 종합적으로 포함되어 있는 것을 넘어서지 못한다는 것은 처음부터 자명한 것은 아닌가? 모든 것이 전부 나의 고유한 초월론적인 자아를 통해 설명되고 상술된다는 사실은 처음부터 자명한 것은 아닌가?

하지만 그럼에도 불구하고 이러한 생각에 아무 이상이 없는 것이 아니다. 이러한 생각에 동의하기 전에, 그리고 이러한 생각에서 사용된

"자명한 것들"에 동의하기 전에, 그리고 심지어 변증법적인 논변과 "형
이상학적"이라고 자칭하는 가설에 관여하기 전에, 먼저 여기에서 '다른
자아'라는 말로 암시된 현상학적인 해석의 과제를 구체적인 작업 속에
서 체계적으로 공략하고 실행하는 것이 더 적절할 것이다. 이 [변증법
적 논변과 "형이상학적"이라고 자칭하는 가설]은 아마도 [나중에] 완전
히 부조리로 드러날 것이다. 우리는 우리의 초월론적인 자아의 지반 위
에서 다른 자아를 고지하고 확증하는 명시적이고 암묵적인 지향성에
대한 통찰을 획득해야만 한다. 어떻게, 어떤 지향성에서, 어떤 종합 속
에서, 어떤 동기화 속에서 '다른 자아'의 의미가 내 안에서 형성되고, 일
치하는 타자 경험이라는 이름하에서 존재하는 것으로서 확증되는지,
그리고 그것 나름의 방식으로 심지어 그것 자체로 존재하는 것으로서
확증되는지에 대한 통찰을 획득해야만 한다. 이러한 경험과 이 경험의
수행은 당연히 나의 현상학적인 영역의 초월론적인 사실이다. 나는 이
들을 심문하는 것 이외 달리 어떤 식으로, 존재하는 타자의 의미를 그
모든 측면에서 해석할 수 있겠는가?

§43. 타자 경험의 구성적인 이론을 위한 초월론적인 실마리로서 타자의 노에마적-존재적 소여 방식

우선 나는 경험된 타자를 그것이 나에게 소박하게 주어지는 그대로, 그
리고 그것의 노에마적-존재적 내용에 몰두할 때 나에게 (순수하게 나
의 의식 작용의 상관자로서—이것의 더 상세한 구조는 해명되어야 할
것이다) 주어지는 그대로 초월론적인 실마리로서 가진다. 이 내용의 독
특함과 다양성에서 이미 현상학적 과제의 다면성과 어려움이 암시된
다. 예를 들어 나는 타자를 경험한다. 변화 가능하고 일치하는 경험 다

양체 속에서 현실적으로 존재하는 것으로서 경험한다. 그리고 한갓된 자연 사물(어떤 측면에서는 이렇게 경험되긴 하지만)은 아니지만 한 측면에서는 세계 객체로서 경험한다. 그것은 또한 자신에게 언제나 속한 자연적 신체 안에서 심리적으로 [신체를] 지배하는 자로서 경험된다. 따라서 그것은 신체와 독특한 방식으로 결합된, '심리물리적인' 객체로서 세계 안에 존재한다. 다른 한편 나는 그것을 동시에 이 세계에 대한 주체로서, 이 세계를 경험하는 자로서 경험한다. 그리고 나 자신이 경험하는 세계와 동일한 세계를 경험하는 자로서 경험한다. 그때 내가 세계와 세계 안의 타자를 경험하듯이, 나를 경험하기도 하는 자로서 경험한다. 따라서 나는 이러한 방향으로 나아가면서 아직도 많은 것을 노에마적으로 해석할 수 있다.

따라서 어쨌든 내 안에서, 나의 초월론적으로 환원된 순수의식 삶의 테두리 안에서, 나는 타자를 포함하여 세계를 경험하되, 경험이라는 말의 의미에 따라 나의 소위 사적인(privat) 종합적 구성물로 경험하는 것이 아니라 나에게 낯선 세계로서, 모든 사람에 대해 존재하고, 자신의 대상들에 있어서 모든 사람이 접근할 수 있는 **상호주관적인** 세계로 경험한다. 그럼에도 모든 사람은 각자 자신의 경험을 가지며, 자신의 현출과 현출 통일체, 자신의 세계 현상을 가지지만, 경험된 세계는 모든 경험된 주체들과 그들의 세계 현상에 대립해서 그 자체로 존재한다.

이러한 사실들은 어떻게 설명될 수 있는가? 단호하게 나는 다음을 견지한다. 나에 대해 어떤 존재자가 가지고, 가질 수 있는 모든 의미는 그것의 "규정 내용(Was)"에 있어서든, "그것은 있고 현실적으로 있다"에 있어서든, 나의 지향적 삶과 그것의 구성적 종합 **안에서** 혹은 그것으**로부터** 나오는 의미이며, 일치하는 확증의 체계 안에서 나에 대해 해명되고 명료해지는 의미이다. 따라서 의미 있을 만한 모든 생각 가능한 물음에 대한 대답의 지반을 마련하기 위해서는, 즉 이 물음 자체를 점진적으로 제기하고 해결하기 위해서는, 그 안에서 타자의 존재가 나에 대해 '만들어지고' 그의 타당한 내용, 즉 충족 내용에 의거해 해석되는 명시적이거나 함축된 지향성을 체계적으로 전개하는 것에서 시작해야 한다.

따라서 문제는 우선 하나의 특수한 문제로서 제기되는데, 바로 타자의 '나에-대해-현존함(Für-mich-da)'의 문제로서, 소위 '감정이입(Einfühlung)'[1]이라 불리는 **타자 경험의 초월론적 이론**의 주제로서 제기된다. 하지만 이런 이론의 유효범위는 겉으로 보이는 것보다 훨씬 넓다는 사실이 곧장 드러난다. 즉 이 이론은 **객관적인 세계의 초월론적 이론**까지 함께, 그것도 철저히 **정초하며**, 특수하게는 객관적인 자연과 관련하여 이를 정초한다. 세계의 존재 의미에는, 그리고 특히 객관적인 것으로서의 자연의 의미에는 우리가 이미 앞에서 언급했듯이, '모든 사람들에-대해-현존함'이 속하며, 이것은 우리가 객관적인 현실성에 관해 말할 때면 언제나 함께 뜻하는 바이다. 게다가 경험 세계에는 '정신적인' 술어를 가진 대상들이 속하며, 이것들은 자신의 근원과 의미에 따라 주관들을, 그리고 일반적으로 낯선 주관들과 그의 능동적으로 구성하는 지향성을 지시한다. 따라서 모든 문화 대상(책, 도구, 그리고 온갖 종류의 작품 등)들이 이러하며, 그때 동시에 이것들은 '모든 사람들에-대해-현존함'(즉, 상응하는 문화 공동체의 모든 사람에 대해, 예를 들어 유럽 문화 공동체, 때로는 더 좁게 프랑스 문화 공동체에 대해 현존함 등)이라는 경험 의미를 동반한다.

---

1 역자주 'Einfühlung'을 대개 '타자 경험'으로 옮겼다. 'Einfühlung'을 '감정이입'으로 옮기게 되면, 후설의 타자 경험이론이 심각히 오해될 염려가 있기 때문이다. 다만 이 구절과 같이 'Einfühlung'의 단어 형태나 의미를 알아야 할 경우에는 '감정이입'이라고 옮기고 경우에 따라 원어를 병기했다.

§44. 초월론적 경험을 나의 고유 영역으로 환원함

이제 타자 주관의 초월론적인 구성과 그것의 초월론적 의미가 문제라면, 그리고 그 결과로서 타자 주관으로부터 발산하면서 처음으로 객관적인 세계를 나에 대해 가능하게 만드는 보편적인 의미층이 문제라면, 여기에서 문제가 되는 타자 주관의 의미는 아직은 객관적인 타자, 세계에 존재하는 타자라는 의미일 수는 없다. 여기에서 올바르게 진행하기 위해서는 다음과 같은 것이 첫 번째의 방법적인 요구 사항이다. 우리는 우선은 초월론적인 보편 영역 안에서 독특한 방식의 주제적 판단중지를 실행해야만 한다. 우리는 지금 의문스러운 모든 것을 우선적으로 주제적인 장으로부터 배제한다. 즉 우리는 **타자 주관성과 직접적으로나 간접적으로 관련된 지향성의 구성적인 수행을 모두 도외시한다.** 그리고 자아가 우선 그의 고유성에서 자신을 구성하는 현행적이고 잠재적인 지향성의 전체 연관의 범위를, 그리고 그의 고유성에서 분리할 수 없는, 따라서 그 자체로 그의 고유성에 편입될 수 있는 종합적인 통일체를 구성하는 현행적이고 잠재적인 지향성의 전체 연관의 범위를 한정한다.

나의 초월론적인 고유 영역 혹은 나의 초월론적인 구체적인 자아 자체로의 환원은 초월론적인 구성이 나에게 생겨나게 하는 모든 타자적인 것(Fremdes)[2]을 추상화함으로써 이루어지는데, 이 환원은 통상적인 의미에서의 [추상화]가 아니다. 세계에 [몰두하는] 자연적 태도에서 나는 나와 타자들을 서로 구별된 것으로서 그리고 마주 선 형식 속에 있

---

2 'Fremdes'는 나의 고유의 것(Eigenheitliches)과 대립되는 개념으로서 타자의 영역에 속하는 것을 가리킨다. 그것은 타자(Andere) 및 그의 체험들 그리고 그에 의해 구성된 대상 모두를 포함한다. 'Fremdes'를 엄밀하게 번역할 필요가 있을 경우에는 '타자적인 것'으로 번역하고, 그렇지 않을 경우에는 '타자'로 번역하였다. 형용사형인 'fremd'는 문맥에 따라 '낯선', 혹은 '타자의'로 번역했다.

는 것으로서 발견한다. 내가 통상적인 의미에서 타자를 추상화한다면, 나는 '홀로' 남게 된다. 하지만 이러한 추상화는 근본적이지 않으며, 그러한 홀로 존재함은 모든 사람에-대해-경험 가능함이라는 자연적인 세계 의미에 아직 어떠한 변화도 초래하지 않는다. 이 자연적인 세계 의미는 자연적으로 이해된 자아에도 붙어 있으며, 비록 전 세계적으로 번진 페스트가 나만을 홀로 남겨놓게 되더라도 없어지지 않는다. 그러나 초월론적인 태도에서 그리고 동시에 조금 전에 언급된 구성적인 추상화에서, 자신의 초월론적인 고유성 안에 있는 성찰하는 자아인 나의 자아는 세계의 전체 현상 안의 단순한 상관 현상으로 환원된 통상적인 인간-자아가 아니다. 지금 문제가 되는 것은 오히려 초월론적 자아가 객관적인 세계를 구성하는 자아로서 들어가 살고 있는 **보편적인 구성의 본질적인 구조**이다.

자아로서의 나에게 고유하게 귀속되는 것, 즉 폐쇄된 고유성 안에서 순수하게 나 자신 안에 그리고 나 자신에 대해 존재하는 모나드로서의 나의 구체적인 존재는 모든 지향성과 더불어 타자를 향한 지향성 또한 포함하고 있다. 다만 우선은 방법적인 이유에서 그것의 종합적인 수행(나에 대한 타자의 현실성)이 주제에서 계속 배제되어야 한다. 이러한 특출한 지향성 속에서 새로운 존재 의미가 구성되는데, 이 새로운 존재 의미는 자기 고유성 안에 있는 나의 모나드적 자아를 넘어가며, 어떤 하나의 자아가 '나 자신'으로서가 아니라, 나의 고유한 자아에서, 나의 모나드에서 '반사되는 자(sich Spiegelndes)'로서 구성된다. 하지만 이 두 번째 자아는 단적으로 현존하고 본래 그것 자체로 주어지는 것이 아니라, 다른 자아(alter ego)로서 구성되며, 여기 다른 자아라는 표현에서 그것의 한 계기로서 엿보이는 자아(ego)는 나의 고유 영역 안의 나 자신이다. '타자'는 그의 구성된 의미에 따라 나 자신을 지시한다. 타자는 나 자신의 반사이지만 진짜 반사는 아니다. 즉 나 자신의 유비물

(Analogon)이지만 그럼에도 일상적인 의미에서의 유비물이 아니다. 따라서 첫 번째 자아로서 그것의 고유 영역 안의 자아의 범위가 한정되고, 그것의 구성 요소들이 체험뿐만 아니라, 체험으로부터 구체적으로 분리할 수 없는 타당성의 통일체들과 관련하여 개관되고 분절된다면, 이러한 작업에 연이어 다음과 같은 물음이 제기된다. 어떻게 나의 자아는 그의 고유성 내부에서 "타자 경험"이라는 이름하에서 바로 '타자'를 구성할 수 있는가. 따라서 어떻게 나의 자아는 구성된 것을 의미 구성하는 구체적인 나 자신의 구체적인 구성 요소로부터 배제하면서도 타자를 어떤 식으로든 나 자신과의 '유비물'로서 구성할 수 있는가. 우선은 이 물음은 타자와 관련되며, 그다음에는 이 타자에 의해 의미 규정을 얻는 모든 것, 간단히 말해 본래적이고 완전한 의미에서 객관적 세계와 관련된다.

우리가 자아의 고유 영역을 특징 짓는 것에, 혹은 자아의 고유 영역을 건네주는 추상화하는 판단중지를 명시적으로 실행하는 것에 착수한다면 이러한 물음 제기가 이해될 것이다. 타자 경험의 구성적인 수행이나 타자와 관련된 모든 의식 방식의 주제적인 배제는 단지 타자의 소박한 존재 타당성이나 우리에 대해 소박하게 곧바로 존재하는 모든 객관적인 것의 소박한 존재 타당성에 대한 현상학적 판단중지만을 의미하는 것이 아니다. 초월론적 태도는 항상 전제되고, 전제되는 것으로 남아 있다. 이것에 의거해 우리에 대해 앞서 소박하게 존재하는 존재자는 오직 '현상'으로서, 의향되고 확증되는 의미로서 간주되며, 해명되어야 할 구성적인 체계의 상관자로서 우리에 대해 존재 의미를 얻었고 얻는 방식에서 그러한 것으로서 순수하게 간주된다. 우리는 바로 이러한 해명과 의미 명료화를 새로운 종류의 판단중지를 통해, 더 상세하게는 다음의 방식으로 준비한다.

초월론적 태도를 취하는 자로서 나는 우선 나의 초월론적인 경험 지평 내부에서 '나에게 고유한 것'을 한정하려고 시도한다. 우선 나는 그것은 '타자적이지 않은 것(Nicht-Fremdes)'이라고 나 자신에게 말한다. 나는 이 경험 지평을 모든 타자적인 것 일반으로부터 추상적으로 해방시키는 것에서 시작한다. '세계'의 초월론적인 현상에는 세계가 일치하는 경험 속에서 곧바로 주어진다는 사실이 속한다. 따라서 세계를 개관하면서, 어떻게 타자가 [세계의] 의미를 함께 규정하면서 등장하는가에 주목하는 것이 필요하다. 그리고 타자가 이렇게 하는 한에서 그것을 추상적으로 배제하는 것이 필요하다. 그리하여 우리는 우선은 인간과 동물에게 그것들 특유의 의미, 소위 자아적인 방식으로 사는 존재라는 의미를 증여해 주는 것을 도외시한다. 그리고 그 결과로 자아 주체로서의 '타자'를 자신의 의미 안에서 지시하고 그에 따라 타자를 전제하는, 현상적인 세계의 모든 규정을 도외시한다. 그리하여 모든 문화 술어들을 배제한다. 또한 우리는 여기에서 문제가 되는 '타자' 특유의 의미를 가능하게 하는 모든 '타자의 정신적인 것'을 배제한다고도 말할 수 있다. 또한 '모든 사람에-대한 주위 세계성'이라는 성격, 모든 사람에-대해-현존함, 모든 사람-에게-접근 가능함, 살고-노력하는-모든 사람에-관여될 수 있거나-관여될 수 없음이라는 성격들은 현상적인 세계 안의 모든 객체들에게 속하면서 이들의 타자성(Fremdheit)을 형성하는 것으로서, 빼놓지 않고 추상적으로 배제되어야 한다.

우리는 여기에서 하나의 중요한 점에 주목한다. 추상화 속에서도 우리에게는 여전히 **통일적으로 연관된, 세계 현상의 층이 남아 있다**는 점, 계속해서 일치하면서 진행되는 세계 경험의 초월론적인 상관자의 층이 남아 있다는 점에 주목한다. 추상화에도 불구하고 우리는 오직 이러한 층에 남아 있으면서 경험하는 직관을 계속해 나갈 수 있다. 더 나아가 이 통일적인 층은 본질적으로 정초하는 층이라는 특징을 가진다. 즉 나는 현실적인 경험 안에서 이 층을 갖지 않고서는 '타자'를 경험으로서 가질 수 없다는 것, 따라서 '객관적 세계'라는 의미를 경험 의미로서 가질 수 없다는 것은 분명하며, 그 역은 아니다.

우리가 수행한 추상화의 결과를, 추상화가 우리에게 남겨놓은 것을 보다 상세히 고찰해 보자. 객관적인 의미를 가지고 현출하는 세계의 현상으로부터 **나에게 고유한 "자연"**이 하부층으로서 분리된다. 이것은 아마도 자연과학자의 주제가 되는 한갓된 단적인 자연과는 구별될 것이다. 이 후자도 물론 추상화를 통해, 즉 모든 심리적인 것의 추상화와 인격으로부터 유래한 객관적 세계의 술어들의 추상화를 통해 생겨난 것이다. 하지만 자연과학자의 추상화에서 획득되는 것은 객관적인 세계 자체(초월론적인 태도에서는 "객관적인 세계"라는 대상적인 의미)에 속하는 층이며, 따라서 그 자체로 객관적인 층이다. 그리고 도외시되는 것 역시 마찬가지로 객관적인 것(객관적인 심리적인 것, 객관적인 문화술어 등등)이다. 하지만 우리의 추상화에서는 상호주관적으로 구성된 것이자 모든 사람에 대하여 경험 가능한 것 등으로서 모든 세계적인 것에 속하는 그러한 의미의 "객관적"이라는 의미는 완전히 사라진다. 따라서 모든 타자 주관성의 의미로부터 순화된 나의 고유한 영역 안에는 '한갓된 자연'이라는 의미가 속하는데, 이 의미는 바로 '모든 사람에 대하여'라는 것도 상실한 것이며, 따라서 세계 자체 혹은 세계 자체의 의미의 추상화된 한 층으로 간주되어서는 안 된다. 그렇게 되면 나는 이러한 '자연' 안에서 본래적으로 포착되는 물체들 가운데에서 **나의 신체**를 유일하게 특출한 것으로서 발견한다. 즉 단순한 물체가 아니라 나의 추상적인 세계 층 내부의 유일한 객체로서 **신체**를 발견한다. 나는 경험에 의거하여 나의 추상적인 세계 층 내부의 이 유일한 객체에 다양한 귀속 방식(촉각장, 뜨거움-차가움의 장 등등)에서이긴 하지만 감각장들을 귀속시키며, 이 유일한 객체 '안에서', 특히 그것의 모든 기관 안에서 나는 직접적으로 '다루고 지배한다.' 나는 손을 '가지고' 운동감각적으로(kinästhetisch) 만지고 이와 마찬가지로 눈을 가지고 보는 등 지각하고 언제라도 그렇게 지각할 수 있다. 이때 기관의 이러한 운동감각들(Kinästhesen)³은 '나는 행한다' 속에서 경과하며 나의 '나는 할 수 있다' 아래 있다. 더 나아가 나는 이러한 운동감각들을 작동시키면서 부딪치거나 미는 일 등을 하며 이를 통하여 직접적으로 그리고 그다음에는 간접적으로 신체적으로 '행위'할 수 있다. 지각하면서 행위하는 나는 모든 자연을 경험하며(혹은 경험할 수 있으며) 자연 가운데에서 나의 신체를 경험하며, 따라서 이 경험 속에서 나의 신체는 자기 자신과 재귀적으로 관련된다. 이는 내가 매번 하나의 손을 '매개로' 다른 손을, 하나의 손을 매개로 눈 등을 지각'할 수 있다'는 것을 통해 가능하다. 그때 기능하는 신체 기관은 객체가 되고 객체는 기능하는 기관이 되어야만 한다. 이것은 신체가 '자연'과 신체 자신을, 일반적으로 가능한 근원적인 방식으로 다루는 때에도 그러한데, 따라서 신체는 또한 [신체 자신을 다루는 때에는] 실천적으로 자기 자신에 관계한다.

나의 고유한 것으로 환원된 신체를 밝히는 것은 그 자체로 '이러한 인간으로서의 나'라는 객관적인 현상의 **나 고유의 본질**을 밝히는 일의 한 부분이다. 내가 다른 인간을 나의 고유 영역으로 환원하면, 나는 나의 고유성에 속하는 [타인이라는] 물체를 획득한다. 그리고 내가 인간으로서의 나를 [고유 영역으로] 환원하면, 나의 '신체'와 '영혼'을, 달리 말해 심리물리적인 통일체로서의 나를 획득하고, 이 통일체 속에서 나의 인격적 자아를 획득한다. 이 인격적 자아는 신체 안에서 영향을 행사할 뿐 아니라 이 신체를 '매개로' '외부 세계' 안에서 영향을 행사하고

---

3 역자주 운동감각(Kinästhese)은 운동을 뜻하는 희랍어 kinein과 감각을 뜻하는 희랍어 aisthesis의 합성어이다. 후설에게 운동감각은 일차적으로 신체 운동에 대한 감각을 의미하는데, 예를 들어 팔을 들어 올릴 때나 주변을 잘 보기 위해 눈을 주위로 돌릴 때와 같이 신체 일부나 감각 기관을 움직일 때 갖게 되는 감각들을 말한다.

그것에 의해 영향을 받는다. 따라서 인격적 자아는 유일무이한 방식의 자아 관련성과 삶 관련성의 지속적인 경험 덕분에, 물체적인 신체와 심리물리적으로 통일된 것으로 구성된다. 외부 세계, 신체, 그리고 심리물리적인 전체에 대해 나의 고유한 것에로의 순화가 수행되면, 가능한 [대상으로서의] 우리(Uns) 혹은 [주체로서의] 우리(Wir) 및 자연적 의미에서의 모든 나의 세계적인 것과의 의미 관련이 모두 배제되므로, 나는 나의 자아가 갖는 자연적인 의미를 상실하게 된다. 하지만 나는 그래도 나의 정신적인 고유 영역 안에서 나의 다양한 순수한 체험들의 동일성의 극이고, 나의 수동적이고 능동적인 지향성의 동일성의 극이며, 이 지향성으로부터 수립되고 수립될 수 있는 모든 습관성들의 극이다.

따라서 이처럼 타자를 의미적으로 분리하는 독특한 성격을 갖는 추상 작업을 통해 한 종류의 "세계"가 우리에게 잔여로 남게 된다. 이것은 나의 고유한 영역으로 환원된 자연인데, 신체, 영혼, 인격적 자아를 지니는 심리물리적인 자아는 물체적인 신체를 통해 이 자연에 편입된다. 이 [신체, 영혼, 인격적 자아]는 순전히 이 환원된 "세계"에 속하는 독특한 것이다. 이 자아로부터 의미를 얻는 술어들, 예를 들어 가치 술어와 작품 술어 등 또한 환원된 "세계"에 분명히 등장한다. (따라서 [환원되었음을 뜻하는] 인용부호가 계속 붙는) 이 모든 것은 전혀 자연적인 의미에서 세계적인 것이 아니고, 오직 나의 세계 경험 속에 있는 나의 것이며, 항상 이러한 나의 세계 경험을 관통하는 것이고, 그 속에서 또한 직관적이고 통일적으로 연관되는 것들이다. 따라서 우리가 이러한 나의 고유한 세계 현상 안에서 분절하여 구별한 것들은 구체적으로 하나로 통일되어 있다. 이는 시공간적인 형식, 나의 고유한 영역으로 환원된 시공간적 형식이 나의 고유한 세계 현상에 관여한다는 점에서도 마찬가지로 드러난다. 따라서 환원된 "객체들", 즉 "사물들", "심리물리적인 자아"는 외재적으로 [이 시공간적 형식 안에서 통일되어] 있다. 하지

만 여기에서 우리에게 주목할 만한 것, 연쇄적으로 나열되면 역설과 같
은 느낌이 드는 일련의 명증들이 등장한다. 타자를 차폐(Abblendung)
하는 것을 통해서는 나, 이 '심리물리적인' 자아의 전체 심리적인 삶, 그
가운데 나의 세계 경험하는 삶은 영향을 받지 않는다. 따라서 타자에
관한 나의 현실적이고 가능한 경험도 영향을 받지 않는다. 따라서 나의
심리적 존재 안에는 나에 대해 존재하는 세계의 전체 구성이 속하며,
더 나아가 이 전체 구성은 나의 영역을 구성하는 구성적인 체계와 타자
의 영역을 구성하는 구성적인 체계로 분리된다. 따라서 환원된 '인간 자
아'(심리물리적인 자아)인 나는 세계의 구성원으로서 구성된다. 나는
다양한 '나의 외부'를 가지지만, 나 자신은 나의 영혼 안에서 그 모든 것
을 구성하며 내 안에 지향적으로 지니고 있다. 환원된 '세계'까지 포함
하여 나의 고유한 것으로 구성되는 모든 것이, 구성하는 주관의 구체적
인 본질에 불가분한 내적 규정으로서 속한다는 사실이 드러난다면, 그
의 고유 영역의 세계는 자아의 자기 해명에 의해 '그 내부에' 있는 것으
로 발견될 것이다. 다른 한편 자아는 소박하게 이 세계를 관통하면서
자신을 이 세계의 외부적인 것들의 구성원으로 발견하고 자신과 '외부
세계'를 구별할 것이다.

§45. 초월론적 자아와 나의 고유한 것으로 환원된 심리물리적인 자아로서의 자기 통각

우리의 성찰 전체가 그러하듯이 우리는 위의 성찰도 초월론적인 환원
의 태도에서 수행했다. 따라서 초월론적 자아로서 성찰하는 자인 내가
그것을 수행했다. 이제 나의 고유한 영역으로 환원된 세계 현상 안에
있는, 순수한 나의 고유 영역에로 환원된 인간-자아로서의 나와, 초월

론적인 자아로서의 나가 서로 어떤 관계에 있는지가 문제가 된다. 후자
는 객관적인 세계 전체와 모든 (이념적인 대상을 포함한) 그 밖의 대상
들을 '괄호 침'으로부터 나온다. 이를 통하여 나는 그때그때 내게 객관적
으로 존재하는 것을 자신의 구성적인 삶 안에서 구성하는 초월론적 자
아로서의 나를 자각한다. 이러한 모든 구성 작용들의 자아는 자신의 현
행적이고 잠재적인 체험과 자아적인 습관성들 속에 있으며, 이들 속에
서 모든 객관적인 것과 마찬가지로 자기 자신 또한 동일한 자아로서 구
성한다. 우리는 이제 다음과 같이 말할 수 있다. 이러한 [초월론적] 자아
로서의 내가 나에게 존재하는 세계를 현상(상관자)으로서 구성해 왔고
앞으로도 계속해서 구성해 나가는 동안, 나는 통상적 의미에서의 인간
적이고 인격적인 자아라는 이름 아래에서, 구성된 세계 전체 내부에서
의 **세속화하는 자기 통각**(verweltlichende Selbstapperzeption)[4]을 이에
상응하는 구성적인 종합 속에서 수행해 왔다고, 그리고 나는 이 자기
통각을 지속적으로 계속 타당한 것으로 견지하고 계속 형성해 나간다
고 말할 수 있다. 초월론적으로 궁극적인 자아로서의 나에게 고유한 모
든 것은 이러한 세속화 덕분에 '나의 영혼' 안에 심리적인 것으로 등장
한다. 나는 세속화하는 통각을 발견한다. 그리고 현상으로서의 영혼,
인간이라는 현상의 일부로서의 영혼으로부터 보편적이고 절대적인 자
아, 즉 초월론적 자아로서의 나로 되돌아갈 수 있다. 만약 내가 이러한
[초월론적] 자아로서 객관적인 세계라는 나의 현상을 나의 고유의 것으
로 환원한다면, 그리고 거기에다 내가 나에게 **'고유한'** 것으로서 발견하

---

4 역자주 세속화하는 자기 통각(verweltlichende Selbstapperzeption)은 짧게 세속화
(Verweltlichung 혹은 Mundanizierung)라고 한다. 초월론적 자아를 자연적 태도에서
세계 속의 한 대상이나 부분으로, 예를 들어 신체-자아, 심리적 자아, 인격과 같은 인
간-자아로 파악하는 것을 말한다. 그 결과로 초월론적 자아에 속하는 의식, 경험들 등
도 세계의 구성 부분으로서 파악된다.

는 그 밖의 것(이것은 저 환원 이후에는 더 이상 '타자적인 것'을 포함할 수 없다)을 추가한다면, 이러한 나의 자아의 고유한 것들 전체는 환원된 세계 현상 안에서 '나의 영혼'의 고유한 것으로서 재발견될 수 있다. 다만 여기에서 그것은 나의 세계 통각의 구성 요소로서, **초월론적으로 이차적인 것**일 뿐이다. 우리가 궁극적인 초월론적 자아와 그 안에서 구성된 것의 전체 우주를 견지한다면, 그의 초월론적인 경험 영역 전체가 모든 타자적인 것이 '차폐된' 세계 경험의 연관된 층을 동반하는 **그의 고유 영역**과 타자의 영역으로 분리된다는 사실은 여기에 곧바로 속한다. 그럼에도 타자에 **'관한'** 모든 의식, 타자에 **'관한'** 모든 현출 방식은 첫 번째의 [고유한] 영역에 함께 속한다. 초월론적 자아가 저 **첫 번째** 층에서 비타자적인 것(나의 '고유한 것')으로서 구성한 모든 것은, 앞으로 보여주어야 하겠지만 사실상 그의 구체적인 고유한 본질의 구성 요소로서 그에게 속하며 그의 구체적인 존재와 분리될 수 없다. 이러한 나의 고유한 것의 내부에서 그리고 이것을 매개로, 초월론적 자아는 그에게 낯선 존재의 우주로서의 '객관적인' 세계를 구성하고, 첫 번째 단계에서는 다른 자아라는 양상에서의 타자적인 것을 구성한다.

§46. 체험 흐름의 현행성과 잠재성의 영역으로서의 나의 고유 영역

우리는 이제까지 '나에게 고유한 것'이라는 기초 개념을 단지 타자적이지 않은 것(Nichtfremdes)이라고 간접적으로 규정했다. 타자적이지 않은 것은 그것 자체로 타자 개념에 기초해 있고 그것을 전제하는 것이다. 나의 고유한 것의 의미를 해명하기 위해서는 이제 이 '나의 고유한 것', 혹은 '나의 고유성 속에 있는 자아'의 **적극적인** 성격을 드러내는 작업이 중요하다. 이러한 사실은 앞 절의 마지막 문장들에서 암시되었다.

더 일반적인 것에서 시작해 보자. 경험 속에서 우리에게 하나의 구체적인 대상이 독립적인 어떤 것으로서 두드러지면, 그리고 이제 주목하며 포착하는 시선이 그리로 향하면, 이 대상은 이러한 단적인 포착 속에서 한갓 "경험적 직관(empirische Anschauung)의 무규정적인 대상"으로 전유된다. 경험이 계속 진행되면 이 대상은 규정되는 대상, 더욱 규정되는 대상이 되는데, 이때 계속 진행되는 경험은 규정하는 경험, 처음에는 그저 대상 자체를 그것 자체로부터 해석하는 경험, 즉 순수한 해명이라는 형식으로 진행된다. 분절적이고 종합적으로 진행되는 이 순수한 해명은, 어떤 개별 직관들의 연쇄를 통해 연속적이고 직관적인 종합에서 자신과 동일한 것으로 주어지는 대상을 토대로 하여 대상 자체에 고유한 '내적' 규정들을 펼쳐낸다. 여기에서 근원적으로 등장하는 규정들 **속에서** 이 자기동일적 대상은 그 자신인 바로서 그리고 그것도 '즉자적이고 대자적으로' 자기 자신 안에 있는 것으로 존재하며, 대상의 자기동일적인 존재는 그 특수한 고유성에서 해석된다. 이 대상의 고유하고 본질적인 내용은 처음에는 일반적이고 지평적으로 예기될 뿐이며, 해명을 통해 비로소 근원적으로 구성되어 (내적이고 고유 본질적인 특징, 특유한 부분, 속성이라는 의미를) 갖게 된다.

이것을 적용해 보자. 내가 초월론적인 환원 속에서 초월론적 자아인 나를 반성한다면 나는 이러한 자아로서 지각에서, 그것도 포착하는 지각에서 나에게 주어진다. 또한 나는 이것에 앞서 이미 항상 계속해서 나에게, 비록 포착되지는 않았지만 원본적이고 직관적으로(넓은 의미에서 지각되어) 현존했고, '미리 주어져' 있었다는 것을 자각하게 된다. 하지만 어쨌든 나는 아직 해명되지 못한 내적인 고유성들의 무한하고 열린 지평과 함께 존재한다. 나의 고유한 것 또한 해명을 통해 밝혀지며, 해명의 수행으로부터 자신의 근원적인 의미를 갖는다. 이 [나의 고유한 것]은 경험하면서-해명하는, 나 자신에의 시선 향함에서 근원적

으로 드러난다. 즉, 지각적이고 심지어 필증적으로 주어진 나는 존재한
다(Ich-bin)에의 시선 향함 및 근원적인 자기 경험의 연속적이고 통일
적인 종합 속에서 유지되는 자기 자신과의 동일성에의 시선 향함에서
드러난다. 이러한 자기동일적인 것에 고유 본질적으로 속한 것은 이 자
기동일적인 것을 현실적이거나 가능적으로 해명한 것들이라는 성격을
가지며, 이 해명한 것들을 통해 나는 나의 고유한 자기동일적인 존재가
그것의 특수성에서 무엇이며, 그 자체에서 무엇인지를 단지 펼쳐 드러
낼 뿐이다.

　여기에서 다음과 같은 사실을 유념해야 한다. 물론 내가 자기 지각에
대해, 그것도 나의 구체적인 자아와 관련하여 자기 지각에 대해 말하는
것은 올바르지만, 그렇다고 지각적으로 주어진 시각적 사물을 해석할
때와 같이, 내가 항상 계속해서 본래적인 개별 지각 속에서 움직이며,
따라서 지각적으로 해명된 것을 획득하되 그 밖의 다른 것을 획득하지
는 않는다는 것을 말하는 것은 아니다. 나의 고유 본질적인 존재 지평
의 해명에서 첫 번째로 내가 마주치는 것은 나의 내재적인 시간성이고,
이 시간성과 함께 체험 흐름의 열려진 무한성의 형식 속에 있는 나의
존재이고, 이 체험 흐름 안에 어떤 식으로든 포함된, 그리고 나의 지금
의 해명 작용도 속하는 모든 나의 고유한 것들이다. 나의 해명 작용은
살아 있는 현재 안에서 경과하면서, 본래 지각적으로 단지 살아 있는
현재 안에서 경과하는 것만을 발견한다. 나의 고유한 과거는 생각할 수
있는 가장 근원적인 방식에서 회상을 통해 해명된다. 따라서 내가 나에
게 지속적이고 원본적으로 주어지고, 나의 고유 본질적인 것을 계속해
서 해명할 수 있다 할지라도, 이러한 해명은 더 넓은 범위에서는 나에
게 고유 본질적인 해당 계기에 대한 지각과는 [다른] 의식 작용들 속에
서 수행된다. 오직 이런 방식으로만 나의 의식 흐름, 내가 자기동일적
인 자아로서 살고 있는 나의 의식 흐름에 접근할 수 있다. 우선은 그것

의 현행성에, 그다음은 마찬가지로 명백히 나에게 고유 본질적인 잠재
성에 접근할 수 있다. 내가 의식 체험 계열 가운데 어떤 의식 체험 계
열에 접근'할 수 있는지' 혹은 접근했을 수 있는지 등의 모든 가능한 접
근 방식들은 분명히 고유 본질적으로 나 자신에게 속한다. 이 가능한
접근 방식에는 '나는 앞을 내다볼 수 있거나 뒤를 돌아볼 수 있다', '나
는 해명하면서 나의 시간적인 존재의 지평 속으로 진입할 수 있다' 등
이 있다.

　만약 해석이 원본적인 자기 경험의 지반 위에서 경험된 것 자체를 펼
쳐서 드러내고, 여기서 **생각할 수 있는 가장 근원적인 것**인 저 자체 소여
로 가져온다면, 이 해석은 모든 경우에 원본적이다. 비록 앞서 이미 언
급한 제약을 갖긴 하지만, 초월론적 자기 지각('나는 존재한다'에 대한
자기 지각)의 **필증적인 명증은** 이러한 해석에까지 확장된다. 자기 해석
을 통해 단적으로 필증적인 명증 속에서 드러나는 것은 내가 그 안에서
자아로서 존재하는, 즉 그 안에서만 본질적인 보편성에 있어 자아로서
존재하고 존재할 수 있는 보편적인 구조 형식들뿐이다. 거기에는 (유일
하지는 않더라도) 어떤 보편적 삶 일반이라는 형식을 지닌 존재 방식,
자기 고유의 체험을 보편적 시간 안의 시간적 체험으로 끊임없이 자기
구성하는 형식 등을 지닌 존재 방식이 속한다. 그때 자아론적인 개별
자료에 대한 모든 해석들은 무규정적인 일반성 속에 있긴 하지만 규정
가능성을 갖는 이러한 보편적이고 필증적인 선험적인 것을 분유(分有)
한다. 예를 들어 자기 고유의 과거에 대한 회상의 불완전하지만 확실한
명증이 그렇다. 필증성의 분유는, 그 자체도 필증적인 다음의 형식 법
칙으로 나타난다. 가상이 있는 그만큼 (가상이 은폐하고 위조하고 있을
뿐인) 존재도 있다. 따라서 이 존재를 묻고 찾으며 미리 밑그림 그려진
길을 따라 찾아낼 수 있는데, 비록 그것의 완전히 규정된 내용에 단지
근사(近似)하게 접근하는 것일지라도 그렇다. 이 완전히 규정된 내용

자체는 언제나 다시, 그리고 모든 부분과 계기에 있어서 확고하게 동일화될 수 있는 것이라는 의미를 갖는 바, 선험적으로 타당한 '이념'이다.

§47. 고유 영역의 완전한 모나드적 구체성에는 지향적 대상이 함께 속함. 내재적 초재와 원초적 세계[5]

명백하게도 자아로서의 나의 고유 본질적인 것은 단지 체험 흐름의 현행성과 잠재성으로만 확장—이는 특별히 중요하다—되는 것이 아니라, 구성적인 체계와 구성된 통일체로도 확장된다. 다만 후자는 단지 어떤 제약 아래서만 그러하다. 즉, 구성된 통일체가 원본적인 구성 자체와 직접적인 구체적인 합일의 방식에서 분리될 수 없는 곳에서 그리고 그러한 한에서, 구성하는 지각 작용과 마찬가지로 지각된 존재자도 나의 구체적인 자기 고유성 안에 속한다.

이러한 사실은 단지 감각적인 자료에만, 즉 한갓된 감각 자료로서 나의 자아의 테두리 안에서 '내재적 시간적인 것들'로서 나 자신에게 고유한 것으로 구성되는 감각적인 자료에만 해당되는 것이 아니다. 이것은 마찬가지로 나에게 고유한 나의 모든 습관성들에도 해당된다. 이 습관성들은 나에게 고유한 설립하는 작용들에서 출발해 머물러 있는 확신으로 구성되며, 이 확신 속에서 나 자신은 지속적으로 그렇게 확신하는 자가 되고, 그것을 통해 (한갓된 자아극이라는 특수한 의미에서) 극화된 자아로서 자아에 특유한 자아적인 규정들을 획득한다. 다른 한편 여기에는 '초재적인' 대상, 예를 들어 '외적' 감각의 대상들, 감각적인 현

---

5 역자주 'primordial'을 '원초적'으로 옮긴다. 객관적 세계에 대비해서 객관적 세계의 기저층을 이루는 나의 고유의 세계를 '원초적 세계(primordiale Welt)'라 한다.

출 방식들의 다양체의 통일체들도 속한다. 그것은 내가 자아로서, 현실적이고 원본적으로 나의 고유한 감각, 나의 고유한 통각을 통해 현출하는 공간 대상인 것을 이 [나의 고유한 감각, 나의 고유한 통각으로부터] **구체적으로 분리할 수 없게 구성된 것으로서** 순수하게 고찰하는 경우이다. 우리는 우리가 이전에 타자의 의미 구성 요소의 배제를 통해 환원한 전체 '세계'가 이러한 영역에 속한다는 것, 따라서 이 세계는 정당하게도 자아에게 고유한 것으로서 적극적으로 규정된 자아의 구체적인 구성 부분에 속한다는 것을 즉시 보게 된다. 우리가 '감정이입', 즉 타자 경험의 지향적 수행을 고려에서 배제하면, 공간 대상적이고 체험 흐름에 마주 선 '초재적인' 통일체로서 구성되긴 하지만, 가능한 경험의 대상성들의 한갓된 다양체로서 구성되는 자연과 신체를 갖는다. 여기에서 이 경험은 순수하게 나 고유의 삶이고, 그 안에서 경험된 것은 이러한 삶과 그의 잠재성으로부터 분리할 수 없는 종합적인 통일체 그 이상은 아니다.

이러한 의미에서 다음이 분명하다. 구체적으로 취해진 자아는 자기 고유의 우주를 가지며, 이 우주는 필증적인 해석, 적어도 필증적인 '나는 존재한다'에 대한, 필증적인 형식을 미리 밑그림 그리는 원본적인 해석을 통해 드러날 수 있다. 우리는 이러한 '원본적 영역'(원본적인 자기 해석의 영역) 내부에서 또한 하나의 '초재적인 세계'를 발견하게 되는데, 이는 '객관적인 세계'라는 지향적 현상의 토대 위에서 (지금 선호된 적극적인 의미에서) 자기 고유한 것에로의 환원을 통해 생겨난다. 하지만 이에 상응하는 '초재적으로' 떠오르는 가상, 상상, 순수한 가능성, 형상적인 대상성들도 그것이 오직 우리의 고유한 영역에로의 환원 아래에 놓이는 한에서, 이 영역에, 즉 나 자신에게 고유 본질적인 것의 영역에 함께 속한다. 즉, 완전한 구체성 속에서 나 자신 안에 있는 나의 것들, 혹은 우리가 이렇게도 말하듯이, 나의 '모나드' 안에 있는 나의 것들의 영역에 함께 속한다.

§48. 원초적 초재에 대립해 더 높은 단계의 초재인 객관적 세계의 초재

나의 고유 본질적인 것이 어떤 다른 것과 대비[되어 나에게 의식]될 수 있다는 사실, 혹은 나로서 존재하는 내가 나 아닌 다른 것, 나에게 낯선 것을 의식할 수 있다는 사실은 나의 모든 고유한 의식 방식들이 나의 자기의식(Selbstbewußtsein)[6]의 양상을 갖는 의식 방식들은 아니라는 것을 전제한다. 현실적인 존재는 근원적으로 경험의 일치를 통해 구성되기 때문에, 나의 고유한 자기 안의 일치의 체계 안에는 자기 경험과 그것의 일치의 체계, 즉 나의 고유한 것 안에서의 자기 해석의 체계와 마주하는 또 다른 경험이 존재함에 틀림없다. 그리고 이제 문제는 자아로 하여금 **자기 고유의 존재를 완전히, 그리고 전적으로 초월하게 하는** 새로운 종류의 지향성을 자아가 자신 안에 가지고 있다는 것, 그리고 항상 새로이 형성할 수 있다는 것은 어떻게 이해되어야 하는가이다. 어떻게 나에게 현실적으로 존재하는 것이, 그것도 단지 한갓 의향된 것이 아니라 일치하여 확증된 것이 나의 구성적인 종합의 이른바 교차점 이외 다른 것일 수 있는가? 그러니까 그것은 나의 구성적인 종합으로부터 구체적으로 분리할 수 없는 것으로서 나의 고유한 것인가? 타자에 대한 가장 막연하고 공허한 의향이 본질적으로 해명의 가능성, 즉 의향된 것

---

6 역자주 여기서 자기의식(Selbstbewußtsein)은 나에게 고유하게 속한 것들에 '대한' 의식을 말한다. 여기서 중요한 것은 나에게 고유하게 속한 의식 방식들이 전부 나에게 고유하게 속한 것들에 대한 의식은 아니라는 점, 나에게 고유하게 속한 의식 방식 중에는 타자적인 것에 대한 의식도 있다는 점이다.

을 충족시키거나 실망시키는 경험으로의 이행 가능성을 갖는다는 것, 그리고 의식 발생에 있어서도 동일하거나 유사하게 의향된 것에 관한 그러한 경험을 돌이켜 지시한다는 것이 참이라면, 이러한 모든 의식 방식의 가능성부터 이미 문제적이다.

　(비자아인) 낯선 것에 관해 경험한다는 것은 객관적인 세계, 그 가운데 타자(다른 자아라는 형식에서의 비자아)에 관한 경험으로서 등장한다. 이러한 경험에 대해 수행된 나의 고유한 것으로의 환원의 중요한 성과는 이 환원이 저 경험의 지향적인 기저층을 부각시켰으며, 환원된 [나의 고유의] '세계'는 이 기저층의 내재적인 초재로서 입증된다는 것이다. 그것은 자아에게 낯선 세계, (자연적이고 공간적인 의미에서의 외적인 것이 전혀 아니라) 나의 고유한 자아에 대해 '외적인' 세계의 구성의 질서 안에서 그 자체로 첫 번째 초재이자 '원초적인' 초재('세계')이다. 이 초재는 이념적임에도 불구하고, 나의 잠재성들의 무한한 체계의 종합적인 통일체로서, **자아로서의 나의 고유하고 구체적인 존재를 규정하는 또 다른 부분이다.**

　이제 높은 정초 단계에서 본래적인, 구성적으로는 이차적인 **객관적인 초재**의 의미 부여가 어떻게 일어나는지, 그것도 그 의미 부여가 **경험**으로서 어떻게 일어나는지가 이해되어야 한다. 여기에서는 시간적으로 경과하는 발생을 해명하는 것이 문제가 되는 것이 아니고, 정적인 분석이 문제가 된다. 객관적인 세계는 나에게 계속해서 이미 완료되어 있으며, 나의 생생하게 경과하는 객관적인 경험의 소여이다. 그리고 그것은 더 이상-경험되지-않음 후에도 습관적인 계속 타당함 속에 있다. 이러한 경험 자체를 심문하고, 이 경험의 의미 부여의 방식을 지향적으로 해명하는 것이 문제이다. 즉 그것이 경험으로서 등장하는 방식, 해명 가능한 자신의 고유 본질을 가진 현실적인 존재자에 대한 명증으로서 확증될 수 있는 방식을 지향적으로 해명하는 것이 문제이다. 여기서 현실적인 존재자는 나의 고유 존재는 아니며, 혹은 나의 고유한 것에 구성 부분으로서 속하지는 않지만, 그럼에도 나의 고유한 것에서 자신의 의미와 확증을 획득할 수 있는 존재자이다.

§49. 타자 경험의 지향적 해석 과정의 개략적 제시

'객관적 세계'의 존재 의미는 나의 원초적인 '세계'라는 하부 토대 위에서 다층적으로 구성된다. 첫 번째 층으로서 '타자', 혹은 '타자들 일반'의 구성 단계가 두드러진다. 즉 나의 구체적인 자기 존재로부터('원초적인 자아'로서의 나로부터) 배제된 자아들의 구성이 두드러진다. 이와 결합되어, 그것도 이에 동기화되어 **나의 원초적인 '세계' 위에 일반적으로 의미를 단계적으로 쌓아올리는 일**이 수행된다. 이를 통해 나의 원초적인 세계는 나 자신을 포함하여 모든 사람에 대해 하나이자 동일한 세계인 규정된 '객관적' 세계에 '관한' 현출이 된다. 따라서 **그 자체로 첫 번째로 낯선 것**(최초의 '비자아')은 **다른 자아**이다. 그리고 이것이 낯선 것의 새로운 무한한 영역, 즉 모든 타자와 나 자신이 속해 있는 객관적인 자연, 객관적인 세계 일반을 구성적으로 가능하게 한다. (아직은 세속적인 의미를 갖지 않는) '순수한' 타자로부터 상승해 가는 이러한 구성의 본질은 다음과 같다. 나에 대한 '타자'는 개별적으로 머물러 있는 것이 아니다. 오히려 나 자신을 포함하는 자아들의 공동체는 서로에 대해 함께 존재하는 자아들의 공동체로서 (당연히 나의 고유 영역 속에서) 구성되며, **최종적으로 하나의 모나드 공동체가, 하나의 동일한 세계를** (그의 공동화되어 구성하는 지향성 속에서) 구성하는 모나드 공동체가 구성된다. 이제 이 [하나이자 동일한] 세계 속에 모든 자아가, 다만 객관화하는 통각 속에서 '인간' 혹은 심리물리적인 인간의 의미를 가진 채 다시 세계 객체로서 등장한다.

초월론적인 상호주관성은 이러한 공동화를 통해 상호주관적인 고유 영역을 가지며, 이 속에서 객관적인 세계를 상호주관적으로 구성한다. 따라서 이 속에서 초월론적 상호주관성은 초월론적인 '우리'로서 이 세계에 대한 주관성이며, 또한 초월론적 상호주관성이 자기 자신을 객관적으로 현실화했던 형식인 인간세계에 대한 주관성이다. 하지만 여기에서 상호주관적인 고유 영역과 객관적인 세계가 다시 구별될 수 있다고 하더라도, 자아로서의 내가 나의 고유 본질적인 원천으로부터 구성된 상호주관성의 지반 위에 서는 즉시, 나에게 다음과 같은 사실이 인식될 수 있다. 객관적인 세계는 상호주관적인 고유 영역 혹은 그것의 상호주관적인 고유 존재를 더 이상 본래적인 의미에서 **초월하지** 않으며, '내재적인' 초재로서 거기에 거(居)한다는 것을 말이다. 정확히 말하면 객관적인 세계는 **이념**으로서, 상호주관적인 경험, 이념적으로 계속 일치하면서 실행될 수 있고 실행되는 상호주관적 경험의 이념적인 상관자로서, 즉 상호주관적으로 공동화된 경험의 이념적인 상관자로서 본질적으로 그 자체로 무한한 열려져 있음의 이념성에서 구성된 상호주관성 — 여기서 상호주관성의 개별 주체는 서로 상응하고 일치하는 구성적인 체계들을 장착하고 있다 — 과 관련된다. 따라서 **객관적인 세계의 구성에는 본질적으로 모나드들의 '조화(Harmonie)'가 속하며**, 바로 개별 모나드들에서 [다른 모나드와] 조화를 이루는 개별 구성과 이에 따라 개별 모나드들에서 [다른 모나드와] 조화를 이루며 경과하는 발생도 속한다. 그러나 모나드 자체가 형이상학적인 고안물이나 가설이 아니듯이, 이것을 모나드적인 조화에 관한 '형이상학적' 가설이라고 생각해선 안 된다. 이것은 그 자체로 우리에 대해 현존하는 경험 세계의 사실 속에 놓여 있는 지향적인 구성 요소에 대한 해석에 함께 속한다. 이미 여러 번 강조했지만, 이제 다시 한번 다음을 유념해야 한다. 앞서 언급된 생각들은 상상이나 '마치-처럼'의 양상들이 아니고, 모든 객관적인 경험과 함께 구성적으로 생겨나는 것이고, 자신 나름의 정당화 방식과 학문적 활동을 통한 전개 방식을 가진다.

우리가 방금 상술했던 것은 지향적 해석의 단계적 진행을 미리 조망한 것이다. 만약 우리가 저 초월론적인 문제를 유일하게 생각 가능한 의미에서 해결하고 현상학의 초월론적인 관념론을 실제로 실행하고자 한다면, 이 해석의 단계적 진행을 실행에 옮겨야 한다.

§50. "간접 현전"(유비적인 통각)으로서 타자 경험의 간접적인 지향성

초월론적으로 매우 중요한 선행 단계로서 원초적인 영역에 대한 정의와 구분을 마무리하고 나면, 객관적인 세계 구성을 위한, 위에서 언급된 발걸음들 가운데 첫 번째 발걸음, 즉 '타자'를 향한 발걸음이 실로 적지 않은 진정한 어려움을 야기한다. 이 어려움은 타자가 아직 인간이라는 의미에 도달하지 않았다는 의미에서의 타자 경험의 초월론적인 해명에 놓여 있다.

경험은 원본적인 의식(Originalbewußtsein)인데, 실제로 우리는 일반적으로 다른 인간에 대한 경험의 경우에 이 타자가 우리 앞에 그 자체로 '몸소(leibhaftig)'[7] 현존한다고 말한다. 하지만 이러한 몸소성

---

7 역자주 지각은 대상을 그것의 원본성에서 자체 증여하는 의식이라는 고유 성격을 갖는다. 이것을 지각에서 대상이 몸소(leibhaftig) 주어진다고 말한다. 이에 반해 회상, 타자 경험 등은 자체 증여하는 의식이기는 하나 원본적인 의식은 아니며, 원본적으로 주어졌던 것을 재생(Reproduktion)하거나 원본적으로 주어진 것을 매개로 비원본적인 것을 현전하는 의식들이다. 특히 타자 경험에서 타자의 신체는 몸소, 즉 원본적으로 주어지지만 그의 체험을 포함한 타자 자체는 이 신체를 매개로 간접적으로 주어질 뿐

(leibhaftigkeit)에도 불구하고 우리는 거기에서는 본래 다른 자아 (anderes Ich) 자체나 그의 체험이나 그의 현출 자체나 그의 고유 존재 자체에 속하는 것은 근원적으로 소여되지 않는다는 것을 곧장 인정할 수 있다. 만약 이런 것이 근원적으로 소여된다면, 즉 타자의 고유 본질적인 것이 직접적인 방식으로 접근된다면, 그것은 한갓 나의 고유 존재의 계기일 것이며, 마침내는 그 자신과 나 자신은 하나가 될 것이다. 타자의 신체의 경우에도, 그것이 순수하게 나의 현실적이고 가능적인 경험 안에서 구성되는 통일체인 '물체'에 불과하다면, 오직 나의 '감성'의 형성물로서 나의 원초적인 영역에 속하는 '물체'에 불과하다면, 사정은 비슷할 것이다. 여기에는 어떤 **지향성의 간접성**이 놓여 있어야 한다. 특히 어떤 경우에든 지속적으로 토대에 놓여 있는 하부층인 '원초적인 세계'로부터 나오면서, 그 자체는 현존하지 않고 결코 자체 현존함 (Selbst-da)일 수 없는 '함께 현존함(Mit da)'을 표상하게 만드는 지향성의 간접성이 여기 놓여 있어야 한다. 따라서 이것은 일종의 '함께-현전하게'-만듦, 일종의 '간접 현전(Appräsentation)'이다.

이러한 간접 현전이 이미 외적 경험에 있다. 사물의 본래적으로 보인 앞면이 항상 그리고 필연적으로 사물의 뒷면을 간접 현전하고, 뒷면의 다소간 규정된 내용을 미리 밑그림 그리는 경우가 그것이다. 하지만 타자 경험은 원초적인 자연을 이미 함께 구성하는 위와 같은 종류의 간접 현전일 수는 없다. 왜냐하면 이것에는 상응하는 충족시키는 현전을 통한 확증의 가능성(뒷면이 앞면이 됨)이 있는 반면, 다른 원본적인 영역 (Originalsphäre) 안으로 이끌어 가는 저 [타자 경험의] 간접 현전에게는 이러한 가능성이 선험적으로 배제되어야 하기 때문이다. 어떻게 나의 원본적인 영역 안에서 다른 원본적인 영역의 간접 현전이 동기화되

이다.

고 이와 함께 '타자'라는 의미가 동기화될 수 있는가? 그것도 이미 간접 현전(함께 현전하는 것으로-의식하게-함)이라는 단어에 암시되어 있는 바와 같이 실제로 경험으로서 동기화될 수 있는가? 아무 재현이나 그것을 할 수 없다. 재현은 현전, 본래적인 자기 소여와 엮이는 경우에만 그것을 할 수 있다. 그리고 사물 경험 속에서 지각적인 현존함이 함께-현존함을 동기화하는 것과 비슷하게, 재현은 현전의 요구에 의해서만 간접 현전의 성격을 가질 수 있다.

[간접 현전의] 하부 토대인 본래적인 지각을 우리에게 제공해 주는 것은 자아의 지속적인 자기 지각이라는 일반적인 테두리 안에 정렬되어 연속적으로 진행되는 지각으로서, 우리가 전에 구분해서 기술했던 원초적으로 환원된 세계에 대한 지각이다. 이제 문제는 이러한 관점에서 무엇을 특히 고찰해야 하는지, 어떻게 동기화가 진행되는지, 실제로 일어나는 간접 현전의 매우 복잡한 지향적 수행은 어떤 모습으로 드러날 것인지 등이다.

타자라는 단어의 의미, 곧 다른 자아(anderes Ich)가 우리의 최초의 안내자가 될 수 있다. '타자(alter)'란 말은 다른 자아(Alter ego)를 말한다. 그리고 이 말에 포함되어 있는 자아는 나 자신이며, 이것은 나의 원초적인 고유 영역 내부에서, 그것도 유일무이하게 심리물리적인 통일체(원초적인 인간)로서 구성되며, 나의 유일한 신체 안에서 직접적으로 지배하면서 원초적인 환경 세계에도 직접적으로 영향을 행사하는 '인격적' 자아로서 구성된다. 나아가 구체적인 지향적 삶의 주체, 자기 자신 및 '세계'와 연관된 심리적인 영역의 주체로서 구성된다. 이 모든 것은 경험하는 삶 안에서 일어나는, 친숙한 경과 형식과 복합 형식을 갖는 유형화를 통해 우리 앞에 주어져 있다. 그것이 어떠한 고도로 복잡한 지향성들을 통해 구성되었는지 우리는 물론 탐구하지 않았다. 그것은 자신만의 거대한 탐구의 층을 이루고 있으며, 우리는 그것에 들어가지 못했고 들어갈 수도 없었다.

이제 우리의 지각 영역 안에 다른 인간이 등장했다고 상정해 보자. 원초적인 환원을 행하면, 그것은 나의 원초적인 자연의 지각 영역 안에 하나의 물체가 등장한다는 것을 의미한다. 이 물체는 원초적인 것으로서 당연히 나 자신의 한갓된 규정 부분('내재적 초재')이다. 이러한 자연과 세계 안에서 나의 신체가 신체(기능하는 기관)로서 근원적으로 구성되고 구성될 수 있는 유일한 물체이기 때문에, 저기에 있는 물체, 그럼에도 신체로서 파악된 저기에 있는 물체는 **나의 신체로부터의 통각적인 전이**(apperzeptiven Übertragung)에 의해 이러한 [신체라는] 의미를 가짐에 틀림없다. 그리고 그때 통각적 전이는 특유한 의미를 갖는 신체성에 속하는 술어를 실제로 직접적으로, 따라서 원초적으로 증시하는 것을, 즉 본래적인 지각을 통해 증시하는 것을 배제하는 방식으로 일어난다. 나의 원초성의 영역 내부에서 저기의 저 물체를 나의 물체 [신체]와 결합시키는 유사성만이 전자를 **다른 신체**로 '유비화'하는 파악('analogisierende' Auffassung)[8]을 동기화하는 토대를 제공할 수 있다는 것은 처음부터 분명하다.

따라서 그것은 어떤 유사화하는 통각이긴 하지만 그렇다고 유비 추론은 결코 아니다. 통각은 추론이 아니고, 사고 작용이 아니다. 우리가 선소여된 대상, 가령 선소여된 일상 세계를 한눈에 파악하고 인지하면서 포착하고, 곧장 그것의 의미를 지평과 더불어 이해하는 모든 통각은 유사한 의미의 대상이 처음으로 구성되었던 '근원 설립'을 지향적으로 돌이켜 지시한다. 이 세계에서 우리에게 알려져 있지 않은 사물 또한 일반적으로 말하자면 그 유형에 있어 알려진 사물이다. 우리는 바로 여

---

8 역자주 유비화하는 파악(analogisierende Auffassung), 유비적 통각(analogische Apperzeption), 유사화하는 통각(verähnliche Apperzeption)은 모두 동일한 의미를 갖는 다른 표현들이다.

기에 있는 이 사물은 아니지만 전에 그와 같은 것을 본 적이 있다. 따라서 모든 일상 경험은 대상을 유사한 의미의 대상으로서 예기 파악함으로써 근원적으로 수립된 대상적인 의미를 새로운 경우로 유비적으로 전이하는 과정을 포함한다. 앞서 주어진 것이 있는 만큼 이러한 전이가 일어난다. 그때 계속 진행된 경험에서 실제로 새로운 의미가 드러난다면, 이는 다시 설립하는 기능을 하게 될 수 있고, 이를 통해 더 풍부한 의미를 가진 선소여가 정초될 수도 있다. 이미 사물을 본 아이는 가령 가위의 목적 의미를 처음으로 이해하고, 이제부터는 곧장 한눈에 가위를 가위로서 본다. 하지만 당연히 이것은 명시적인 재생산, 비교, 추론의 수행으로 일어나는 일이 아니다. 그럼에도 통각이 생겨나는 방식, 그 결과로서 통각이 자신 안에서 자신의 의미와 의미 지평을 통해 자신의 발생을 지향적으로 돌이켜 지시하는 방식은 매우 다양하다. 대상 의미의 형성 단계들에는 통각들의 형성 단계들이 상응한다. 마지막으로 우리는 항상 통각의 근본적인 구별로 귀착된다. 하나는 그것의 발생에 따라 볼 때 순수하게 원초적인 영역에 속하는 통각들이고, 다른 하나는 '다른 자아'라는 의미와 더불어 등장하는 통각들로서, 더 높은 단계의 발생 덕분에 이러한 [다른 자아라는] 의미 위에 새로운 의미를 단계적으로 쌓아 올리는 통각들이다.

§51. 타자 경험의 연상적으로 구성하는 요소로서의 "짝짓기"

우리가 이제 저 유비화하는 파악, 즉 나의 원초적 영역 내부의 어떤 물체를 나 자신의 신체-물체와 유사한 것으로서, 이와 마찬가지로 신체로서 파악하는 유비화하는 파악의 고유한 성격을 특징짓고자 한다면, 첫 번째로 다음과 같은 사실에 마주친다. 그것은 근원 설립하는 원본적

176 에드문트 후설의 『데카르트적 성찰』

인 것이 여기에서 항상 계속해서 생생하게 현전한다는 점, 따라서 근원
설립 자체는 생생하게 효력을 행사하는 과정에 항상 계속해서 남아 있
다는 점이다. 두 번째로 마주치는 것은 이미 우리에게 그것의 필연성에
서 알려지게 된 고유한 성격인데, 그것은 저 유비화에 의해 간접 현전
된 것은 결코 현실적으로 현전될 수 없다는 것, 따라서 본래적으로 지
각될 수 없다는 것이다. 자아와 다른 자아는 언제나 그리고 필연적으로
근원적인 '짝짓기(Paarung)'에서 주어진다는 사실은 첫 번째 고유한 성
격과 밀접히 연관되어 있다.

짝짓기, 즉 짝, 나아가 집합이나 다수성으로 형태화되어 등장함은 초
월론적 영역의 (또 이와 평행하게 지향적 심리학적 영역의) 보편적인
현상이다. 그리고 곧장 여기에 추가해서 말하자면, 짝짓기가 현행적이
라면, 저 특이한 종류의 유비화하는 파악의 근원 설립도 생생한 현행성
에 남아 작용한다. 우리는 이 파악을 타자 경험의 저 첫 번째 고유한 성
격으로 부각했는데, 그렇다고 이것이 타자 경험만의 고유한 성격은 아
니다.

우선은 짝짓기(혹은 다수성 형성) 일반의 본질적인 점을 상세히 논
해보자. 그것은 우리가 '동일화'의 수동적 종합과 대비하여 '연상(Asso-
ziation)'이라고 부르는 수동적 종합의 근원 형식이다. 짝짓기 연상에서
특징적인 것은 가장 단순한 경우에는 두 개의 자료가 하나의 의식의 통
일 속에서 부각되어 직관적으로 주어지고, 이를 토대로 순수한 수동성
에서, 즉 [능동적으로] 주목을 받거나 받지 않거나 무관하게, 이미 서로
구별되어 현출하여 현상학적으로 유사성의 통일의 토대가 되며, 따라
서 바로 항상 짝으로 구성된다는 사실이다. 자료가 두 개보다 많다면,
개별적인 짝짓기들에 기초하여 현상적으로 통일된 집합 내지는 다수성
이 구성된다. 보다 정확한 분석을 해보면 우리는 여기에서 지향적 포괄
함(intentionales Übergreifen)을 발견하게 되는데, 이는 짝을 이루는

것들이 동시에 그리고 부각되어 의식되면, 발생적으로 곧장 (그것도 본질적으로) 등장한다. 더 자세히 보면 이 [지향적 포괄함]은 대상적인 의미의 관점에서는 짝을 이루는 것들이 서로를 생생하게 일깨우는 것이자 서로에게 넘어가면서 서로를 덮는 것(überschiebendes Sich-über-decken)이다. 이러한 합치는 부분적일 수도 있고 전체적일 수도 있다. 그것은 그때그때 정도가 다른데 그 한계 사례는 '같음(Gleichheit)'이다. 그 결과로서 짝지어진 것에서 의미 전이가 수행된다. 즉, 하나의 의미에 따라 다른 하나에 대한 통각이 수행된다. 경험된 것에서 현실화된 의미 계기들이 '다름'의 의식 속에서 이러한 전이를 폐기하지 않는 한에서.

지금 특히 우리와 관계된 문제인 자아를 통한 다른 자아의 연상과 통각의 경우에, 타자가 나의 지각장에 등장하는 경우 비로소 짝짓기가 일어난다. 원초적인 심리물리적인 자아로서의 나는 내가 나에 대해 주목하고 나의 어떤 활동으로 향하든 그렇지 않든 무관하게, 지속적으로 나의 원초적인 지각장 안에서 부각된다. 특히 나의 신체-물체는 항상 현존하며 감각적으로 부각되어 있으며, 게다가 원초적인 근원성에서 신체성이라는 특유한 의미까지 부착하고 있다. 이제 하나의 물체가 나의 원초적인 영역에서 부각되어 등장하되 그것이 나의 물체와 '유사한' 경우, 즉 나의 물체와 현상적인 짝짓기에 들어갈 수밖에 없는 그런 속성을 가지는 경우, 그것이 의미 전이 속에서 나의 물체로부터 신체라는 의미를 곧바로 넘겨받음에 틀림없다는 것은 곧바로 분명한 것처럼 보인다. 하지만 이 통각은 실제로 그렇게 투명한가? 그 어떤 다른 통각과 마찬가지로, 전이를 통한 단적인 통각인가? 무엇이 신체를 다른 신체로 만들되 두 번째 나의 신체로는 만들지 않는가? 지금 문제가 되고 있는 통각의 두 번째 근본 성격으로 언급된 것이 분명히 여기에서 [그 이유로서] 고려될 수 있다. 즉, [물체가 나의 신체로부터] 넘겨받은 특유한 신체성이라는 의미 가운데 그 어느 것도 나의 원초적인 영역에서 결코 원본적으로 현실화될 수 없다는 것이다.

§52. 고유한 확증 양식을 갖는 경험 방식으로서의 간접 현전

그러나 이제 어떻게 이러한 통각이 가능한지, 그리고 어떻게 그것이 즉각 폐기되지 않을 수 있는지를 이해되도록 만들어야 하는 어려운 문제가 우리에게 생겨난다. 사태가 가르쳐주는 바와 같이 [나의 신체로부터] 전이된 의미가 저기 있는 물체와 결합된 내용인 바 '심리적인' 규정들로서 존재 타당성을 넘겨받는 일은 어떻게 가능한가? 이 심리적인 규정은 그것 자체로서는 ([내가] 마음대로 다룰 수 있는 유일한 영역인) 원초적인 영역의 원본적 범위 안에 모습을 드러내지 않음에도 불구하고 말이다.

지향적인 상황을 보다 자세히 살펴보자. 타자의 원본적인 접근 불가능성을 야기하는 간접 현전은 (고유하게 주어지는 나의 자연의 한 부분으로서의 '그의' 물체의) 원본적인 현전과 엮여 있다. 그러나 이러한 엮임 속에서 다른 신체와 [이 신체를] 주재하는 다른 자아는 어떤 통일된 초월하는 경험 방식[9] 속에서 주어진다. 모든 경험은 그 이상의 경험, 간접 현전[10]되는 지평을 충족시키고 확증해 주는 경험들을 가리킨다. 이 지평은 비직관적인 예기의 형식 속에서, 일치하면서 계속되는 경험의

---

9 역자주 '초월하는 경험 방식'이란 현전하는 것을 넘어 지평적 예기 속에서 경험하는 방식을 말한다. 타자 경험만이 아니라 모든 경험의 일반적 성격에 해당된다.
10 역자주 여기에서 간접 현전은 타자 경험 고유의 간접 현전을 말하는 것이 아니라, 타자 경험을 포함한 넓은 범위의 간접 현전을 말한다. 예를 들어 지각에서도 지금 현전하지 않는 사물의 측면은 지평적인 예기를 통해 간접 현전된다.

잠재적으로 확증 가능한 종합을 내포하고 있다. 타자 경험과 관련해서 다음은 분명하다. 충족시키면서 확증시키는 타자 경험의 계속된 진행은 **오직 종합적으로 일치하면서 경과하는 새로운 간접 현전들을 통해서만** 일어날 수 있다. 그리고 이 새로운 간접 현전들이 지속적으로 그와 연관되면서도 변화하는, 나의 고유 영역의 현전들과의 동기 연관에 힘입어 존재 타당성을 얻는 방식을 통해서만 일어날 수 있다.

이것을 해명하기 위한 암시적인 실마리로서 다음의 명제로 충분할 것이다. 경험된 다른 신체는 오직 그의 변화하지만 항상 계속 서로 일치하는 '행동거지'에서만 계속해서 현실적으로 신체로 자신을 드러내는데 그 방식은 다음과 같다. 심리적인 것을 간접 현전하면서 지시하는 물리적인 측면을 갖는 이 행동거지는 한 국면에서 다른 국면으로 지속적으로 변화할 때 원본적인 경험에서 충족되어 등장해야만 한다. 만약 행동거지에서 일치를 이루지 못하면, 신체는 가상-신체로서 경험된다.

존재하는 '타자'의 성격은 원본적으로 접근 불가능한 것을 확증하는 이러한 방식의 접근 가능성에 근거하고 있다. 그때그때 원본적으로 현전 가능하고 입증 가능한 것은 나 자신이거나 나 자신에게 고유한 것으로서 속한 것이다. 따라서 '타자'란 원초적으로 충족 불가능한 경험이라는 저 정초된 경험 방식에서, 원본적으로 자체 증여하지 않지만 지시된 것을 일관되게 확증하는 저 경험 방식에서 경험되는 것을 말한다. 따라서 그것은 나의 고유한 것의 유비물로서만 생각 가능하다. 이 [나의 고유한 것]의 의미 구성 덕택에 필연적으로 그것은 우선적으로 객관화된 나의 자아의 '지향적 변양'이자, 나의 원초적인 '세계'의 '지향적 변양'으로서 등장한다. 타자는 현상학적으로 나의 자기(meines Selbst)(이 자기는 그의 입장에서 '나의'라는 성격을, 반드시 일어나는 대조시키는 짝짓기를 통해 얻는다)의 '변양'이다. 이와 같이 유비화하는 변양을 통해 이 [다른] 자아의 구체성 속에 속하는 모든 것이, 우선은 **그의** 원초적인 세계가, 그다음은 완전한 구체적인 자아가 간접 현전된다는 것은 분명하다. 다른 말로 하면, 나의 모나드 안에서 다른 모나드가 간접 현전적으로 구성된다.

이해를 돕기 위해 비교하자면, [타자 경험에서와] 유사하게 나의 과거는 나의 고유 영역, 특히 나의 살아 있는 현재 영역 내부에서 오직 기억(Erinnerung)을 통해 주어지고, 그 안에서 지나간 현재라는 성격, 즉 [현재의] 지향적 변양이라는 성격을 갖게 된다. 그때 이것의 경험하는 확증은 하나의 변양으로서 필연적으로 회상(Wiedererinnerung)의 일치 종합 속에서 수행된다. 따라서 과거는 오직 그렇게만 과거 자체로서 확증될 뿐이다. 나의 기억적인 과거가 나의 살아 있는 현재를 그것의 지향적 변양으로서 '초월하는' 것과 유사하게, 간접 현전된 타자 존재는 (지금 논하는 바, 원초적인 고유한 것이라는 순수하고 가장 낮은 단계의) 나의 존재를 초월한다. 기억과 타자 경험 모두에서 변양은 의미 계기로서 의미 자체 안에 놓여 있으며, 변양을 구성하는 지향성의 상관자이다. 나의 과거가 나의 살아 있는 현재 안에서, '내적인 지각' 영역 안에서 현재 안에 등장하는 일치하는 기억에 의해 구성되는 것과 같이, 다른 자아가 나의 원초적인 영역 안에 등장하며, [이 영역 안의] 내용에 의해 동기화되는 나의 자아 안의 간접 현전을 통해 나의 원초적인 영역 안에서 구성된다. 따라서 새로운 변양체를 상관자로서 갖는 새로운 유형의 재현 작용 속에서 구성된다. 물론 내가 나의 고유한 영역 안의 재현들을 관찰하는 한에서, 그것들에 속한 중심화하는 자아는 자기동일적인 자아로서의 나 자신이다. 그러나 모든 타자적인 것에는, 그것이 필연적으로 그것에 함께 속한 간접 현전된 구체성의 지평을 지니고 있는 한에서, 나 자신이 아니라 나의 변양체인 간접 현전된 자아, 다른 자아가 속한다.

타자 경험의 구성적인 수행, 구성적인 연상을 통한 수행을 완전하게 해명하기 위해서는 타자 경험의 노에마적인 연관들에 대한 정말로 충분한 해석이 전적으로 필요한데, 이것은 이제까지 제시된 것을 가지고는 아직 완결된 것은 아니다. 이제까지 획득한 인식으로부터 객관적인 세계의 초월론적 구성의 가능성과 효력 범위가 우리에게 명증해지고, 이와 함께 초월론적이고 현상학적인 관념론이 완전히 뚜렷하게 보일 수 있기 위해서는 어떤 보충이 필요하다.

§53. 원초적인 영역의 잠재성과 타자 통각에서 그것의 구성적인 역할

자기 자신과 재귀적으로 관계하는 나의 물체적인 신체는 중심적인 '여기(Hier)'라는 방식으로 주어진다. 반면에 모든 다른 물체 및 '타자'의 물체[신체]는 '저기(Dort)'라는 양상을 가진다. '저기'라는 방향 설정(Orientierung)은 나의 운동감각 덕분에 자유롭게 변화할 수 있다. 그리하여 나의 원초적인 영역 안에서 방향 설정이 변화하는 가운데 공간적인 자연이 구성되고, 그것도 나의 지각하면서 기능하는 것으로서의 신체성과의 지향적 관련 속에서 구성된다. 이제 나의 물체적인 신체가 다른 모든 자연 물체들처럼 공간 속에 존재하고 움직일 수 있는 하나의 자연 물체로서 파악되고 파악될 수 있다는 사실은 다음과 같은 말로 표현되는 가능성과 명백히 연관된다. 나는 나의 운동감각의 자유로운 변경을 통해, 특히 이리저리 보행하는 자유로운 변경을 통해 나의 위치를 변화시킴으로써 모든 저기를 여기로 변화시키고 따라서 모든 공간적인 위치를 신체적으로 점유할 수 있을 것이다. 이 점에는 다음과 같은 사실이 놓여 있다. 나는 저기에서 지각하면서 [여기에서 지각하는 사물과] 동일한 사물을 다만 [나의 다른 위치에] 상응하는 다른 현출 방식에서, 나 자신의 저기 있음에 속하는 현출 방식에서 보게 될 것이다. 혹은 모든 사물에는 구성적으로 단지 나의 순간적인 '여기로부터의' 현출 체계만이 속하는 것이 아니라, 나를 저기로 옮기는 저 위치 변경에 전적으로 특정하게 상응하는 현출 체계도 속한다. 그리고 모든 저기에 대해 그러하다.

이처럼 그 자체가 연상적 성격을 지니는, 나의 자연의 원초적 구성에서의 연관 혹은 공속성은 타자 경험의 연상적 수행을 해명하기 위해서도 매우 본질적으로 고려되어야 하지 않을까? 나는 타자를 단순히 나 자신의 복사본으로써, 따라서 나의 원본 영역을 갖는 복사본, 혹은 나와 똑같은 원본적인 영역을 가진 복사본으로서 통각하지 않는다. 특히 나의 여기로부터 나에게 고유하게 속하는 공간적인 현출 방식을 가진 복사물로서 통각하지 않는다. 이와 달리 자세히 보면, [나는 타자를] 내가 만약 저기로 이동하고 저기에 있다면 똑같이 가질 법한 공간적 현출을 가지는 것으로 통각한다. 더 나아가 타자는 하나의 원초적인 세계의 '자아'로서 혹은 하나의 모나드의 자아로서 간접 현전적으로 통각된다. 이 모나드 속에서 그의 신체는 절대적인 여기의 양상 속에서, 바로 그의 주재함의 기능 중심으로서 구성되고 경험된다. 따라서 이러한 간접 현전에서, **나의** 모나드적 영역에서 '저기'라는 양상으로 등장하는 물체, 다른 신체 물체이자 다른 자아의 신체로서 통각된 물체는 타자가 **그의** 모나드적 영역에서 '여기'라는 양상으로 경험할 물체와 '동일한' 물체를 지시한다. 게다가 그것 내부에서 이러한 소여 방식을 수행하는 모든 구성적 지향성을 포함해서 [구체적으로 지시한다.]

§54. 타자를 경험하는 간접 현전의 의미에 대한 해명

방금 밝혀진 것은 '타자' 양상을 구성하는 연상의 과정을 명백하게 가리킨다. 이 연상은 직접적인 연상이 아니다. 나의 원초적인 주위 세계에 속한 물체(나중에는 타자의 물체[신체])는 '저기'라는 양상에서 나에 대해 존재한다. 그의 현출 방식은 나의 신체가 그때마다 실제로 ('여기'라는 양상에서) 갖는 현출 방식과 직접적인 연상을 통해 짝지어지는 것이 아니라, 공간 속에 있는 물체로서의 나의 신체의 구성적인 체계에 속하는 유사한 현출을 재생산적으로 일깨운다. 그의 현출 방식은 '내가 저기에 있다면' 갖게 될 나의 [신체의] 물체적인 외양을 기억나게 한다. 비록 이 일깨움이 기억-직관이 되지는 않는다 할지라도 여기에서도 짝짓기가 수행된다. 이 짝짓기에는 나의 물체[신체]의 먼저 일깨워진 현출 방식만 들어오는 것이 아니라, 나의 물체[신체] 자체가 종합적 통일체로서, 즉 이 현출 방식들 및 다른 다양하고 친숙한 현출 방식들의 종합적 통일체로서 들어온다. 그리하여 유비화하는 통각이 가능하게 되고 정초되는데, 이를 통해 저기에 있는 외부의 물체가 나에게 고유한 물체[신체]로부터 유비적으로 신체라는 의미를 얻게 된다. 그리고 더 나아가 나의 원초적인 세계와의 유비에 의거해 어떤 다른 '세계'를 가진 신체라는 의미를 얻게 된다.

따라서 연상적으로 생겨난 모든 통각과 마찬가지로 이 [유비화하는] 통각의 일반적인 방식은 다음과 같이 기술될 수 있다. 통각의 기초를 이루는 자료들의 연상적인 합치를 통해 높은 단계의 연상이 수행된다. 지향적 대상은 현출 방식들의 연상적으로 일깨워진 체계의 지표로서, 이 체계 안에서 자신을 알릴 것인데, 여기에서 하나의 자료가 어떤 지향적 대상의 현출 방식들 가운데 하나인 경우, 다른 자료도 마찬가지로 보충되어 어떤 것의 현출, 그것도 어떤 유비적 대상의 현출이 된다. 하

지만 이것은 후자의 자료에게 '떠넘겨진' [현출 체계의] 통일성과 다양
성이 이 다른 것들에서 나오는 현출 방식들에 의해 단지 이 자료를 보
충하는 식으로 일어나는 것은 아니다. 그보다는 유비적으로 파악되는
대상 혹은 이 대상의 지시되는 현출 체계가 이 체계 전체를 함께 일깨
운 유비적 현출에 바로 유비적으로 적용되는 것이다. 연상적인 짝짓기
를 통해 생겨난 모든 원격 합치(Fernüberschiebung)는 동시에 융합이
고, 그 안에서 두 의미가 양립 불가능하지 않다면 하나의 의미가 다른
것의 의미에 유사화되고 동화된다.

　다른 자아에 대한 통각이라는 우리의 사례로 돌아가면 이제 다음은
자명하다. 나의 원초적인 '주위 세계'에서 저기에 있는 저 '물체'를 통해
간접 현전되는 것은 나의 심리적인 것이 아니고, 나의 고유 영역으로부
터 나온 것이 전혀 아니다. 나는 신체적으로 여기에 있고 나를 중심으
로 방향 설정된 원초적인 '세계'의 중심이다. 따라서 나의 원초적인 영
역 전체는 모나드로서 여기의 내용을 가지는 것이지, 그 어떤 '나는 할
수 있고 나는 한다'가 개입하여 변경되는 어떤 임의의 저기나 특정한 저
기의 내용은 갖지 않는다. 하나[의 내용]와 다른 하나[의 내용]는 서로
를 배제하며 동시에 있을 수 없다. 하지만 저기에 있는 낯선 물체가 여
기에 있는 나의 신체와의 짝짓기 연상에 들어서게 됨으로써, 그리고 낯
선 물체가 지각적으로 주어지고, 간접 현전의 핵, 즉 함께 현존하는 자
아에 대한 경험의 핵이 되기 때문에, 이 함께 현존하는 자아는 의미 부
여하는 연상의 전체 과정에 따라 필연적으로 ('내가 저기에 있을 때처
럼') 저기의 양상에서 지금 함께 현전하는 자아로서 간접 현전된다. 그
러나 지속적인 자기 지각 속에 주어지는 나 자신의 자아는 그것의 여기
의 내용과 함께 지금 현행적으로 존재한다. 따라서 하나의 자아가 다른
자아로서 간접 현전된다. 공존에서 원초적으로 양립 불가능했던 것이
양립 가능해지는데, 이는 나의 원초적인 자아가 그 자신과 다른 자아를

간접 현전적인 통각을 통해 구성함을 통해서이다. 이 통각은 그것의 고유한 성격에 있어 현전을 통한 충족을 결코 요구하지도 허가하지도 않는다.

이런 타자의 간접 현전이 유효한 연상의 지속적 진행 속에서 항상 새로운 간접 현전적인 내용을 제공하는 방식, 즉 다른 자아의 변화하는 내용들을 특정한 인식으로 가져오는 방식도 쉽게 이해될 수 있다. 다른 한편, 지속적인 현전과의 엮임을 통해, 그리고 기대의 방식으로 현전을 향하는 연상적인 요구를 통해 일관된 확증이 가능하게 되는 방식도 쉽게 이해될 수 있다. 가장 먼저 규정되는 내용은 분명 타자의 신체성 및 그에게 특유한 신체적인 행동거지에 대한 이해로부터 형성되어야 한다. 즉, 만지거나 부딪치면서 기능하는 손, 걸어가면서 기능하는 발, 보면서 기능하는 눈 등의 신체의 지체에 대한 이해로부터 형성되어야 한다. 여기에서 [타자의] 자아는 우선 단지 이처럼 신체적으로 주재하는 자아로서 규정되고, 친숙한 방식으로 지속적으로 확증되는데, 이러한 일은 내가 원초적으로 볼 수 있는 [타자 신체]의 감각적인 경과들 전체 스타일 형식이 나의 신체적인 주재함으로부터 유형적으로 알려진 스타일 형식에 지속적으로 반드시 상응하는 한에서 일어난다. 더 나아가 '높은 단계의 심리적인 영역'에 속하는 특정한 내용들의 '감정이입'에 대해서도 잘 이해할 수 있다. 이 내용들도 신체적으로, 그리고 신체성의 외부 세계적인 행동거지에서 지시된다. 예를 들어 화가 난 사람이나 기쁜 사람 등의 외적인 행동거지에서 지시되며, 이는 유사한 상황에서 나 자신의 행동거지로부터 잘 이해될 수 있다. 따라서 높은 단계의 심리적인 사건은 아무리 다양하고 아무리 알려졌더라도, 마찬가지로 자신의 종합적인 연관 및 경과 형식의 스타일을 가지며, 이것은 대략적인 유형에서 나에게 경험적으로 친숙한 나 자신의 삶의 스타일에 발판을 둔 연상을 통해서 나에게 이해될 수 있다. 여기에서 성공했던 타자[의 심리적 내용]에 대한 모든 이해(Einverstehen)는 새로운 연상과 새로운 이해 가능성을 열어주는 작용을 한다. 모든 짝짓는 연상은 상호적이기 때문에, 성공했던 타자[의 심리적 내용]에 대한 모든 이해는 거꾸로 나의 영혼 삶을 유사함과 다름을 따라 드러내며, 이러한 새로운 부각을 통해 새로운 연상을 위한 비옥한 토양을 만든다.

§55. 모나드의 공동화와 객관성의 첫 번째 형식: 상호주관적 자연

하지만 다양한 단계에서 계속 형성되는 공동체에 대한 해명이 더 중요하다. 이 공동체는 타자 경험 덕분에 원초적인 심리물리적인 자아이자 나의 원초적인 신체 안에서 주재하고 이 신체를 가지고 주재하는 자아인 나와 간접 현전적으로 경험된 타자 사이에서 곧장 생겨난다. 그다음에는 구체적이고 근본적으로 고찰해 보면, 나의 모나드적 자아와 그의 모나드적 자아 사이에서 생겨난다. 공동체의 형식으로 맨 처음 구성되고 다른 모든 상호주관적인 공동체성의 기초가 되는 것은 자연의 공동성이며, 이와 더불어 타자 신체의 공동성 및 나의 심리물리적인 자아와 짝을 이루는 타자의 심리물리적 자아의 공동성이다. 타자의 주관성은 나의 주관성의 폐쇄된 고유 본질적인 것 내부에서 간접 현전을 통해, 고유 본질적인 다른 주관성이라는 의미와 타당성을 가지고 생겨나기 때문에, 여기에서 공동화, 그중 첫 번째 공동화[자연의 공동화]에서부터 그것이 어떻게 공동체적인 세계의 형식 속에서 일어나는가라는 문제는 처음에는 어둡게 보일 것이다. 나의 원초적인 영역 속에서 현출하는 타자의 신체는 우선은 나의 원초적인 자연 속의 물체인데, 이 원초적 자연은 나의 종합적인 통일체이고, 따라서 나의 고유 본질적인 규정 부분으로서 나 자신과 분리할 수 없다. 그 물체가 간접 현전적으로 기능하면, 그것과 하나로 결합되어 '타자'가 나에게 의식되는데, 우선은 타자에게 그의 '절대적인 여기'의 현출 방식에서 주어지는 그의 신체와 더불어 의식된다. 하지만 어떻게 나는 나의 원초적인 영역에서 저기라는 양상에서 나타나는 물체와 그의 원초적 영역에서 그에 대해 여기라는 양상에서 나타나는 물체를 **동일한** 물체라고 말할 수 있는가? 두 개의 원초적인 영역, 즉 자아로서의 나에게 원본적 영역인 나의 원초적인 영역과 나에게 간접 현전되는 그의 원초적인 영역은 심연으로 분리되어 있는 것이 아닌가? 이 심연을 나는 실제로 건너갈 수 없는 것은 아닌가? 건너간다는 것은 바로 내가 타자에 관해 간접 현전하는 것이 아닌 원본적 경험을 획득한다는 말이 될 것이니까 말이다. 우리가 사실적인, 따라서 항상 일어나는 타자 경험을 계속 고찰한다면, 감각적으로 보이는 물체가 정말로 곧장 타자의 물체[신체]로 경험되지, 단지 타자를 가리키는 표지(Anzeige)로 경험되지 않는다는 사실을 발견하게 된다. 이러한 사태는 수수께끼가 아닌가?

나의 원본적인 영역의 물체와, 다른 자아 안에서 완전히 분리되어 구성된 물체, 만약 동일화되면 타자의 신체라 불리는 이 물체의 동일화는 어떻게 일어나고 어떻게 일어날 수 있는가? 그러나 수수께끼는 두 개의 원본적인 영역이 이미 구별될 때 비로소 생겨나며, 이러한 구별은 타자 경험이 작동했다는 것을 이미 전제한다. 시간적으로 선행하는 자기 경험을 토대로 한 이런 종류의 경험[타자 경험]의 시간적인 발생이 지금 문제가 되는 것은 아니기 때문에, 타자 경험 안에서 실제로 제시할 수 있는 지향성을 정확히 해석하고 그것 안에 본질적으로 함축된 동기들을 실증하는 것만이 분명 우리의 해명에 도움이 될 수 있다. 우리가 이미 말한 적이 있지만, 간접 현전 자체는 현전이라는 핵을 전제한다. 간접 현전은 연상을 통해 현전, 즉 본래적인 지각과 결합된 재현이지만, 함께-지각함이라는 특수한 기능 속에서 현전과 융합된 재현이기도 하

다. 달리 말하면, 이 두 가지는 융합해서 **하나의** 지각의 기능 공동체를
이루는데 이 기능 공동체 자체는 현전하는 동시에 간접 현전하지만 전
체 대상에 대해서는 그 대상의 그것 자체로-현존함의 의식을 만들어
낸다. 노에마적으로는 이러한 현전하면서 간접 현전하는 지각의 대상,
그것 자체로-현존함의 양상에서 등장하는 대상에서 본래적으로 지각
된 것과 본래적으로 지각되지 않지만 함께 현존하는 초과분
(Überschuß)이 구별될 수 있다. 따라서 이러한 유형의 모든 지각은 초
월하는 것이며, 그 자체로-현존하는 것 이상을, 즉 이 지각이 그때그때
'현실적으로' 현전하도록 만든 것 이상을 정립한다. 여기에 임의적인 모
든 외적 지각이, 가령 집(앞면과 뒷면)의 지각이 속한다. 그러나 만약
우리가 현전을 더 넓은 의미에서 이해하기만 한다면, 이것은 [외적 지
각뿐 아니라] **모든** 지각, 아니 모든 명증 일반을 가장 일반적으로 기술
한 것이다.

우리가 이러한 일반적인 인식을 타자 지각에 적용한다면 타자 지각
에서도 다음이 주목될 수 있다. 타자 지각이 간접 현전할 수 있는 것은
오직 그것이 현전하기 때문이고 또 타자 지각에서도 간접 현전이 현전
과의 저 기능 공동체에서만 있을 수 있기 때문이다. 하지만 이때 타자
지각이 현전한 대상은 이 타자 지각에서 간접 현전된 대상과 처음부터
동일한 대상의 통일에 속해야 한다. 다른 말로 하면, 나의 원초적인 영
역의 물체가 동시에 다른 자아에게 속하는 물체라는 의미를 얻지 않고
서는, 즉 연상적 통각의 수행 전체에 의거해 타자의 신체 자체라는 의
미, 우선은 타자의 신체 물체 자체라는 의미를 얻지 않고서는, 나의 원
초적인 영역 안의 물체이며, 나에게 다른 자아(이와 함께 완전히 다른
원초적인 영역 혹은 다른 구체적인 자아)를 지시하는 물체가 다른 자아
의 현존함 및 함께-현존함을 간접 현전하는 일은 없으며, 있을 수도 없
다. 따라서 마치 나의 원초적인 영역 안에 있는 저기에 있는 물체가 타

자의 물체적인 신체와 계속 분리되어 있는 것처럼 일이 일어나지도 않고 일어날 수도 없다. 또 마치 저기의 물체가 자신의 유비물을 (명백히 사고 불가능한 동기에서) 가리키는 신호인 것처럼, 또 그에 따라 마치 연상과 간접 현전의 전개 속에서 나의 원초적인 자연과 타자의 간접 현전된 자연이, 따라서 나의 구체적인 자아와 타자의 구체적인 자아가 계속 분리되어 있는 것처럼 일이 일어나지도 않고 일어날 수도 없다. 오히려 나의 영역에 속하는 저기의 자연 물체는 나의 물체적인 신체 및 심리물리적으로 그 안에서 주재하는 자아와의 짝짓는 연상 덕분에, 나의 원초적으로 구성되는 자연 안에서 다른 자아를 간접 현전한다. 이때 그것은 우선은 저기에 있는 물체 안에서 다른 자아가 주재함을, 그리고 다른 자아에게 지각적으로 현출하는 **자연** 안에서 다른 자아가 [그의 신체를 매개로] 간접적으로 주재함을 간접 현전한다. 이때 저기에 있는 물체가 속하는 자연은 나의 원초적인 자연과 동일한 자연이다. 그것은 동일한 자연이지만, 다만 내가 '저기 타자의 신체 물체의 자리에 설 경우'의 현출 방식에서 나타나는 자연이다. 물체는 동일한 물체이며, 나에게는 거기에 있는 것이고, 그에게는 여기, 중심 물체로서 주어진다. "나의" 전체 자연은 타자의 전체 자연과 동일한 것이다. 그것은 나의 원초적인 영역 안에서 나의 다양한 소여 방식들의 자기동일적인 통일체로서 구성된다. 그것은 절대적인 여기에서 영점물체로서의 나의 신체를 중심으로 방향 설정된 변화하는 방향에서 동일자이다. 또 더욱 풍부한 다양체들의 동일자인데, 이때 이 다양체들은 다양한 의미를 가진 변화하는 현출 방식들로서, 변화하는 관점들로서 여기와 저기라는 모든 개별적인 방향 설정에 속하고, 절대적인 여기와 결합된 나의 신체에 지극히 특수한 방식으로 속한다. 이 모든 것들은 나에 대해 고유한 것이라는 원본성을 가지며, 나 자신에 대한 원본적인 해석을 통해 직접적으로 접근 가능한 것이라는 원본성을 가진다. 타자의 간접 현전에서 이 종합적 체계들은 모든 그것의 현출 방식들에 있어서, 따라서 모든 가능한 지각과 이 가능한 지각들의 노에마적 내용에 있어서 동일하다. 다만 현실적인 지각들과 그 안에서 현실화된 소여 방식들, 그리고 부분적으로 이때 현실적으로 지각된 대상들은 동일한 것이 아니며, 바로 저기로부터 지각될 수 있는 대상으로서 저기로부터 지각될 수 있는 바대로 존재한다. 이러한 사실은 나의 고유의 것과 타자의 것 모두에 대해서, 근원적인 해석이 지각 속에서 진행되지 않는 곳에서조차도 유사하게 타당하다. 나는 두 번째 자연 및 이 자연 안의 두 번째 신체 물체(타자 자신의 신체)와 함께 간접 현전된 두 번째 원본적 영역을 가지고 나서 그다음에 비로소 어떻게 내가 이 두 개를 동일한 객관적인 자연의 현출 방식들로서 파악할 수 있는지 묻는 것이 아니다. **나의** 원초적인 자연과 재현된 타자의 자연 사이의 동일성 의미가 이미 간접 현전 자체에 의해, 그리고 간접 현전'으로서' 간접 현전에게 반드시 필요한 바, 간접 현전을 위해 함께 기능하는 현전과의 통일(이것 덕분에 타자와 그 귀결로서의 그의 구체적인 자아가 나에 대해 현존한다)에 의해 이미 제공된다. 따라서 완전히 올바르게도 사람들은 타자 지각, 더 나아가 객관적 세계에 대한 지각, 타자가 나와 동일한 것을 보고 있다는 의미에서의 지각에 대해 말한다. 비록 이 지각이 오직 나의 고유 영역 안에서 작동하고 있다 할지라도 말이다. 이러한 사실은 이 지각의 지향성이 나의 고유 영역을 초월한다는 것, 따라서 나의 자아는 그 자체로 다른 자아를 구성한다는 것, 그것도 존재하는 것으로서 구성한다는 것을 배제하지 않는다. 내가 실제로 보고 있는 것은 기호나 한갓된 유비물, 모종의 자연적인 의미에서 모사물이 아니라 타자이다. 저기에서 현실적인 원본성 속에서 파악된 것, 저기에 있는 물체(심지어 단지 그것의 한 표면)는 타자 자체의 물체[신체]이다. 다만 나의 위치로부터, 이 측면에서 보여진 것이고, 타자 경험의 의미 구성에 따라 원리적으로 내가 원본적으로 접근할 수 없는, 심리물리적인 실제성의 통일 속에 있는 영혼의 물체적 신체인 것이다.

다른 한편 이제부터 객관적인 세계 안에 나 자신과 마찬가지로 존재하는 타자에 대한 지각의 지향적 본질에 따르면, 나는 지각하는 자로서 나의 원초적인 영역과 타자의 단지 재현된 영역 사이의 저 차이를 발견할 수 있다. 이에 따라 노에마적인 이중의 층이 갖는 독특성을 추적할 수 있고, 연상적인 지향성의 연관들을 해석할 수 있다. 객관적인 자연이라는 경험 현상(Erfahrungsphänomen)은 원초적으로 구성된 층을 넘어서 타자 경험으로부터 간접 현전된 두 번째 층을 가지는데, 특히 그것은 우선은 소위 그 자체로 첫 번째 대상인 타자의 신체 물체에 해당된다. 이는 다른 인간이 구성적으로 그 자체로 첫 번째 인간인 것과 같다. 객관성의 이러한 근원 현상과 관련해서 사태는 우리에게 이미 분명하다. 우리가 타자 경험을 사라지게 하면, 나는 가장 하부의 구성, 오직 한 층으로 구성된, 타자 물체의 현전적인 구성을 나의 원초적인 영역 안에서 갖게 된다. 내가 그것을[타자 경험을] 추가하면, 나는 타자 자신에게 주어진 것과 동일한 신체를 간접 현전적으로, 그리고 현전적인 층과의 종합적인 합치 속에서 갖게 되며, 그에게 계속해서 가능한 소여 방식들도 갖게 된다.

쉽게 이해될 수 있는 바와 같이, 나에게 하부층에서 경험되고 경험될 수 있는 **모든** 자연 대상은 이로부터 (비록 결코 명시적으로 직관되지는 않지만) 간접 현전적인 층을 얻게 되며, 이 층은 원초적인 원본성에서 나에게 주어지는 층과의 종합적인 동일성 통일 속에 있다. 또한 이는 타자의 가능한 소여 방식들에서 주어지는 것과 동일한 자연 대상이다. 이러한 사실은 필요한 변경을 덧붙인다면, 구체적이고 객관적인 세계에서 구성되는 높은 단계의 세계적인 것들에서도 반복되는데, 이것은 인간세계이자 문화 세계로서 늘 우리에 대해 존재하는 것이다.

여기에서 주목해야 할 것은 성공적인 타자 통각의 의미에 따르면, 타자의 현출 체계의 세계로서의 타자의 세계가 나의 현출 체계의 세계와 동일한 것으로 곧바로 경험되어야 하며, 이는 [타자와 나의] 현출 체계의 동일성을 내포한다는 점이다. 물론 우리는 '비정상성들', 즉 시각 장애인이나 청각 장애인 등등이 있다는 것, 따라서 결코 현출 체계가 항상 절대적으로 동일한 것이 아니고, (비록 모든 층에서는 아니지만) 전체 층들이 다를 수 있다는 것을 잘 알고 있다. 하지만 비정상성은 그것 자체로서 이제 구성되어야 하며, 이러한 구성은 그 자체로 선행하는 정상성의 근거 위에서만 가능하다. 이것은 다시 객관적 세계의 구성적인 근원에 대한 충분히 높은 단계의 현상학적 분석이라는 새로운 과제를 제시한다. [여기에서] 객관적 세계란 우리에 대해, 그리고 오직 우리 자신의 고유한 의미 원천으로부터만 현존하며, 이와 다른 방식으로는 우리에 대해 그 의미와 현존을 가질 수 없는 세계이다. 객관적 세계가 현존을 갖는 것은 한 번 성공한 통각적인 구성의 일치하는 확증 덕분인데, 이는 일관되고, 경우에 따라서는 '수정을 관통하여' 항상 다시 생산되는 일치성 속에서 일어나는 경험하는 삶의 계속된 진행을 통해서 이루어진다. 일치성이 유지되는 것은 또한 정상성과 그것의 지향적 변양인 비정상성 사이의 차이를 통한 통각의 갱신, 혹은 이러한 비정상성의 변화 속에서 새로운 통일의 구성을 통한 통각의 갱신 덕분이다. 비정상성의 문제에는 동물성의 문제 및 '높고 낮은 단계의' 동물이라는 단계 서열의 문제 또한 속한다. 구성적으로 말하면, 동물과 관련하여 인간이 정상적인 경우인데, 이는 나 자신이 모든 인간들에 대해 구성적으로 근원 표준(Urnorm)인 것과 같다. 동물은 그 본질에 있어 나의 인간성의 비정상적인 '변양들'로서 나에 대해 구성되는데, 물론 그다음에는 그들 안에서도 정상성과 비정상성이 구별될 것이다. 이것은 의미 구조 자체 안에서 확인되는 지향적 변양이다. 이 모든 것들은 물론 매우 깊이 파

고 들어가는 현상학적 해석을 필요로 하지만 여기에서는 우리의 목적
을 위해 이러한 일반적인 설명으로 충분하다.

　이제까지의 해명에 따르면, 내가 어떻게 내 안에서 타자를, 보다 근
본적으로 말하자면 나의 모나드 안에서 다른 모나드를 구성하는지, 그
리고 내 안에서 구성된 것을 바로 타자로서 경험할 수 있는지는 더 이
상 수수께끼가 아니다. 또한 이와 분리할 수 없지만, 어떻게 내가 내 안
에서 구성된 자연을 타자에 의해 구성된 자연(혹은 꼭 필요한 정확성을
기하자면, 타자에 의해 구성된 것으로서 내 안에서 구성된 자연)과 동
일화할 수 있는지도 더 이상 수수께끼가 아니다. 이러한 종합적 동일화
는 모든 종합적 동일화보다, 즉 나의 고유한 원본적인 영역 안에서 견
지되면서 재현의 매개를 통해 대상적인 통일체가 나에 대해 의미와 존
재를 획득하게 하는 종합적 동일화를 포함해 모든 종합적 동일화보다
더 큰 수수께끼인 것은 아니다. 우리의 설명에 도움이 되는 아래의 예
를 고찰하면서 그것을, 우리를 이끌어 가는 관념, 즉 재현의 매개를 통
해 구성되는 결합이라는 관념을 드러내기 위해 이용해 보자. 나의 체험
은 자신의 동일한 시간 형상과 동일한 시간 내용을 가지고 존재하는 것
으로서의 의미와 타당성을 나에 대해 어떻게 획득하게 되는가? 원본적
인 것은 사라진다. 하지만 반복된 재현 속에서 나는 그리로 되돌아가는
데, 이는 '나는 항상 다시 할 수 있다'는 명증 속에서 이루어진다. 하지
만 반복된 재현들은 명증적으로 그 자체로 잇따라 일어나는 것들이고
서로 분리되어 있다. 그렇지만 동일화의 종합은 '동일자'라는 명증적인
의식 속에서 그것들을 결합할 수 있는데, 이 의식에는 동일한 내용으로
채워진 동일하고 유일무이한 시간 형상이 포함되어 있다. 따라서 여타
다른 곳에서와 마찬가지로 여기에서도 '동일자'란 분리된 체험들의 자
기동일적인 지향적 대상을, 즉 체험들에게 단지 비내실적인 것으로 내
재하는 대상을 말한다. 그 자체로 매우 중요한 다른 사례는 논리적으로

이념적인 모든 대상들과 같이 엄밀한 의미에서의 이념적 대상들의 구성이다. 나는 생생하고 다항적인 사고 작용에서 하나의 형성체, 정리(定理), 수(數)형성체를 산출한다. 이어서 나는 이전의 산출을 회상하면서 이 산출을 반복한다. 그 즉시 그리고 본질적인 필연성에서 동일화의 종합이 들어서고, 임의성이라는 의식 속에서 수행될 수 있는 모든 반복에서 새로운 동일화의 종합이 등장한다. 즉, 그것은 자기동일적인 동일한 명제이고 자기동일적인 수 형성체로서, 다만 반복되어 산출되거나, 같은 말이지만, 반복적으로 명증적이 될 뿐이다. 따라서 여기에서 항상 이미 구성된 나의 체험 흐름 내부에서 (기억하는 재현의 매개를 통한) 종합이 생생한 현재로부터 그때그때 관여된 나의 과거로 뻗어 나가면서 이를 통해 이들을 결합한다. 이를 통해 게다가 그 자체로 매우 중요한 이념적인 문제, 즉 독특한 의미에서의 이른바 이념적인 대상성이라는 초월론적인 문제가 해결된다. 그것의 초(超)시간성(Überzeitlichkeit)은 전(全)시간성(Allzeitlichkeit)으로, 모든 임의적인 시간 위치에서의 임의적인 산출 및 재산출 가능성의 상관자로 입증된다. 이어서 이것은, 객관적 시간과 가능한 사고 주체로서의 객관적 인간을 포함하는 객관적 세계의 구성 후에, 그 자신 객관화되는 이념적인 형성물들과 이 형성물의 객관적인 전(全)시간성에도 또한 명백히 적용된다. 여기에서 시공간적으로 개별화된 실제성인 객관적 실제성과의 대비가 이해될 수 있다.

이제 다시 타자 경험이라는 우리의 사례로 돌아가 보자. 그것은 복합적인 구조 안에서 위의 것과 유사하게 재현을 매개로 한 결합, 즉 구체적인 자아의 원초적 영역에서 중단되지 않는 생생함 속에서 (순수하게 수동적이고 원본적인 자기 현출로서) 진행되는 자기 경험과 그 안에서 재현된 타자 영역 사이의 결합을 수행한다. 타자 경험의 이러한 수행은 원초적으로 주어진 다른 신체 물체와, 이와 동일한 신체 물체이긴 하지만 다만 다른 현출 방식 속에서 간접 현전된 다른 신체 물체의 동일화 종합을 통해 일어난다. 그리고 이 수행은 이로부터 (순수하고 감각적인 원본성에서) 원초적이고 간접 현전적으로 소여되고 확증되는 동일한 자연의 동일화 종합을 통해 확장된다. 이를 통해 나의 자아(그리고 나의 구체적인 자아 일반)와 다른 자아, 나의 지향적 삶과 그의 지향적 삶, 나의 '실제성들'과 그의 '실제성들'의 공존이, 한마디로 공동적인 시간 형식이 근원 설립된다. 이때 각각의 원초적인 시간성은 객관적인 시간성이 개별 주체적이고 원본적으로 현출하는 방식이라는 한갓된 의미를 저절로 획득하게 된다. 사람들은 여기에서 구성적으로 서로 연관된 모나드들의 시간적인 공동체가 왜 분리될 수 없는 것인지를 보게 된다. 그것은 세계 및 세계 시간의 구성과 본질적으로 연관되어 있기 때문이다.

§56. 상호모나드적인 공동체라는 더 높은 단계의 구성

이로써 나에 대해 원초적인 모나드인 나와 내 안에서 낯설고 따라서 그 스스로 존재하는 것으로 구성되지만 내게 단지 간접 현전적으로 증시될 수 있는 것으로 구성되는 모나드 사이의 공동화의 첫 번째이자 가장 낮은 단계의 공동화가 해명되었다. 타자들이 내 안에서 타자로서 구성된다는 것이 타자가 존재하는 자이자, 규정되어 존재하는 자로서 나에 대해 의미와 타당성을 가질 수 있는 유일하게 생각 가능한 방식이다. 즉 타자들이 지속적인 확증의 원천으로부터 의미와 타당성을 가진다면, 내가 이렇게 **말해야 하듯이**, 그들은 실로 존재하지만, 오직 그들이 그 안에서 구성되는 의미만 가질 뿐이다. 내가 나에 대해 존재하는 것과 정확히 똑같이, 그들은 그 자신에 대해 존재하는 모나드들이다. 하

지만 그다음 그것들은 또한 공동화 속에, 즉 (내가 이미 이전에 사용된
표현을 강조하면서 반복한다면) 구체적인 자아이자 모나드로서의 나와
의 결합 속에 존재한다. 어떠한 내실적인(reelle) 결합도 그의 체험에서
나의 체험으로, 그리고 일반적으로 그의 고유 본질적인 것에서 나의 고
유 본질적인 것으로 넘어가도록 이끌지 않는 한에서, 모나드들은 물론
나의 모나드와 내실적으로는 분리되어 있다. 이것에는 나의 심리물리
적인 현존과 타자의 심리물리적인 현존의 실제적이고(reale) 세계적인
분리가 상응하며, 이 분리는 객관적인 신체의 공간성 때문에 공간적 분
리로 나타난다. 하지만 위의 근원적인 공동체는 무실(無實)한 것이 아
니다. 모든 모나드가 내실적으로는 절대적으로 닫혀진 통일체라 할지
라도, 다른 원초성이 나의 원초성으로 비실제적이고 지향적으로 들어
오는 것은 그것 안으로 들어가 꿈을 꾼다거나 한갓된 상상의 방식으로
표상한다는 의미에서 비실제적인 것은 아니다. 존재자는 [다른] 존재자
와 함께 지향적 공동체를 이룬다. 그것은 원리적으로 고유한 방식의 결
합이자 현실적인 공동체이고, 하나의 세계의 존재, 인간세계, 사태 세
계의 존재를 초월론적으로 가능하게 하는 것이다.

　공동화의 첫 번째 단계, 그리고 이것과 거의 같은 말이지만, 원초적
인 세계로부터 객관적인 세계의 첫 번째 구성이 해명된 후에, 더 높은
단계의 구성은 상대적으로 어려움이 덜하다. 이 단계와 관련된 모든 측
면을 해석하기 위해서는 세분화된 문제들을 포함하는 포괄적인 탐구가
필요하겠지만, 여기에서는 앞서 제시된 근거에 따라 쉽게 이해될 수 있
는 대강의 주요 윤곽만 제시해도 충분할 것이다. 나는 나로부터, 즉 구
성적으로 근원 모나드인 나로부터 나에게 다른 모나드 또는 심리물리
적인 주체로서의 타자를 획득한다. 거기에는 내가 타자들을, 단지 나와
신체적으로 마주하고 있으며 연상적인 짝짓기를 통해 나의 심리물리적
인 현존으로 소급되어 관련되는 자로서 획득하는 것만은 아니라는 사

실이 함축되어 있다. 물론 [나의 심리물리적 현존은] 일반적으로, 그리고 지금 단계의 공동화된 세계에서도 이 세계의 필연적으로 방향 설정된 소여 방식 때문에 당연히 '중심 성원(Zentralglied)'이다. 하지만 인간 공동체의 의미 안에는, 그리고 개별자로서 이미 공동체의 성원이라는 의미를 지니는 '인간'의 의미 안에는 서로에 대해-상호적으로-존재함이 함축되어 있으며(그리고 이것은 동물의 공동체에도 적용된다), 이를 통해 나의 현존과 모든 다른 타자의 현존을 객관화하면서 동렬에 놓음이, 따라서 나와 모든 사람들을 다른 인간들 가운데 하나의 인간으로서 동렬에 놓음이 일어난다. 내가 그[타자] 안에 들어가 이해하면서 그의 고유한 것의 지평 속으로 더 깊이 파고 들어가면, 즉시 다음과 같은 사실을 만나게 된다. 그의 물체 신체가 나의 지각장 안에 놓여 있는 것과 같이, 나의 신체도 그의 지각장 안에 놓여 있으며, 내가 그를 나의 타자로 경험하듯이, 일반적으로 그도 나를 곧장 그에 대한 타자로 경험한다. 마찬가지로 다수의 자아들 또한 서로에 대해 타자로서 경험된다. 더 나아가 그 결과로 나는 그때그때의 타자를 단지 타자로서만이 아니라, 타자 그 자신도 다시 자신의 타자들과 관련된 자이자 경우에 따라서는 어떤 반복해 생각될 수 있는 간접성에 의해 동시에 나 자신과 관련된 자로 경험할 수 있다. 또한 인간들은 단지 현실성 속에서만이 아니라 가능성 속에서, 즉 고유의 임의성에서 타자를 발견하고 또 다른 타자를 발견하는 자로서만 통각될 수 있다는 사실은 분명하다. 이때 열린 무한한 자연 자체는 마찬가지로 열린 다수의 인간들을, 무한한 공간 안에 알려지지 않은 채 분산된 인간들을, 더 일반적으로 말하면 영혼들을 가능한 상호 공동체의 주체들로서 자신 안에 포함하는 자연이 된다.

당연히 이러한 공동체에는, 이를 초월론적으로 구체화를 하게 되면 상응해서 생겨나는 바, 우리가 초월론적인 상호주관성이라고 부르는 열린 모나드적 공동체가 상응한다. 이 [모나드적 공동체]는 두말할 필요 없이 순수하게 내 안에서, 성찰하는 자아 안에서, 순수하게 나의 지향성의 원천으로부터 나에 대해 구성된다. 그럼에도 이것은 '타자' 변양에서 구성된 모든 각각의 모나드 안에서 동일한 것으로 구성된다. 다만 다른 주관적인 현출 방식에서 구성될 뿐이며, 동일한 객관적 세계를 필연적으로 자신 안에 함유한 것으로 구성된다. 내 안에서(유사하게도 나에게 생각 가능한 모든 모나드적 공동체 안에서) 초월론적으로 구성된 세계의 본질에는 그것이 본질 필연적으로 또한 인간세계라는 사실이 명백히 속하며, 그것은 완전성에서 다소간의 편차를 가지면서 모든 개별적인 인간의 지향적 체험 및 지향성의 잠재적 체계에서 영혼 내적으로(innerseelisch) 구성된다는 사실이 명백히 속한다. 이때 이 지향적 체험 및 지향성의 잠재적 체계는 '영혼 삶'으로서 그 자신이 이미 세계적으로 존재하는 것으로 구성된다. 객관적인 세계의 영혼적 구성은 예를 들어 자기 자신을 인간으로서 경험하는 자아인 바 나의 현실적이고 가능한 세계 경험으로서 이해된다. 이러한 경험은 완전성에서 편차가 있지만 최소한 열려진 무규정적인 지평을 갖는다. 이러한 지평 속에는 모든 각각의 인간에 대해 모든 각각의 타자가 열려진 무한한 접근 가능성의 영역으로서 물리적, 심리물리적, 심리 내적으로 놓여 있다. [이러한 접근 가능성은] 대개의 경우 나쁘기는 하지만, 나쁠 수도 있고 옳을 수도 있다.

§57. 내적 심리학적인 해석과 자아론적—초월론적인 해석의 평행성에 대한 해명

이로부터 영혼 내적인 해석과 자아론적—초월론적인 해석의 필연적 평행성이, 혹은 이미 앞서 언급된 바, 순수 영혼은 모나드 안에서 수행되는 모나드의 자기 객관화라는 사실이 어렵지 않게 해명될 수 있다. 만약 모나드에 대해서 타자가 존재할 수 있어야 한다면, 이 자기 객관화의 다양한 단계들은 본질필연성들로서 존재해야 한다.

이와 연관되어 있는 것은, 선험적으로 모든 초월론적-현상학적인 분석과 이론(또한 방금 근본 특징이 제시된, 객관적 세계의 초월론적 구성에 대한 이론)은 초월론적 태도의 중단을 통하여 자연적인 지반 위에서도 수행될 수 있다는 사실이다. 그것은 이처럼 초월론적인 소박성 속으로 옮겨져서 내적 심리학적 이론이 된다. 형상적으로 그리고 경험적으로 '순수' 심리학에는, 즉 오직 영혼 혹은 구체적인 인간 자아의 지향적 고유 본질만을 해석하는 심리학에는 초월론적 현상학이 상응하고 그 반대도 마찬가지이다. 하지만 이러한 사실도 초월론적으로 통찰될 수 있는 사태이다.

§58. 높은 단계의 상호주관적 공동체에 대한 지향적 분석의 문제들의 구분. 자아와 주위 세계

인간성, 혹은 그것의 완전한 본질에 속하는 인간 공동체의 구성은 이제까지 밝혀진 것으로 종결된 것이 아니다. 하지만 우리는 지난번 획득한 의미에서의 공동체에서 출발하여, 간접 현전하는 타자 경험의 매개를 통해 다른 자아에게 도달하는 자아-작용들의 가능성, 특히 '사회적인' 작용이라는 성격을 가지는 독특한 자아적-인격적인 작용들의 가능성을 매우 쉽게 이해할 수 있다. 여기에서 사회적 작용들을 통해 모든 인간적이고 인격적인 소통이 생겨난다. 이러한 작용들을 그것의 다양한 형태 속에서 세심하게 연구하는 것, 이로부터 모든 사회성의 본질을 초월론적으로 이해하도록 만드는 것이 중요한 과제이다. 본래적이자 사

회적인 공동화를 통해 객관적인 세계 내부에서 고유한 종류의 정신적
인 객관성으로서의 다양한 유형의 사회적인 공동체가 그것의 가능한
단계 질서 속에서 구성되고, 그 가운데에서 '높은 등급의 인격성'의 성
격을 갖는 탁월한 유형이 구성된다.

　더 나아가, 앞서 제시된 문제에서 분리될 수 없으며, 어떤 의미에서
는 이와 상관된 문제인 인간 특유의 세계의 구성의 문제, 특히 각각의
인간과 인간 공동체에 대한 문화적인 주위 세계 구성의 문제, 그리고
그것이 가지는 제한적이나마 객관적인 성격이 고찰되어야 할 것이다.
비록 나와 모든 사람들에게 세계는 구체적으로는 단지 문화 세계로서
주어지고, 모든 사람들에 대해 접근 가능하다는 의미를 가짐에도 불구
하고, 이 [문화 세계의] 객관성은 제한적이다. 더 정확한 의미 해석을
통해 곧 드러나겠지만, 바로 이러한 접근 가능성은 구성적인 본질 근거
로부터 볼 때 무조건적인 접근 가능성이 아니다. 이러한 점에서 그것은
자연, 신체, 그리고 이로써 어떤 일반성에서 이해된 심리물리적 인간의
구성적 의미에 본질적으로 속하는, 모든 사람들에 대한 절대적으로 무
조건적인 접근 가능성과 명백히 구별된다. 물론 다음의 사실 또한 무조
건적인 일반성의 영역에로 (세계 구성의 본질 형식의 상관자로서) 들어
온다. 모든 사람들은 선험적으로 동일한 자연 속에 산다. 그리고 그들
은 개별적이며 공동화된 행위와 삶 속에서 자신의 삶을 타자의 삶과 필
연적으로 공동화함으로써, 이 자연을 비록 아주 원초적인 단계일지라
도, 문화 세계로, 인간적인 유의미성을 가진 세계로 형성했다. 하지만
그렇다고 해도 다음과 같은 사실은 선험적이거나 사실적으로 여전히
가능하다. 하나의 동일한 세계의 인간들은 느슨한 문화 공동체에서 살
거나 어떠한 문화 공동체에서도 살지 않으며, 따라서 서로 다른 문화적
주위 세계들을, 상대적으로나 절대적으로 구별된 공동체들이 서로 영
향을 주고받으면서 사는 구체적인 생활 세계들로서 구성한다. 역사적

으로 형태적으로 문화를 형성하는 공동체의 인간으로서 모든 인간은 **자신의** 구체적 주위 세계 혹은 자신의 문화를 먼저 하나의 핵에 따라, 그리고 드러나지 않은 그것의 지평과 더불어 이해한다. 현재의 이해 자체를 함께 규정하는 과거의 지평을 개시하는 더 깊은 이해는 이 공동체에 속한 모든 사람에게 원리적으로 가능하다. 이러한 더 깊은 이해의 가능성은 그 근원성에서 오직 그들에게만 가능하고, 다른 공동체에 속하면서 이러한 공동체와 관계 맺기 시작하는 인간에게는 닫혀 있다. 그는 먼저 낯선 세계의 인간을 필연적으로 인간 일반으로서, 그리고 '모종의' 문화 세계의 인간으로서 이해한다. 이것으로부터 비로소 그는 점진적으로 그 이상의 이해 가능성을 만들어가야 한다. 그는 가장 일반적인 이해로부터 비로소 점점 증대하는 현재 층들에 대한 추이해(Nachver-stehen)로의 입구를 열어야 하며, 다시 이로부터 역사적인 과거 층들에 이르는 입구를 열어야 하는데, 이것은 다시 현재의 개시를 확장하도록 돕는다.

어떤 종류의 세계이든 '세계들'의 구성, 자신의 열려진 무한한 다양성을 가진 나의 체험 흐름[의 세계]에서 시작해서 다양한 객관화의 단계 속에 있는 객관적인 세계로 이어지는 세계들의 구성은 '방향 설정된' 구성의 법칙을 따른다. 즉, 이 구성은 다양한 단계에서, 하지만 가장 넓게 파악될 수 있는 의미 내부에서, 원초적으로 구성된 것과 이차적으로 구성된 것을 전제한다. 여기에서 항상 원초적인 것이 새로운 의미층과 함께 이차적으로 구성된 세계 속으로 들어가, 방향 설정된 소여 방식들의 중심 지체가 된다. 이차적으로 구성된 세계는 '세계'로서, 반드시 원초적으로 구성된 것으로부터 접근 가능하고 질서 있게 개시될 수 있는 존재 지평으로서 주어진다. 최초의 세계, 즉 우리가 체험 흐름이라고 부르는 내재적인 '세계'에서도 이미 그러하다. 체험 흐름은 상호 외재성(Außereinander)의 체계로서, 원초적으로 구성되는 생생한 현재를 중심으로 방향 설정되어 주어지고, 이로부터 그에 외재하는 모든 것, 내재적인 시간성의 모든 것이 접근 가능하다. 다시 나의 신체는 우리의 특유한 의미에서의 원초적인 영역 안에서 '자연'에 대한 중심 지체이고, 자연은 나의 신체의 주재함을 통해 비로소 구성되는 '세계'이다. 마찬가지로 나의 심리물리적인 신체는 상호 외재성인 객관적 세계 구성에 대해 원초적인 것이며, 그것의 방향 설정된 소여 방식들 안으로 중심 지체로서 들어간다. 우리의 특출한 의미에서의 원초적인 '세계'가 그 자체로 객관적인 세계의 중심이 되지 않는다면, 그 이유는 이것 전체가 새로운 상호 외재성을 창출하지 않는 방식으로 객관화되기 때문이다. 이와 반대로, 다양한 이방 세계는 나의 세계를 중심으로 방향 설정되어 주어지며, 따라서 하나의 세계이다. 그 이유는 이들이 자신에게 내재하는 공통적인 객관적 세계와 함께 구성되기 때문이다. 이 객관적 세계의 시공간적인 형식은 동시에 이들에게 이르는 접근 형식으로 기능한다.

이제 문화 세계라는 우리의 문제로 돌아가면, 이것 또한 문화들의 세계로서 보편적인 자연과 그것의 시공간적인 접근 형식이라는 하부 토대 위에서 방향 설정되어 주어진다. 이 시공간적인 접근 형식은 다양한 문화 형성물과 문화들로의 접근 가능성을 위해 함께 기능해야만 한다. 따라서 우리가 보게 되는 것은 문화 세계 또한 영점이 되는 지체, 혹은 하나의 '인격성'과의 관련 속에서 '방향 설정되어' 주어진다는 사실이다. 여기에서 나와 나의 문화는 모든 '이방' 문화에 대해서 원초적인 것이다. 나와 나의 문화 동류들에게 이방 문화는 오직 일종의 '타자 경험', 이방 문화의 인간과 그들의 문화 속으로의 일종의 '감정이입'에서만 접근 가능하다. 이러한 감정이입 또한 지향적 탐구를 요구한다.

인간세계와 문화 세계 자체에게 그것 특유한 의미를 부여하는 의미층, 다시 말해 이런 세계에 그것 특유한 '정신적' 술어를 부여하는 의미층에 대한 보다 정확한 탐구는 단념해야겠다. 우리가 수행했던 구성적인 해석은 구체적이고 완전한 세계의 서로 연관된 하부층, 즉 우리가 '객관적인 정신'의 모든 술어를 배제하는 경우에 우리에게 남아 있는 하부층을 구성적으로 생겨나게 하는 지향적 동기 연관을 분명히 보여주었다. 그 속에서 우리는 전체 자연을 이미 그 자체로 구체적이고 통일적으로 구성된 것으로서 보유하며, 이것 안에 포함되어 있는 인간과 동물의 신체도 함께 보유한다. 하지만 우리는 영혼 삶을 더 이상 구체적으로 완전하게 보유하지는 못한다. 왜냐하면 인간적인 존재 그 자체는 존재하는 실천적인 주위 세계, 이미 인간적인 유의미성의 술어들을 장착한 실천적인 주위 세계와 의식의 방식으로 관련되어 있으며, 이 관련은 이 술어의 심리학적인 구성을 전제하기 때문이다.

모든 이러한 세계의 술어들이 시간적인 발생으로부터 생겨났다는 사실, 그것도 인간적인 겪음과 작용에 뿌리내린 시간적인 발생에서 생겨났다는 사실은 어떠한 입증도 필요로 하지 않는다. 따라서 개별적인 주체 안에서 이러한 술어의 근원을 위해서 전제되는 것, 그리고 공통적인 생활 세계에 여전히 속하는 이 술어의 상호주관적인 타당성을 위해서 전제되는 것은 하나의 인간 공동체나 모든 개별 인간이 구체적인 주위 세계에 들어가 살면서 겪음과 작용을 통해 이 주위 세계에 관련된다는 것, 그리고 이 모든 것이 이미 구성되어 있다는 것이다. 인간적인 생활 세계의 이러한 지속적인 변경 속에서 분명히 인격으로서의 인간들 자체도 변화된다. 이는 이들이 상관적으로 항상 새로운 습관적인 속성들을 받아들일 수밖에 없기 때문이다. 여기에서 정적이고 발생적인 구성이라는 광범위한 문제 —후자의 문제는 수수께끼로 가득 찬 보편적인 발생의 문제의 일부이다—가 날카롭게 느껴진다. 예를 들어 인격성과 관련하여, 설립되었다가 다시 폐기되는 습관성의 다양성에 대립하는 인격적 성격의 통일성이라는 정적인 구성의 문제만이 아니라, '타고난' 성격의 수수께끼로 소급되는 발생적 구성의 문제가 날카롭게 느껴진다.

이러한 높은 단계의 문제들을 구성적인 문제들로서 지시하고, 이를 통해 필증적인 자아의 초월론적이고 현상학적인 해석의 체계적인 진행을 통해서 결국 완전한 구체성 속에 있는 세계, 즉 우리 모두에게 지속하는 생활 세계의 초월론적 의미가 해명되어야 함을 분명히 한 것만으로도 충분할 것이다. 이러한 사실은 모든 개별적인 형태의 주위 세계들에게도 적용되는데, 이 개별적 형태들에서 주위 세계는 그때그때 우리의 인격적 교육과 발전에 따라, 혹은 우리의 이러저러한 민족이나 이러저러한 문화 권역에의 소속에 따라, 우리에게 다르게 제시된다. 이 모두에서는 본질적 필연성 혹은 본질적 스타일이 지배한다. 이러한 본질적 스타일의 필연성은 초월론적 자아에서, 그다음에는 그 안에서 개시되는 초월론적 상호주관성에서, 즉 초월론적 동기와 초월론적 구성의 본질적 형태들에서 그 근원을 갖는다. 이것을 해명하는 데 성공하면 이러한 선험적인 스타일은 가장 높은 위엄을 갖는 이성적 설명을, 즉 궁극적이고 초월론적인 이해를 가능하게 하는 이성적 설명을 얻게 된다.

§59. 존재론적 해명과 구성적인 초월론적 현상학 전체 안에서 그것의 위치

우리가 실행한 분석의 서로 긴밀히 연관된 부분들을 통해, 그리고 부분적으로는 이와 밀접히 연관된 것인 바, 피할 수 없는 새로운 문제학 및 거기에서 요구된 [문제들 사이의] 순서 형식의 윤곽을 그려봄을 통해 우리는 철학적으로 기초적인 통찰들을 획득하였다. 존재자로 선소여되는 경험 세계로부터 출발하여, 그리고 형상적 태도로 이행해서는, 존재자로 선소여되는 것으로 사고되는 어떤 경험적 세계 일반으로부터 출발하여 초월론적 환원을 실행했다. 즉 우리는 선소여된 것 및 모든 방식의 후속하는 소여들을 자신 안에서 구성하는 초월론적 자아로, 혹은 형상적인 자기 변경을 통해서는 초월론적 자아 일반으로 되돌아갔다.

이를 통해 초월론적 자아는 자신 안에서 세계를 경험하는 자아로서, 일치성 속에 있는 세계를 증시하는 자아로서 파악되었다. 우리는 이러한 구성의 본질과 그것의 자아론적인 단계들을 추적하면서 새로운 종류의 선험적인 것, 바로 구성의 선험적인 것을 드러냈다. 우리는 자아가 자기 자신에 대해, 그리고 그 '원초적' 고유 본질성에 있어서 자기를 구성하는 것과 이러한 고유 본질성에서 나오는 다양한 단계의 모든 낯선 것을 구성하는 것이 서로 다르다는 것을 알게 되었다. 나 자신의 고유한 자아 안에서 수행되는 구성 전체가 그의 본질 형식에 있어서 지니는 보편적인 통일성이 거기에서 귀결되었다. 객관적으로 존재하는 세계는 이 구성 전체의 상관자로서 나나 어떤 자아이든 그에 대해 지속적으로 선소여되는 것이며, 의미층들에서 물론 상관적인 선험적인 형식 스타일을 지니고 계속해서 형태화되는 것이다. 그리고 이러한 구성이 그 자체로 하나의 선험적인 것이다. '나의' 자아와 그것의 본질 변양들 자체 안에 지향적으로 함축되어 있는 것 및 지향적으로 동기화되는 것에 대한 가장 근본적이고 일관된 이러한 해석을 통해 다음의 사실이 분명히 드러난다. 소여된 객관적인 세계의 일반적인 사실적인 구조, 즉 한갓된 자연, 영혼성, 인간성, 다양한 단계의 사회성 및 문화로 이어지는 층 구조는 매우 넓은 정도에서 그리고 아마도 우리가 이미 통찰할 수 있는 것보다 훨씬 넓은 정도에서 어떤 본질 필연성이다.

이러한 사실이 가져오는 납득 가능하고 필연적인 귀결은 다음과 같다. 실제적 세계에 관한 선험적인 존재론의 과제, 즉 실제적 세계의 보편성에 속한 선험적인 것을 드러내는 과제는 피할 수 없는 과제이긴 하지만 다른 측면에서 보면 일면적인 과제일 뿐 최종 의미에서 철학적인 과제는 아니다. 왜냐하면 이러한 종류의 존재론적인 선험적인 것(자연,

영혼성, 사회성, 문화의 선험적인 것)은 물론 존재적인 사실, '우연성' 속에 있는 사실적인 세계에게 상대적인 이해 가능성, 즉 [사실적인 세계의] 규정 내용(Sosein)이 갖는 통찰적 필연성에 대한, 본질 법칙으로부터의 이해 가능성을 주기는 하지만, 철학적인, 즉 초월론적인 이해 가능성을 주지는 못하기 때문이다. 철학은 바로 최종적이고 가장 구체적인 본질 필연성으로부터의 설명을 요구한다. 그리고 그것은 모든 객관적인 세계가 초월론적 주관성에 본질적으로 뿌리박고 있다는 것에 부응하는 본질 필연성이고, 따라서 세계를 구성된 의미로서 구체적으로 이해하게 만드는 본질 필연성이다. 그리고 이를 통해 비로소 이렇게 이해된 세계와 관련해서 그 자체로 여전히 제기될 수 있는 '가장 높고 최종적인' 물음이 개시된다.

시작하는 현상학의 성과는 다음과 같았다. 순수하고 동시에 형상적인 직관이라는 현상학의 방법은 직관과 동떨어진 개념을 가지고 논리적으로 작업했던 18세기의 존재론과는 본질적으로 다른 새로운 존재론을 건립하려는 시도, 혹은 같은 말이지만 선험적인 개별 학문(순수 문법론, 순수논리학, 순수법학, 직관적으로 경험된 자연에 관한 본질론 등등) 및 이것을 포괄하는, 객관적 세계에 관한 일반적인 존재론을 구체적인 직관으로부터 직접적으로 길어 올려 건립하려는 시도로 이끌어 갔다는 것이다. 이러한 관점에서 어떤 것도 다음을 방해하지 못한다. 우선은 완전히 구체적으로 우리의 인간적인 생활 세계에서 시작하는 것, 본질적으로 이러한 주위 세계와 연관된 인간 자신에서 시작하는 것, 그리고 바로 엄청나게 풍부하고 결코 끄집어내지 못한 주위 세계 일반의 선험적인 것을 순수직관적으로 탐구하는 것, 그리고 이것을 인간 현존의 본질 구조 및 이와 상관적으로 그것 안에서 개시되는 세계층들에 대한 체계적인 해석의 출발점으로 삼는 것을 방해하는 것은 없다. 하지만 거기에서 곧바로 획득되는 것은 비록 선험적인 것의 체계이긴 하지만, 바로 구성적인 문제학이 철학적 단계 특유의 문제학으로서 열리는 경우에만, 그리고 이와 함께 자연적인 인식 지반이 초월론적 인식 지반으로 교체되는 경우에만 앞서 말했던 것에 따라 비로소 철학적으로 이해 가능한 선험적인 것이 되고, 최종적인 이해의 원천과 소급 관련되는 선험적인 것이 된다. 거기에는 자연스럽게 주어진 모든 것, 소박하게 선소여된 것을 새로운 근원성에서 다시 구축한다는 사실이, 그리고 가령 단지 그것을 뒤따라가면서 이미 최종적으로 타당한 것으로 해석하는 것이 아니라는 사실이 함축되어 있다. 형상적인 직관으로부터 길어 올리는 절차가 현상학적이라고 불리고 철학적인 의미를 주장한다면, 이러한 주장의 정당성은 오로지 모든 참된 직관은 구성적인 연관 속에 자신의 위치를 갖는다는 데 있다. 따라서 실증적 태도에서 직관적으로 수행된, 원리적인(공리적인) 토대 영역에 대한 모든 존재론적인 규명들은 심지어 선험적으로 필수 불가결한 예비 작업(Vorarbeit)으로서 기여하며, 이 예비 작업의 결과들은 이제 노에시스적이고 노에마적인 양 측면에서 완전하고 구성적인 구체적인 것들을 드러내기 위한 초월론적인 실마리가 되어야 한다. 구성적인 것으로의 이러한 돌아감이 얼마나 의미 깊고 완전히 새로운 것을 개시하는지는, 이러한 돌아감과 더불어 수행되는 은닉된 의미 지평의 존재적 측면에서의 해명은 논외로 하더라도, 우리 탐구의 '모나드론적' 성과가 보여주고 있다. 물론 [존재적 측면에서의 해명]이 간과되면 선험적 규명의 가치는 본질적으로 제한되고 그것의 적용은 불안정해질 것이다.

§60. 타자 경험에 대한 우리 해석의 형이상학적 성과

만약 최종적인 존재 인식을 형이상학적이라고 부르는 것이 맞다면, 우리의 모나드론적인 탐구의 귀결은 형이상학적이다. 하지만 이것은 관습적인 의미에서의 형이상학, 즉 형이상학이 '제일철학'으로서 처음 수립되었을 때의 그 의미에 합치하지 않는, 역사적으로 변질된 형이상학이 아니다. 현상학의 순수직관적이고 구체적이며 게다가 필증적인 입증 방식은 모든 '형이상학적인 모험', 모든 사변적인 열광을 배제한다. **우리의** 형이상학적 성과 중 몇 가지를 거기에서 뒤따라 나오는 귀결들과 함께 부각해 보자. 나 자신에게 필증적으로 주어지는 나의 자아, 절대적인 필증성에서 나에 의해 존재하는 것으로 정립될 수 있는 유일한 자아가 세계를 경험하는 자아일 수 있는 것은 선험적으로 오로지 공동체 안에서 그와 같은 다른 자아와 함께 존재하고 그 자신으로부터 방향 설정되어 주어지는 모나드 공동체의 구성원일 때뿐이다. 객관적인 경험 세계의 일관된 증시는 존재하는 것으로서의 다른 모나드의 일관된 증시를 함축한다. 거꾸로 말하면 나는 명시적으로나 암묵적으로 공동화된 것 이외의 방식으로는 어떤 다수의 모나드도 생각할 수 없다. 이 점에는 다수의 모나드가 객관적 세계를 자신 안에서 구성하고 그 안에서 자신을 영혼적이고 특히 인간적인 존재로서 공간화하고 시간화하고 실제화함이 속한다. 모나드들의 함께 있음이나 한갓된 동시에 있음은 본질 필연적으로 시간적으로 동시에 있음을 의미하며 그다음에는 또한 '실제적' 시간성의 형식 안에 시간화되어 있음을 의미한다.

하지만 이러한 사실에는 또 다른 매우 중요한 형이상학적인 성과가 연결되어 있다. 다음은 (이것을 말하는 나에게, 그리고 나로부터 시작하여 다시 그것을 말할지도 모르는 모든 생각 가능한 것들에게) 생각 가능한가? 즉 다수의 분리된, 즉 함께 공동화되지 않은 다수의 모나드가 공존하며, 따라서 이들 각각이 자신만의 고유한 세계를, 즉 무한히 분리된 두 개의 세계, 두 개의 무한한 공간과 시공간을 구성하는 것은 생각 가능한가? 이것은 명백히 생각 가능하지 않고, 순수한 부조리이다. 물론 그러한 모나드 집단 각각은 상호주관성의 통일체로서, 그리고 어쩌면 다른 집단과의 현행적 공동체 관계가 전혀 없는 상호주관성의 통일체로서, 선험적으로 아마도 완전히 다른 모습의 '세계'를 가진다. 하지만 그때 이 두 개의 세계는 [각각] 필연적으로 단지 [각각의] 상호주관성의 한갓된 '주위 세계'이고, 그들에게 공통적인 유일한 객관적 세계의 한갓된 측면들일 뿐이다. 왜냐하면 두 개의 상호주관성은 허공 속에 있는 것이 아니기 때문이다. 나에 의해 생각된 것으로서의 이 두 개의 상호주관성은 이 둘을 구성하는 근원모나드(Urmonade)로서의 나(혹은 나 자신의 가능성 변양 속에 있는 나)와 필연적인 공동체를 이루기 때문이다. 따라서 그것들은 진실로 유일한 하나의 공동체에 속하며, 여기에는 나 자신을 비롯하여 공존하는 것으로 생각될 수 있는 모든 모나드와 모나드의 집단이 포함된다. 그러므로 모든 공존하는 모나드로 이루어진 유일한 하나의 모나드 공동체만이 현실적으로 존재할 수 있으며, 따라서 오직 유일한 하나의 객관적인 세계, 유일한 하나의 객관적인 시간, 하나의 객관적인 공간, 하나의 자연만이 존재할 수 있다. 그리고 만약 내 안에 다른 모나드의 함께-존재함(Mit-Sein)을 함축하고 있는 구조들이 놓여 있다면, 유일한 하나의 이 자연만이 존재**할 수밖에 없다**. 다양한 모나드 집단과 세계들이 서로 연관되어 있다는 점만이 가능하며, 이는 우리에게 보이지 않는 천체 세계들에 속한 모나드들이 우리와의 현행적 결합이 결여된 영혼적 존재들과 함께 어쩌면 우리 자신과 연관되어 있는 것과 같다. 하지만 그들의 세계는 열린 지평을 지닌 주위 세계인데, 이런 지평이 그들에게 개시될 수 없음은 단지 사실적이고 우연적일 뿐이다.

하지만 이와 같은 모나드론적인 세계의 유일성이 갖는 의미, 그리고 거기에 '내재한' 객관적인 세계의 유일성이 갖는 의미는 올바르게 이해되어야 한다. 당연히 **라이프니츠**의 다음과 같은 말은 옳았다. 무한히 많은 모나드들과 모나드 집단이 생각 가능하지만 그렇다고 해서 이 가능성들 모두가 공가능하지는 않다. 또한 무한히 많은 세계들이 '창조되었을' 수 있지만, 다수의 세계들이 동시에 창조되었을 수는 없다. 왜냐하면 그것들은 공가능하지 않기 때문이다. 여기에서 주목할 점은 다음과 같다. 나는 우선 나 자신을, 이 필증적이고 사실적인 자아를 자유 변경 속에서 바꾸어 생각할 수 있고, 이렇게 하여 나 자신의 가능성 변양들의 체계를 얻을 수 있다. 하지만 이 모든 가능성 변양들은 모든 다른 자아를 통해, 그리고 현실적으로 존재하는 나 자신인 자아를 통하여 폐기된다. 그것은 선험적으로 공가능하지 않은 체계이다. 더 나아가 '나는 존재한다'는 사실(Faktum)이 다른 모나드들이 나에 대해 다른 것인지 아닌지, 그리고 어떤 다른 모나드가 나에 대해 다른 것인지를 미리 규정한다. 나는 단지 그들을 발견할 수 있을 뿐이며, 나에 대해 존재해야 할 다른 모나드들을 창조할 수는 없다. 내가 나를 하나의 순수한 가능성으로 바꾸어 생각한다면, 이 순수한 가능성 또한 다시 어떤 모나드가 그에 대해 다른 모나드로 존재하는지를 미리 규정한다. 이렇게 계속 나아가면서 나는 다음을 깨닫게 되는데, 그것은 구체적인 가능성으로서 타당한 모든 각각의 모나드는 하나의 공가능한 우주를, 폐쇄된 '모나드들의 세계'를 미리 밑그림 그린다는 것이고, 두 개의 모나드 세계는 공가능하지 않다는 것은 나의 자아 그리고 가정적으로 사고된 어떤 자아라는 두 개의 가능성 변양들이 공가능하지 않은 것과 같다는 것이다.

이러한 성과와 그것으로 이끌어 가는 탐구의 과정으로부터 사람들은, 전통적으로는 모든 학문적인 경계 밖에 머물러야 하는 물음들이 (이 물음들이 어떻게 결정될지와는 무관하게) 얼마나 의미 깊은지, 따라서 우리가 앞에서 이미 언급한 문제들이 얼마나 의미 깊은지 이해하게 된다.

§61. 전통적인 "심리학적 근원"의 문제와 이에 대한 현상학적 해명

인간 및 동물 세계 내부에서 익숙한 자연과학적인 문제학, 즉 심리물리
학적, 생리학적, 그리고 심리학적 발생의 문제가 우리에게 등장한다.
여기에는 영혼적인 발생의 문제가 포함되어 있다. 이 문제는 모든 유아
는 유아기적 발달 과정 속에서 자신의 '세계 표상'을 스스로 구축해 가
야만 한다는 사실로부터 제기된다. 유아에게 현실적이고 가능적인 경
험의 영역으로서의 세계를 현재 그리고 항상 계속해서 앞서 증여하는
통각적인 체계는 유아의 영혼적인 발달 과정 속에서 비로소 구성되어
야만 한다. 객관적으로 보면 유아는 '세계로 들어온다'. 어떻게 그는 영
혼적 삶의 '시작점'에 도달하는가?

이러한 심리물리학적인 의미에서 '세계로-들어옴'은 신체 물체적인
(순수 '생물학적인') 개체 발달과 계통 발생의 문제로 이끌어 가는데,
이 문제는 다시 심리학적인 계통 발생의 문제와 평행한다. 하지만 영혼
의 관점에서 볼 때 인간과 동물이 모나드의 자기 객관화라면, 이 문제
는 이에 상응하는 초월론적이고 절대적인 모나드의 연관들을 지시하지
않는가? 이 모든 것에서 초월론적인 철학으로서의 구성적인 현상학의
가장 진지한 본질적 문제가 암시되지 않는가?

넓게 보면 발생적인 문제들, 그것도 당연히 최초이면서 가장 기본적
인 단계의 발생적인 문제들이 물론 이미 실제의 현상학적인 작업 안에
등장했었다. 이 기본적인 단계는 당연히 나의 원초적인 고유 본질성 안
에 있는 '나의' 자아의 단계이다. 내적인 시간의식의 구성과 연상에 관
한 현상학적인 이론 전체가 여기에 속한다. 나의 원초적인 자아가 근원
적이고 직관적인 자기 해석 속에서 발견하는 것은 곧바로 모든 다른 자
아에도 적용되는데, 그것도 본질적 근거에 입각하여 그렇다. 다만 이를
통해서는 물론 앞서 거명한 탄생과 죽음이나 영혼성의 세대 연관이라

는 세대적 문제는 아직 다루어지지 못했다. 이 문제는 분명히 더 높은 차원에 속하며, 그 아래의 영역에 대한 엄청난 해석 작업을 전제하기 때문에, 연구 대상이 되려면 아직 많은 시간이 걸릴 것이다.

그럼에도 이 작업 영역 내부에서 여전히 거대한 문제 영역, 우리를 철학적인 전통과 더 가깝게 연관시키는 문제 영역을 (그것도 정적일 뿐만 아니라 발생적인 문제를) 더 정확히 지시해 보자. 타자 경험 및 객관적인 세계의 구성과 관련해서 우리가 실행했던 상호 연관된 지향적 해명들은 초월론적인 태도 내부에서 우리에게 선소여된 지반 위에서, 즉 이미 하나의 세계, 하나의 원초적인 세계가 놓여 있는 구조적으로 구분된 원초적 영역의 지반 위에서 수행되었다. 이 원초적인 영역은 현상으로 간주된 구체적인 세계로부터 출발하여, 이를 저 본래적인 원초적 환원을 통해 나의 고유한 것으로, 내재적인 초재의 '세계'로 환원함으로써 접근 가능하게 되었다. 그것은 전체 자연을 포괄했는데, 이 자연은 **나의** 순수 감성으로부터 나오는 자연이자 나 자신에게 속한 자연으로 환원된 자연을 포괄했으며, 상응하는 환원 속에서 심리물리적인 인간, 그 가운데 그의 영혼도 포괄했다. '자연'에는 '시각 사물', '촉각 사물' 등과 같은 것만이 아니라, 이미 어느 정도 완전한 사물, 즉 공간과 시간이라는 보편적인 형식을 갖춘 인과적인 속성의 기체로서의 사물도 속했다. 객관적 세계의 존재 의미에 관한 구성적 해명을 위한 첫 번째 문제는 분명 이러한 원초적 '자연'과 원초적인 신체 영혼 통일체의 근원, 그리고 내재적 초재로서 이들의 구성을 우선 해명하는 것이다. 이것의 실행은 지극히 포괄적인 탐구들을 요구한다.

우리는 여기에서 다시 지난 세기에 그토록 다양하게, 그리고 중요한 생리학자와 심리학자들이 다룬 '공간표상', '시간표상', '사물표상'의 심리학적인 근원이라는 문제를 새삼 떠올릴 것이다. 아무리 이 위대한 시도들에 저 중요한 저자들의 인장이 찍혀 있더라도, 아직까지 그 문제들은 진정으로 해명되지 않았다.

우리가 이 [문제들]로부터 그 윤곽을 그려보았으며, 현상학적 체계 안에 끼워 넣었던 문제학으로 이제 되돌아간다면, 전체 근대 심리학 및 인식 이론은 여기에서 심리학적으로나 초월론적으로 제기될 수 있는 문제의 본래적인 의미를 파악하지 못했다는 것은 분명하다. 즉 이 문제를 지향적인 해석의 문제로서, 즉 정적이고 발생적인 해석의 문제로서 파악하지 못한 것이다. 이것은 '심리적 현상'을 지향적 체험으로 간주했던 브렌타노의 이론을 받아들였던 사람들에게조차 불가능했다. 지향적 '분석'의 고유성을 이해하지 못했고, 노에시스와 노에마에 따라 의식 자체를 통해 개방된 과제들 전체를 이해하지 못했으며, 이를 위해 요구되는 원리적으로 새로운 종류의 방법론을 이해하지 못했기 때문이다. "공간표상, 시간표상, 사물표상의 심리학적 근원"이라는 문제에 대해서는 물리학과 생리학, 나아가 귀납적 외재성 안에서만 움직이는 실험적 심리학이나 실험적이지 않은 심리학은 아무런 발언도 할 수 없다. 심리학적 근원의 문제는 전적으로 오직 현상에 대한 지향적인 구성의 문제일 뿐이다. 이 현상은 우리에게 '실마리'로서 이미 선소여되지만(그리고 때로는 특히 유용한 실험을 통해 선소여될 수도 있지만), 이제 지향적 방법을 통해 그리고 영혼적 구성의 보편적인 연관 내에서 비로소 심문되어야만 한다. 여기에서 어떤 의미의 보편성이 의미되고 있는지는 나의 자아의 통일을 나의 고유한 것과 타자적인 것을 따라 전개하는 구성의 체계적 통일 연관이 충분히 명료하게 보여준다.

현상학이란 실로 또한 심리학의 원리적인 개조를 의미한다. 따라서 [현상학적] 탐구 대부분은 선험적이고 순수한(즉 여기에서는 모든 심리 물리학적인 것으로부터 자유로운) 지향적 심리학에 속한다. 이미 우리가 되풀이해서 제시한 바와 같이 이 [지향적 심리학]은 자연적 태도에서 초월론적 태도로의 변경을 통해 "코페르니쿠스적 전환"을 허용한다.

이 코페르니쿠스적 전환을 통해 이 심리학은 완전히 근본적이고 초월론적인 세계 고찰이라는 새로운 의미를 받아들여 모든 현상학적-심리학적 분석들에 이 의미를 각인한다. 이러한 새로운 의미 덕분에 비로소 이 심리학은 모두 초월론적 철학적으로 활용될 수 있게 되며, 심지어 초월론적 '형이상학' 안에 귀속시켜 배치될 수 있다. 바로 여기에 근대 철학 전체를 현혹하고 마비시킨 초월론적 심리학주의에 대한 최종적인 해명과 극복이 함축되어 있다. 따라서 이제 분명 우리의 기술은 초월론적 현상학에 대해서와 같이 그것에 평행하는 ('실증적' 학문으로서의) 지향적 심리학에 대해서도 다음의 근본적인 구조를 밑그림 그린다. 이는 [초월론적 현상학에] 평행하는 형상적 심리학적 탐구를 영혼 일반의 구체적인 고유 본질적인 것을 지향적으로 해석하는 탐구와 이것에서 구성되는 타자적인 것의 지향성을 해석하는 탐구로 나누는 것이다. 첫 번째 탐구 영역은 '세계 표상', 더 정확히 말하면, 인간적인 영혼 안에서 보편적 경험의 세계로서 등장하는 현존하는 세계 '현상'을 지향적으로 해석하는 작업의 주요 부분이자 기초 부분이다. 이 [첫 번째 탐구 영역]에서 이러한 보편적 경험 세계가 개별적인 영혼 안에서 원초적으로 구성된 세계로 환원되면, 그것은 더 이상 모든 사람의 세계, 즉 공동화된 인간 경험으로부터 자신의 의미를 받아들이는 세계가 아니라, 오직 개별 영혼의 삶, 우선은 나의 경험하는 삶의 지향적 상관자이자 이러한 삶의 원초적인 원본성에서 단계적으로 일어나는 의미 구성의 지향적 상관자이다. 이것을 뒤쫓으면서 지향적 해명은 현상적 세계의 이러한 원초적인 핵을 이해할 수 있게 해야 하는데, 이 원초적인 핵을 우리 각자의 인간, 특히 각자의 심리학자는 앞서 기술한 바와 같이 '타자성'의 의미 계기를 배제함으로써 획득할 수 있다. 우리가 이러한 원초적인 '세계' 안에서 그 안에서 환원되어 등장하는 자아-인간이라는 심리물리적인 존재를 도외시한다면, 나의 고유한 '한갓된 감성'의 자연으로서의 원초적인 한갓된 자연이 남게 된다. 여기에서 경험 세계의 심리학적인 근원이라는 근원적 문제로서, (시각 사물 등) 자신의 층들과 이 층들의 종합적인 통일을 지니는 '사물 물상(Dingphantom)' 혹은 '감각 사물(Sinnending)'의 근원의 문제가 등장한다. 이것은 (항상 이러한 원초적인 환원의 테두리 안에서) 순전히 감각적인 현출 방식의 통일체이자 이들의 종합의 통일체로서 소여된다. '가까운 사물'과 '먼 사물'이라는 종합적으로 상호 연관된 변양들을 갖는 사물 물상은 아직은 원초적인 영혼적 영역의 '실제적인 사물'이 아니다. 실제적 사물은 오히려, 그리고 여기에서 이미 인과적 사물로서, 즉 인과적 속성의 자기동일적 기체('실체')로서 높은 단계에서 구성된다. 실체성과 인과성은 명백히 높은 단계의 구성 문제이다. 감각 사물과 근본적으로 이것에 본질적으로 속한 공간성과 시공간성의 구성 문제는 방금 제시된 문제학으로서 이는 오직 사물 현출(현현, 관점적 측면)의 종합적인 연관을 기술적으로 캐묻는다. 물론 이것은 일면적이다. [캐물어야 할] 다른 측면은 현출들이 저 기능하는 신체와 맺는 지향적인 소급 관련인데, 신체는 나아가 그의 자기 구성의 측면에서, 그리고 그의 구성적인 현출 체계의 특출한 고유 성격의 측면에서 기술되어야만 한다.

이런 방식으로 계속 나아가면 해석되어야 할 새로운 기술적인 문제들이 계속 생겨나는데, '실제성'의 '세계'로서의 원초적인 '세계'의 구성 및 그 안에서 공간성과 시간성 — 바로 이 세계적인 공간성과 시간성 — 의 구성이라는 거대한 문제만이라도 진지하게 다루려면 이 새로운 기술적인 문제들 모두에 대한 해석이 실행되어야 한다. 앞에서 상술한 것이 보여주는 바와 같이, 이미 이 [원초적인 '세계'의 구성의 문제]만도 거대한 탐구 영역이지만, 아직은 자연에 관한 완전한 현상학의 하부 단계이며, 그 자체로는 구체적인 세계로부터 멀리 떨어져 있는 자연, 객관적이지만 순수한 자연의 현상학이다.

심리학과 연결된 이제까지의 논의는 원초적인 것과 타자적으로 구성된 것의 구별을 순수 영혼의 영역으로 옮기는 계기가 되었으며, 원초적인 자연과 객관적인 자연의 구성이라는 구성적인 문제학을 어렴풋이나마 심리학적인 문제학으로서 밑그림 그리는 계기가 되었다.

하지만 다시 우리가 초월론적인 태도로 돌아온다면, '공간표상' 등의 심리학적인 근원의 문제학에 대한 밑그림은 거꾸로 초월론적-현상학적으로 평행하는 문제의 밑그림, 즉 원초적인 자연과 원초적인 세계 일반의 구체적인 [초월론적] 해석이라는 문제의 밑그림을 그 결과로 가져온다. 이를 통해 우리가 이전에 기획한, 초월론적 현상으로서의 세계 구성의 문제학 안의 거대한 빈틈이 메워진다.

우리는 지극히 거대한 복합체를 이루는 원초적인 세계에 관한 (하나의 전체 분과를 이루는) 탐구를 매우 넓은 의미에서 "초월론적 감성론"이라고도 부를 것이다. 여기에서 우리는 **칸트의** 제목을 넘겨받았는데, 그 이유는 [칸트의] 이성 비판의 공간 논변과 시간 논변이 비록 극히 제한되고 불투명한 방식이긴 하지만 분명 감성적인 직관의 노에마적인 선험적인 것에 도달하려고 했기 때문이다. 이 선험적인 것을 순수하게 감성적인 직관적 자연(그것도 원초적인 자연)의 구체적인 선험적인 것으로 확장하면, 그것은 구성적인 문제학 안으로의 병합을 통해 현상학적이고 초월론적으로 보완하는 것을 필요로 한다. 물론 높은 단계의 구성적인 선험적 층, 객관적인 세계 자체와 그것을 구성하는 다양체들(가장 높은 단계에서는 최종적으로 학문적인 자연과 세계를 구성하는 '이념화하고' 이론화하는 작용들)이라는 높은 층을 "초월론적 분석론"이라 부르는 것은 아마도 "초월론적 감성론"에 대응하는 칸트의 제목인 "초월론적 분석론"의 의미와는 일치하지 않을 것이다. "초월론적 감성론"을 넘어서는 최초의 층에는 타자 경험, 소위 '감정이입'의 이론이 속한다. 다만 우리가 하부층의 심리학적 근원 문제에 대해 말했던 것이 여기에서도 타당하다는 것은 지적할 필요가 있다. 즉 타자 경험의 문제는 구성적인 현상학을 통해 비로소 참된 의미와 참된 해법을 얻게 되었다는 것이다. 바로 이런 이유 때문에 (막스 셸러의 이론을 포함해) 이제까지의 모든 이론들이 실질적인 성과를 거두지 못했으며, 마찬가지의 이유에서 어떻게 '타자'의 타자성이 세계에 객관성이라는 의미를 처음 부여하면서 '객관성'으로서의 전체 세계로 전이되는지가 결코 인식되지 못했다.

다음의 사실 또한 분명히 지적되어야만 한다. 실증과학으로서의 지향적 심리학과 초월론적 현상학을 분리해서 다루는 것은 당연히 무의미한 일일 것이다. 그리고 이런 의미에서 분명한 것은 실제로 실행될 수 있는 작업은 후자일 것이며, 반면에 심리학은 코페르니쿠스적 전환에는 무관심한 채 후자로부터 결과만을 가져다 쓸 것이라는 점이다. 하지만 또한 다음에 주목하는 것도 중요하다. 초월론적 고찰에서 영혼과 객관적인 세계는 전혀 그의 현존과 존재 의미를 잃지 않으며, 다만 그것이 그의 구체적인 전면성에서 해명됨을 통해 근원적으로 이해되는 것과 마찬가지로, 실증적 심리학도 자신의 정당한 내용을 잃지 않으며, 다만 소박한 실증성에서 해방되어 보편적인 초월론적인 철학 자체의 한 분과가 될 뿐이다. 이러한 관점에서 보면, 소박한 실증성을 넘어선 일련의 학문들 가운데 지향적 심리학이 그 자체로 첫 번째 학문이라고 말할 수 있다.

진실로 지향적 심리학은 또 다른 점에 있어서 모든 다른 실증적 학문보다 우위에 있다. 그것이 만약 실증성 안에서 지향적 분석의 올바른 방법에 따라 구축된다면, 다른 실증 학문들이 갖는 유형의 '토대 문제'를 가질 수 없다. 이 문제는 소박하게 구성된 객관성의 저 일면성으로부터 유래하는 것인데, 객관성이 전면성에 도달하기 위해서는 궁극적으로 초월론적인 세계 고찰로의 이행이 필요하다. 하지만 지향적 심리학은 자신 안에 이미 초월론적인 것을 보유하고 있되 다만 숨기고 있을 뿐이다. 코페르니쿠스적 전환을 수행하기 위한 마지막 숙고만이 필요할 뿐이다. 이 전환은 지향적 심리학의 지향적인 성과를 내용적으로 변화시키는 것이 아니라 그 성과를 그것의 '최종적 의미'로 소급시킬 뿐이다. 심리학에는 결국 근본적 문제가 단 하나 있는데, 이의를 제기하는 사람도 있겠지만, 이 문제도 하나의 토대 문제이지만 유일한 토대 문제이기도 하다. 그것은 영혼의 개념이다.

§62. 타자 경험에 대한 지향적 해석을 조망하면서 성격 규정함

이 장의 마지막 부분에서 우리를 처음 이끌어 왔던 이의 제기로 돌아가 보자. 이 이의 제기는 우리의 현상학이 처음부터 초월론적 철학이라고 주장했기 때문에, 따라서 객관적인 인식 가능성의 문제를 해결한다고 주장했기 때문에 우리의 현상학에 대해 제기되었던 이의 제기이다. [이 이의 제기에 따르면] 현상학은 현상학적 환원의 초월론적 자아로부터 출발하고 그것에 묶여 있기 때문에 더 이상 위와 같은 일을 할 수 없으며, 현상학은 이를 인정하길 원하지 않지만, 초월론적인 유아론으로 떨어진다. 그리고 타자 주관성과 참된 객관성으로의 모든 진전은 오로지 은밀한 현상학을 통해, 즉 **라이프니츠적** 전통의 비밀스런 전수를 통해서만 가능하다.

　이러한 이의 제기는 우리가 실행한 해석을 통해 근거 없는 것으로 해소되어 사라진다. 무엇보다도 다음과 같은 사실이 주목되어야 한다. 어떠한 곳에서도 초월론적 태도, 초월론적인 판단중지의 태도는 포기되지 않는다. 또 타자 경험, 즉 '타자'의 경험에 대한 우리의 '이론'은 타자 경험의 구성적인 수행으로부터 '타자'의 의미를 해석해 내는 것, 타자 경험에 상응하는 일치의 종합으로부터 '참되게 존재하는 타자'의 의미를 해석해 내는 것 이상의 것이고자 하지 않고, 그 이상의 것이어도 안된다. 내가 일치해서 '타자'로 입증한 것, 따라서 내가 자의적이 아니라 필연적으로 인식될 수 있는 현실성으로서 증여했던 '타자'는 당연히 초월론적 태도에서 나의 자아의 경험하는 지향성의 내부에서 입증된, 존재하는 타자, 다른 자아이다. 실증성 내부에서 우리는, 내가 나 자신의 경험 안에서 나 자신만을 경험하는 것이 아니라, 타자 경험이라는 특수한 형태 안에서 타자를 경험한다고 자명하게 말할 수 있고 발견할 수 있다. 의심할 바 없는 초월론적인 해석은 우리에게 이러한 실증적인 진술의 초월론적 정당성을 보여주었을 뿐만 아니라, (초월론적 환원 안에서 처음에는 무규정적 지평과 더불어 자기 자신을 의식하는) 초월론적이고 구체적으로 파악된 자아 역시 자신의 원초적인 고유 존재 안에서 자기 자신을 포착하고 이와 더불어 타자, 다른 초월론적인 자아들도 초월론적 타자 경험이라는 형식에서 포착한다는 것도 보여주었다. 비록 이것들은 더 이상 원본성과 단적이고 필증적인 명증이 아니라, '외적' 경험의 명증에서 주어지기는 하지만 말이다. 나는 내 '안에서' 타자를 경험하고 인식한다. 타자는 내 안에서 구성된다. 원본으로 구성되는 것이 아니라, 간접 현전적으로 반사되어 구성된다. 따라서 **확장된** 의미에서 매우 충분히 다음과 같이 말할 수 있다. 자아, 즉 성찰하는 해석자인 나는 '자기 해석'을 통하여, 즉 내 안에서 발견되는 것을 해석함을 통하여 모든 초재를 획득하는데, 그것도 소박한 실증성에서 받아들여진 것이 아니라, 초월론적으로 구성된 것으로서 획득한다. 따라서 초월론적 자아로서의 내가 나 자신으로부터 존재하는 것으로 인식하고 나 자신 안에서 구성된 것으로서 해석하는 모든 것이 나 자신에게 고유 본질적으로 속해야만 한다는 가상은 사라진다. 이러한 [나 자신에게 고유 본질적으로 속함]은 오직 '내재적인 초재'에 대해서만 타당하다. 자아로서의 나에게 고유 본질적으로 의미와 존재를 선사하는 종합적인 현행성과 잠재성의 체계를 부르는 이름으로서의 구성은 내재적이고 대상적인 현실성의 구성을 말하기 때문이다. 현상학의 출발점에서, 그리고 현상학적 환원을 구성적 탐구의 보편적 습관성으로 근원 설립하는 자로서 처음 [현상학을] 시작하는 자의 태도에서, 그의 시야에 들어오는 초월론적 자아는 물론 필증적으로 포착되지만 완전히 무규정적 지평을 동반한 채 포착된다. 이 무규정적 지평은 세계 및 내가 세계에 관해 알고 있는 모든 것이 한갓 '현상'이라는 정도의 일반성에서 규정되어 있을 뿐이다. 따라서 내가 이와 같이 [현상학을] 시작한다면, 지향적인 해석을 통해 비로소 생겨나는 구별들, 그리고 내가 통찰하는 바와 같이 본질적으로 나에게 속한 모든 구별들은 거기에 결여되어 있다. 따라서 무엇보다도 나의 원초적인 존재, 엄밀한 의미에서의 나의 고유 영역에 대한 자기 이해가 결여되어 있으며, 나의 고유 영역 안에서 타자 경험이라는 이름하에 타자로 구성되는 것에 대한 자기 이해가 결여되어 있다. 이 타자는 간접 현전되기에 원리적으로 나의 원초적인 영역 자체에 원본적으로 주어지지 않고 주어질 수도 없는 것이다. 나의 영역 안에서 나의 고유의 것이 아닌 것도 유비적으로 통각된 것으로서 존재 의미를 얻는다는 것을 이해하려면, 나는 먼저 나의 고유의 것 자체를 해석해야만 한다. 따라서 다른 인간들이 전체적으로 '괄호 쳐졌기' 때문에, 성찰하는 자인 나는 처음에는 어떻게 내가 대체 타자와 [타자들 가운데 있는] 나 자신에게 도달해야 하는지를 이해하지 못한다. 기본적으로 나는 인간으로서의 나, 인간적인 인격으로서의 나를 '괄호 치면서도', 자아로서 여전히 유지되어야 한다는 사실도 아직 이해하지 못한 채 다만 억지로 인정할 뿐이다. 그리하여 나는 아직은 초월론적 상호주관성에 관하여 아무것도 알 수 없다. 따라서 어쩔 수 없이 나는 나, 자아를 '홀로' 있는 자로 간주하며, 내가 이미 구성적인 수행에 대한 최초의 이해를 획득한 후에도 모든 구성적인 요소들을 계속해서 이 유일한 자아의 한갓 고유한 내용으로 간주한다. 따라서 이후 계속된 본 [5성찰의] 해석은 반드시 필요한 것이었다. 이를 통해 비로소 우리는 **현상학적이고 초월론적인 "관념론"의 완전하고 본래적인 의미**를 이해할 것이다. 현상학이 유아론이라는 가상은 해소된다. 비록 나에 대해 존재하는 모든 것은 그것의 존재 의미를 오직 나 자신으로부터, 나의 의식 영역으로부터 길어 올릴 수 있다는 명제는 여전히 근본적으로 타당하지만 말이다. 이러한 관념론은 모나드론으로 밝혀졌다. 이 모나드론은 비록 라이프니츠의 형이상학을 의도적으로 암시하고 있긴 하지만, 이 모나드론의 내용은 오로지 초월론적인 환원 안에서 개방된 초월론적 경험에 대한 현상학적인 해석으로부터 길어 올려지며, 따라서 모든 사고 가능한 명증이 거기에 정초해야만 하는 가장 근원적인 명증으로부터, 혹은 모든 권리와 특히 인식 권리가 그로부터 길어 올려질 수 있는 가장 근원적인 권리로부터 길어 올려진다. 따라서 현상학적인 해석은 참으로 '형이상학적인 구축물'과 같은 것이 아니며, 겉으로 드러났든 가려져 있든 역사적인 형이상학적인 전통에서 물려받은 전제 혹은 사고 수단을 가지고 수행하는 이론적 작업이 아니다. 그것은 이 모든 것과 가장 날카롭게 대립한다. 그것의 절차는 순수한 '직관'의 테두리, 혹은 오히려 충족하는 자기 소여를 통한 순수한 의미 해석의 테두리 안에서 진행되기 때문이다. 특히 실제성들로 이루어진 객관적 세계들과 관련해서(또한 순수하게 선험적인 학문의 분야인, 모든 다양하고 이념적인 객관적인 세계와 관련해서도), 현상학적 해석은 **이러한 세계가 모든 철학함에 앞서 우리 모두에게 가지는 의미, 그것도 분명히 단지 우리의 경험으로부터만 갖는 의미를 해석하는 것** 이외의 다른 것이 아니다. 이는 아무리 자주 강조해도 부족하지 않다. 이 **의미**는 **철학적으로 해명될 수는 있지만 결코 변경될 수 없으며,** 모든 현행적 경험에서 이 의미가 원리적 해명이 필요한 지평을 동반한다는 것은 우리의 결점 때문이 아니라 오로지 본질적 필연성 때문이다.

결론

§63. 초월론적 경험비판 및 인식비판의 과제

이번 성찰과 이미 두 개의 앞선 성찰에서 우리는 초월론적 경험의 지반 위에서, 본래적인 자기 경험과 타자 경험의 지반 위에서 움직였다. 이 경험의 명증이 근원적으로 철저히 체험되기에 우리는 이 경험을 신용했으며 이와 비슷한 방식으로 모든 초월론적 학문의 경험 방식 일반의 술어적인 기술이 갖는 명증을 신용했다. 거기서 우리는 처음에 아주 진지하게 제기되었던 요구, 즉 유일하게 '참된 학문으로서' 실행되는 필증적 인식의 요구를 시야에서 놓치고 있었으나 결코 포기하지는 않았다. 다만 우리는 현상학의 광범위하고 최종적인 문제학, 즉 필증성의 범위와 경계, 그뿐 아니라 그것의 양상도 규정하려는 현상학의 **자기비판**이라는 문제에 천착하는 대신에, 그 방식 자체에 여전히 '소박성'이 남아 있는 최초의 현상학(필증적으로 소박한 현상학)의 거대한 문제의 윤곽을 먼저 그려보고자 했을 뿐이다. 새로운 유형이자 높은 단계의 학문 형태인 이 최초의 현상학은 거대하고 고유한 업적을 수행하는 것이다.

우리가 이전에 언뜻 제시한 것, 예를 들어 초월론적인 회상에 대한 비판이 어떻게 이 회상의 필증적인 내용을 드러내는지에 대해 언뜻 제시한 것이, 초월론적-현상학적 인식에 대해 실행되어야 할 비판이 어떤 종류의 것인지를 최소한 잠정적으로나마 떠올릴 수 있게 해줄 것이다. '인식비판'으로서 모든 초월론적 철학의 인식 이론은 최종적으로 초월론적-현상학적 인식에 대한 비판(우선은 초월론적 경험에 대한 비판)으로 소급된다. 그리고 현상학은 자기 자신에 본질적으로 소급 관계하므로, 이러한 비판도 또 하나의 비판을 요구한다. 하지만 이러한 관점에서 초월론적 반성과 비판 자체가 반복될 수 있다는 명증적인 가능성에도 불구하고, 모종의 어려움이나 심지어 부조리함에 시달리는 무한 소급은 존재하지 않는다.

§64. 결어

우리는 우리 성찰의 목적이 본질적인 점에서 충족되었다고 말해도 될 것 같다. 그 목적은 절대적 정초에 근거한 보편적인 학문으로서의 철학이라는 데카르트적 이념의 구체적인 가능성을 보여주는 것이었다. 이러한 구체적인 가능성, 실천적인 실행 가능성을 명백히 보여준다는 것은, 비록 그것이 무한한 프로그램의 형식 속에 놓여 있다는 점이 자명하긴 하지만, 필연적이고 의심할 바 없는 출발점을 명백히 보여준다는 것, 그리고 마찬가지로 필연적이고 항상 다시 실행할 수 있는 방법을 명백히 보여준다는 것을 말한다. 이 방법을 통해 동시에 의미 깊은 문제들의 체계적 질서의 밑그림이 그려진다. 우리는 사실상 여기까지는 도달했다. 이제 유일하게 남은 것은, 이해하기 쉬운 것인 바, 시작하는 철학으로서 초월론적 현상학이 자라면서 객관적인 개별 학문들로 분화하는 일 그리고 초월론적 철학이 범례적으로 선소여된, 소박한 실증적 학문들과 관계 맺는 일이다. 이제 후자에 우리는 우리의 시선을 기울일 것이다.

매일의 실천적인 삶은 소박하다. 그것은 앞서 주어진 세계 속에 들어가서 경험하고 생각하고 평가하고 행위한다. 이때 사물들은 경험함이라는 모든 형태의 지향적 수행들 덕분에 단적으로 존재하지만, 이 지향적 수행들은 익명적이다. 경험하는 자는 이것에 관해 아무것도 모른다. 마찬가지로 수행하는 사유함에 대해서도 아무것도 모른다. 수, 술어적인 사태, 가치, 목적, 작품들은 은닉된 수행 활동 덕분에 등장하며 한 부분씩 차례로 구축된다. 이것들만이 시선 속에 놓인다. 실증적 학문에서도 사정이 다르지 않다. 이것은 높은 단계의 소박성이며, 영리한 이론적인 기술학(Technik)의 성과물이지만, 궁극적으로 그로부터 모든 것이 생겨나는 원천인 지향적 수행은 해석되지 않는다. 학문은 물론 자신의 이론적인 진행 과정을 정당화할 수 있다고 주장하며 언제나 비판에 근거하고 있다. 하지만 이런 학문의 비판은 최종적인 인식비판, 즉 근원적 수행들에 관한 연구이자 비판 및 그것의 모든 지향적 지평에 대한 해명이 아니다. 그런데 바로 이 지평들을 통해야만 명증의 "유효범위"가 최종적으로 포착되고 이와 상관적으로 대상, 이론적인 결과물, 가치, 목적들의 존재 의미가 평가될 수 있는 것이다. 그래서 바로 현대의 실증적인 학문이라는 높은 단계에는 토대 문제, 역설, 이해 불가능성이 있다. 전체 학문을 관통하면서 학문의 대상 영역의 의미 및 이론의 의미를 규정하는 근본 개념들은 소박하게 생겨났다. 그것의 지향적 지평은 무규정적이며, 그것은 단지 거친 소박성에서만 실행되는 미지의 지향적 수행의 결과물이다. 이것은 특수 학문뿐 아니라, 전통적인 논리학과 그것의 모든 형식적인 규범에도 해당한다. 역사적으로 생성된 학문으로부터 그 의미 및 수행이라는 측면에서 더 나은 정초로, 더 나은 자기 이해로 나아가려는 시도는 모두 학자의 자기 숙고의 한 부분이다. 하지만 근본적 자기 숙고는 단 하나 있을 뿐인데, 그것은 현상학적인 자기 숙고이다. 그렇지만 근본적인 자기 숙고와 완전히 보편적인 자기 숙고는 분리될 수 없으며, 동시에 이는 참된 현상학적인 자기 숙고 방법으로부터 분리될 수 없다. 이 방법은 초월론적인 환원의 형식, 초월론적인 환원을 통해 개시된 초월론적 자아에 대한 지향적인 자기 해석의 형식, 그리고 직관적인 형상학의 논리적 형태로 이루어지는 체계적 기술의 형식으로 수행된다. 하지만 보편적이고 형상적인 자기 해석은 자아와 초월론적인 상호주관성에 "선천적인", 모든 사고 가능한 구성적 가능성에 통달하는 것을 의미한다.

따라서 일관되게 진행된 현상학은 선험적으로, 하지만 사고 가능한 세계의 형식들을 엄밀하게 직관적인 본질의 필연성과 일반성에 있어서 구축하고, 다시 이것들을 모든 사고 가능한 존재 형식 일반의 틀과 이 존재 형식의 단계 체계의 틀 안에서 구축한다. 하지만 현상학은 이들을 근원적으로 구축하는데, 이는 구성적 선험적인 것, 즉 이들을 구성하는 지향적 수행의 선험적인 것과 상관관계에 있어서 구축한다는 뜻이다.

현상학은 진행 과정에 있어서 앞서 주어진 현실성이나 현실성 개념을 가지는 것이 아니라 자신의 개념들을 처음부터 (그 자체도 근원적 개념에서 포착되는) 수행의 근원성에서 길어 올리고, 모든 지평을 해명해야 하는 필요성 때문에 그 유효범위 안의 모든 차이와 모든 추상적 상대성에 통달한다. 그래서 현상학은 모든 학문적인 영역의 근본 의미를 규정하는 개념 체계들에 스스로의 힘으로 도달해야만 한다. 이것들은 하나의 가능한 존재 우주 일반이라는 형식적 이념, 따라서 하나의 가능한 세계 일반이라는 형식적 이념의 모든 형식적인 구획을 밑그림 그려야 하고, 이에 따라 모든 학문의 참된 근본 개념이어야 한다. 이처럼 근원적으로 형성된 이런 개념들에는 어떠한 역설도 존재할 수 없다.

이는 다양한 존재 영역과 관련되고 관련될 수 있는 학문들의 구조 및 전체 구조 형식과 관련된 모든 근본 개념에도 해당한다. 따라서 우리가 앞서 암시적으로 밑그림 그린, 세계의 초월론적 구성에 관한 탐구는 **세계, 자연, 공간, 시간, 동물 존재, 인간, 영혼, 신체, 사회적 공동체, 문화 등의 개념의 의미 및 그 근원(혹은 근원으로부터 나온 의미)의 근본적 해명의 시작점** 이외의 다른 것이 아니다. 여기에서 언급한 탐구들을 실제로 수행하면, 탐구도 거치지 않고 실증적 학문의 근본 개념으로 기능하는 모든 개념에 이르는데, 이제 현상학에서 이 개념들은 사고 가능한 어떠한 의문도 남지 않을 만큼 모든 면에서 명석하고 판명하게 성숙하게 된다.

이제 우리는 다음과 같이 말할 수도 있을 것이다. 선험적이고 초월론적인 현상학에서는 그것의 상관관계적 탐구 덕분에 모든 선험적인 학문들 일반이 최종적으로 정초되어 생기고 이러한 근원에서 획득된 선험적인 학문들은 하나의 보편적인 선험적 현상학 자체 안에 그것의 체계적 분과로서 속한다. 따라서 보편적인 선험적인 것의 이러한 체계는 초월론적 주관성의 본질에, 따라서 초월론적 상호주관성의 본질에도 **내재한 보편적인 선험적인 것**의 체계적 **전개**, 혹은 **모든 사고 가능한 존재**의 보편적인 **로고스**의 체계적인 **전개**로 칭해질 수도 있다. 달리 말해, 체계적으로 완전히 전개된 초월론적 현상학은 그 자체가 참되고 진실한 보편적인 존재론이다. 하지만 단지 공허한 형식적인 존재론이 아니라, 이와 동시에 모든 영역적인 존재 가능성을 그들에 속한 모든 상관관계에 따라 포함하는 존재론이다.

이러한 보편적인 **구체적인 존재론**(혹은 또한 보편적이고 구체적인 학문론, 이러한 존재의 구체적인 논리학)은 따라서 그 자체로 절대적으로 정초된, **첫 번째의 학문 우주**일 것이다. 순서에 따라서 볼 때 철학적 분과들 중에 그 자체로 최초의 분과는 '유아론적으로' 제한된 자아론, 원초적으로 환원된 자아에 관한 자아론일 것이고, 그다음에 비로소 이것에 정초된 상호주관적인 현상학이 올 것이다. 그것도 우선은 보편적인 물음을 다루는 일반성에서 오고, 그다음에 비로소 선험적인 학문들로 분화될 것이다.

그렇다면 이러한 선험적인 것의 학문 전체는 **참된 사실 학문들의 기초**이자 **데카르트적 의미에서의 참된 보편 철학**의 기초로서, 사실적인 존재자를 절대적 정초에 근거하여 다루는 보편적 학문일 것이다. 사실이 갖는 모든 합리성은 당연히 선험적인 것 속에 놓여 있다. 선험적 학문은 원리적인 것에 관한 학문이고, 사실 학문은 결국 바로 원리적으로 정초되려면 이 원리적인 것에 의존해야 한다. 다만 선험적 학문은 소박한 것이어서는 안 되고, 최후의 초월론적-현상학적 원천으로부터 생기고 그리하여 자신 안에 머물며 스스로를 자신으로부터 정당화하는 전면적인 선험적인 것으로 형성되어야만 한다.

마지막으로 나는 오해가 생기지 않도록 다음의 사실을 지적하고 싶다. 우리가 이미 앞서 상술했던 것과 같이, 현상학은 부조리한 사물 자체를 가지고 작업하는 모든 소박한 형이상학을 배제하지만, **형이상학 일반을 배제하지는 않는다**. 현상학은, 전도된 물음 설정과 방법으로 오랜 전통을 내적으로 추동하는 문제 동기를 억압하면서 "가장 높고 최종적인" 물음 앞에서 멈춘다고 말하지 않는다. 그 자체로 첫 번째 존재, 모든 세속적인 대상에 앞서면서 그들을 포괄하는 존재는 초월론적 상호주관성, 즉 다양한 형식으로 공동화되는 모나드들의 전체이다. 하지만 사실적인 모나드적인 영역 내부에서, 그리고 모든 사고 가능한 영역 안에서 이념적인 본질 가능성으로서, 우연적인 사실성, 죽음, 운명이라는 모든 문제들이, 즉 특수한 의미에서 "의미 깊게" 요구되는, "참된" 인간적 삶의 가능성이라는 모든 문제들이 등장한다. 또한 그 가운데서 **역사의 "의미"**라는 문제 또한 등장하며, 계속해서 그 이상의 더 높은 문제들이 등장한다. 우리는 또한 그것들이 **윤리적이고 종교적인 문제들**이라고 말할 수 있다. 하지만 이 문제들은 우리에 대해서 가능한 의미를 가질 수 있는 모든 것이 바로 그 위에 세워져야 하는 그 지반 위에 세워진다.

보편적 철학의 이념은 이렇게 현실화된다. 그것은 근대 자연과학이 이끌었던 데카르트와 그의 시대가 사유한 것과는 전혀 다르게 현실화 된다. 즉, 그것은 마치 모든 존재자가 어떤 계산의 통일성 안에 있다는 듯이, 학문 일반의 근본적이고 본질적인 의미를 완전히 변질시켰던 연 역적 이론의 보편적 체계로서 현실화되는 것이 아니라, '나는 생각한다' 의 공리가 아닌 보편적인 자기 숙고라는 가장 하부의 토대 위에 세워지 는, 상관적인 주제를 다루는 현상학적 분과 학문들의 체계로서 현실화 된다.

다른 말로 하자면, 가장 높은 의미에서 최종적으로 정초된 인식, 혹 은 같은 말이지만 철학적인 인식을 향한 필연적인 길은 보편적인 자기 인식의 길로서, 우선은 모나드적인 자기 인식, 그다음에는 상호모나드 적인 자기 인식의 길이다. 우리는 또한 다음과 같이 말할 수 있다. 데카 르트적 성찰의 근본적이고 보편적인 계승, 달리 말해 보편적인 자기 인 식의 계승은 철학 자체이고 자기 책임적인 참된 모든 학문을 포괄한다.

델피의 신탁인 '너 자신을 알라'는 새로운 의미를 획득했다. 실증적 학문은 세계 속에서 자신을 상실한 학문이다. 우리는 판단중지를 통해 먼저 세계를 상실해야 비로소 보편적인 자기 숙고 속에서 그 세계를 다 시 얻을 수 있다. 아우구스티누스는 **"바깥에서 방황하지 말고 너 자신으 로 돌아오라. 진리는 사람의 내면에 거주하니"**라고 말한 바 있다.